"十四五"职业教育国家规划教材

21世纪高等职业教育文秘类精品教材——任务驱动与项目导向系列

实用口才教程
（第3版）

汪念明　主　编

丁旻　龙国莲　王　芬　副主编

电子工业出版社
Publishing House of Electronics Industry
北京·BEIJING

内 容 简 介

本书突破了传统理论阐述型教材的局限,区别于以普通话、演讲与辩论等表演性口才训练为主的教材,内容编选贴近职场口语表达需求,旨在训练职场所需有效沟通能力。

编者紧跟职业教育改革步伐,以职业教育最新理念为指导,采用模块化思路将企业典型工作任务、工作情景编入教材,以期使学生在模拟完成企业工作任务过程中完成口才心理与思维训练、有声语言训练、态势语言训练、口语表达训练、听话理解及话语传递训练、人际沟通与日常事务处理训练、演讲口才训练、辩论口才训练,水到渠成地理解和习得实用口才各种技能,提高学生口头表达能力,提高学生综合素质。

本书既适合职业院校各类专业口才教学之用,也可作为企业员工培训用书。

未经许可,不得以任何方式复制或抄袭本书之部分或全部内容。
版权所有,侵权必究。

图书在版编目(CIP)数据

实用口才教程 / 汪念明主编. —3 版. —北京:电子工业出版社,2021.6
ISBN 978-7-121-37924-6

Ⅰ. ①实… Ⅱ. ①汪… Ⅲ. ①口才学－高等职业教育－教材 Ⅳ. ①H019

中国版本图书馆 CIP 数据核字(2019)第 259256 号

责任编辑:贾瑞敏
印　　刷:三河市鑫金马印装有限公司
装　　订:三河市鑫金马印装有限公司
出版发行:电子工业出版社
　　　　　北京市海淀区万寿路 173 信箱　邮编 100036
开　　本:787×1 092　1/16　印张:13　字数:332.8 千字
版　　次:2009 年 8 月第 1 版
　　　　　2021 年 6 月第 3 版
印　　次:2025 年 8 月第 13 次印刷
定　　价:45.00 元

凡所购买电子工业出版社图书有缺损问题,请向购买书店调换。若书店售缺,请与本社发行部联系,联系及邮购电话:(010)88254888,88258888。
质量投诉请发邮件至 zlts@phei.com.cn,盗版侵权举报请发邮件至 dbqq@phei.com.cn。
本书咨询联系方式:(010)88254019,jrm@phei.com.cn。

前　言

2019年初国务院发布的《国家职业教育改革实施方案》（俗称职教20条）对职业教育具有里程碑意义，是职业教育发展的新机遇，为新时代职业教育的顶层设计提拱了施工蓝图。国务院办公厅随后印发了《职业技能提升行动方案（2019—2021）》，各部委、各省市均印发了职业教育相关改革执行文件，掀起了职业教育改革新浪潮。这一轮现代职业教育大改革、大发展将有诸多亮点：明确指出职业教育与普通教育并列为两种类型的教育，具有同等重要地位；职业教育要政府统筹、社会多元办学；职业教育既强调扩大招生规模，又强调狠抓标准、提高质量。职业教育欣欣向荣的发展势头令人深受鼓舞。

新政策，新发展，高职教育的教材建设也须主动适应改革新形势。本书第3版修订恰逢其时。

本书以"产教融合、工学结合"的职业教育理念和"工作过程导向、项目任务驱动"的教学模式为指导，努力探索以工作任务驱动理论知识教学的教材编写新思路。编者仔细审视教材，自感突破了传统理论阐述型教材的局限，区别于以普通话、演讲与辩论等表演性口才训练为主的教材，本书在内容编选方面贴近职场口语表达需求，旨在训练职场所需有效沟通能力。本书为校企合作开发教材，在编写过程中邀请了企业行业专家及高职院校教育教学专家参与教材编写论证。编者还走访了大量其他企业，了解日常企业工作对口语表达能力的需求及评判标准，收集典型工作情景案例，并将企业典型工作任务、工作情景编入本书各模块，以方便使用本书的同仁落实"工作过程导向教学""项目教学"等教学模式。

本书的编写逻辑顺序：口语表达基本技能训练——职场专业化工作中口语表达技能训练——口语表达的精美化，以此构成本书的基础篇、应用篇、提高篇三部分。便于教师由易到难步步推进教学。

在学生训练时，从基本技能开始逐步向职场专业化工作中口语表达技能推进。口语表达基本技能可在生活化的场景中进行训练，职场专业化工作中口语表达技能则在模拟完成企业工作任务的场景中进行训练、在顶岗见习工作岗位上直接检验。这样既不脱离学生生活实际，也能指导其职场工作。

本次修订在"附录"部分编入了涵盖教材所有模块内容的"实训项目单"，对每个口语表达重点技能都列出了实训内容、实训方法与步骤、实训要求、评分标准，方便教师组织实训教学。

本书配有数字化课程资源，与本书配套使用，方便教学。

本书共三篇十个模块，由汪念明提出编写思路并统稿，丁旻、龙国莲、王芬任副主编。具体分工如下：汪念明（长沙民政职业技术学院）编写了模块一、模块五、模块六、模块九，龙国莲（长沙民政职业技术学院）编写了模块二，钟卫红（娄底职业技术学院）编写了模块三、模块四的第一、二、三、五单元，章晖文（湖南电力工程咨询有限公司）编写了模块七和模块八，王芬（长沙民政职业技术学院）编写了模块十和模块四的第四单元，汪祉君（湖南湘能卓信会计师事务所有限公司）编写了附录部分。全书由丁旻（扬州职业大学）负责审校，张大联（湖南城市学院）、唐小玲（长沙环境保护职业技术学院）负责本书教辅资料的制作。

本书还得到了有关企业行业人士的大力支持，为我们提供了企业工作的宝贵一线案例。在此谨向湖南电力工程咨询有限公司的艾恋颖、丁洁等资深企业行业人士表示诚挚的感谢。

在编写过程中，参考和引用了诸多文献及网站资料，以参考文献方式统一列于书末。在此谨向参考资料的作者表示诚挚敬意和感谢。

限于能力与经验，本书在使用过程中不免会发现有待改进之处，恳请各位专家学者提出宝贵意见，以便修订时不断完善。

编　者

目　录

基　础　篇

模块一　口才概述 (2)
- 第一单元　社会基本口才观 (2)
- 第二单元　口才的语言特点和原则 (9)
- 第三单元　口才实训方法 (15)

模块二　口才心理与思维训练 (22)
- 第一单元　口才心理素质 (22)
- 第二单元　口才思维 (29)
- 第三单元　综合训练 (35)

模块三　有声语言训练 (37)
- 第一单元　语音训练 (37)
- 第二单元　语调训练 (45)
- 第三单元　综合训练 (52)

模块四　态势语言训练 (55)
- 第一单元　态势语言概述 (55)
- 第二单元　表情语 (58)
- 第三单元　姿态语和手势语 (61)
- 第四单元　服饰语 (67)
- 第五单元　综合训练 (72)

模块五　口语表达训练 (74)
- 第一单元　叙事 (74)
- 第二单元　说理 (79)
- 第三单元　修辞 (86)
- 第四单元　综合训练 (93)

应　用　篇

模块六　听话理解及话语传递训练 (96)
- 第一单元　倾听 (96)
- 第二单元　话语理解 (103)
- 第三单元　话语传递 (109)
- 第四单元　综合训练 (114)

模块七　人际沟通训练 (115)
- 第一单元　人际沟通概述 (115)
- 第二单元　与领导沟通 (120)

第三单元　与同事沟通 ……………………………………………………（127）
　　第四单元　与下级及客户沟通 ……………………………………………（133）
　　第五单元　综合训练 ………………………………………………………（137）
模块八　日常事务处理口才训练 …………………………………………………（139）
　　第一单元　公务交际口才训练 ……………………………………………（139）
　　第二单元　调研访谈口才训练 ……………………………………………（145）
　　第三单元　电话交流口才训练 ……………………………………………（148）
　　第四单元　会议主持口才训练 ……………………………………………（152）
　　第五单元　综合训练 ………………………………………………………（156）

提　高　篇

模块九　演讲口才训练 ……………………………………………………………（159）
　　第一单元　备稿演讲 ………………………………………………………（159）
　　第二单元　即兴演讲 ………………………………………………………（165）
　　第三单元　综合训练 ………………………………………………………（172）
模块十　辩论口才训练 ……………………………………………………………（174）
　　第一单元　辩论概述 ………………………………………………………（174）
　　第二单元　辩论技巧 ………………………………………………………（182）
　　第三单元　综合训练 ………………………………………………………（190）
附录　实训项目单 …………………………………………………………………（191）
参考文献 ……………………………………………………………………………（201）

精彩辩论词　　　　精彩演讲词

基 础 篇

- 模块一　口才概述
- 模块二　口才心理与思维训练
- 模块三　有声语言训练
- 模块四　态势语言训练
- 模块五　口语表达训练

模块一 口才概述

习训目标

知识学习目标	能力培养目标
● 了解口才在日常生活和工作中的重要性及口才素质的形成	● 能从自身综合素质入手，提高口语表达技能
● 掌握口才的语言特点、原则、要求和基本技巧	● 能按口才训练的方法训练口才，提高口语表达技能
● 认识办公室秘书应具备的职业素养	

第一单元　社会基本口才观

情景案例

1. 某省交通厅有一次公开招聘副厅长人选，结果有 8 名候选人参加竞选，想在更大的舞台上一展抱负。答辩会上主考官问 8 号答辩人："和其他竞争者相比，你有什么优势和劣势？" 8 号答辩人充满自信、踌躇满志地说："我想来想去，觉得自己没什么明显劣势。"在一片笑声中他又补充说："缺点在一定条件下也是优点。"他的与众不同和富有创意的回答赢得了全场掌声。

2. 清代的纪晓岚学识渊博，能言善辩，机智敏捷。一次乾隆皇帝开玩笑地问他："何为忠孝？"纪晓岚说："君叫臣死，臣不得不死，为忠；父叫子亡，子不得不亡，为孝。合起来，就叫忠孝。"纪晓岚刚答完，乾隆皇帝说："好！朕赐你一死。"纪晓岚当时就愣了：这从哪说起？怎么突然赐我一死？但是皇帝金口玉言，纪晓岚只好谢主隆恩，三拜九叩，然后走了。纪晓岚出去以后，乾隆皇帝想：他该不会真的去死吧？

大概有半炷香的工夫，纪晓岚气喘吁吁地跑了进来，扑通一声给乾隆皇帝跪下了。乾隆道："大胆，纪晓岚！朕不是赐你一死吗？你为什么又回来了？"纪晓岚说："皇上，臣去死了，我准备跳河自杀。我正要跳河，屈原突然从河里出来了，他怒气冲冲地大骂道，想当年他投汨罗江自杀的时候，是因为楚怀王昏庸无道；而当今皇帝皇恩浩荡，贤明豁达，我怎么能死呢！我一听，就回来了。"最后，乾隆大笑道："好一个纪晓岚，你真是能言善辩啊！"纪晓岚后面的这番话让他顺利解决了皇帝的刁难。

3. 一个人在家里宴请客人，请了很多朋友做客，但过了很久，还有很多客人没来，主人心里很着急。主人说："为什么该来的还不来，真是的！"一些客人听到了，心想：该来的客人没来，那我就是不该来的喽？于是悄悄地走了。主人看到又走了好几位客人，越来越着急，又说："怎么不该走的都走了呢？"剩下的客人一听，又想：如果走了的是不该走的，那我就是该走的喽！于是又都走了，最后剩下了一个客人。主人妻子说："你说话前应该先考虑一下，否则说错了，就不容易收回来了。"主人说："不是呀，我说的真不是他们！"最后一个客人听了，便想：那我就是该走的了。于是头也不回地离开了。这个故事告诉我们，话要说的准确明白，否则令人听了不舒服，也得罪了人。

项目任务

1. 以上案例说明了语言表达在人的生活、工作中的重要性。你能谈谈自己的看法吗？
2. 你觉得什么才算"会说话""讲得好"？请结合上述案例谈一谈。

任务分析

讲令人喜悦的话的能力容易使人获得认可并达到想要达到的目的。古语云："一人之辩，重于九鼎之宝；三寸之舌，强于百万之师。""片语可以兴邦，一言可以辱国。"拥有较高的讲话水平，往往会左右逢源、如鱼得水、如虎添翼。在现代职场中没有一个人是完全独立于工作组织之外的，所以，工作者个人之间、工作的各个部门之间，合作是常态，合作中就存在沟通交流。从某种程度上说，"讲"得如何，直接影响到工作职能发挥得好坏。

通过情景案例，我们不难看出，"会说话"就是在相应的场合能组织相应的语言，准确表达自己内心的想法；而"不会说话"则是说话分不清场合、词不达意、言不由衷等，不能根据场合组织相应语言准确表达自己的想法。口若悬河、滔滔不绝不一定是"会说"：泼妇骂街往往口若悬河。寡言少语、惜字如金也不一定是"不会说"：言语冗长会让人觉得乏味，说话一针见血往往让人佩服。其实划分"会说"与"不会说"的一个重要尺度就是该在什么时候说和应该用什么方式说。

相关知识

（一）口才的重要性

语言伴随着人类的劳动实践而产生，又随着人类自身的发展而发展。自从发明了语言，人类便有了传情达意的载体和媒介。口才在社会发展和人自身发展中的作用不可低估。如同鸟儿没有羽翼就不能飞，同样，人类不通过言语交流，我们的思想和情感就表达不出来。当今世界，几十亿人在运用着几千种语言进行表达和交流。那声声话语像大地上无数眼清泉从林莽山岩中涌出，汇成一股奔腾咆哮的声浪，真切地显示出人类居住的这个星球的勃勃生机。可以这样说，没有言语交流，就没有人类的文明。

古今中外，有无数演讲家、雄辩家、谈判专家、社会活动家，他们注重培养自己的口语能力，加强自己的语言修养，能说会道，创造了了不起的社会价值。中国远古时期部落争战中的各种战前誓师演说、部落王治理属国的训话演说，都是很优质的言语表达。到春秋战国时期论辩盛行，先秦诸子几乎个个能言善辩，像孔子、孟子、荀子、老子、庄子、墨子、韩非子等都有口才佳话传世。中国南朝时期，著名学者刘勰曾高度评价口才的作用："一人之辩，重于九鼎之宝；三寸之舌，强于百万之师。"春秋战国时的毛遂，自荐使楚，口若悬河，迫使楚王歃血为盟；战国时的苏秦，游说诸侯，身佩六国相印，促成合众抗秦联盟；三国时诸葛亮，出使东吴，舌战群儒，说服吴主孙权联刘抗曹，而获赤壁大捷。这些都是"一言可以兴邦"的证据。

古埃及、古希腊等西方文明古国和中国一样，早在公元前2000多年，口语表达活动就产生并成为一种普遍的社会活动。而近现代，口才艺术在欧美更是受到相当重视，得到了蓬勃发展。大量思想家、哲学家、政治活动家均能利用犀利的口才和演讲艺术打开局面，达到他们各自的目的。美国著名人际关系学专家戴尔·卡耐基、非暴力沟通专家马歇尔·卢森堡更是对生活中的言语表达行为做了大量研究，总结了言语表达的规律，形成了自己的口才理论体系，引导和指导人们的口语实践，他们的著作《人性的弱点》《非暴力沟通》等，畅销世界，影响深远。口才作为一门艺术，被古今中外学者志士推崇和运用，留下了许多脍炙人口的佳话。

现在，人们的生活节奏日益加快，活动空间越来越大，人与人的交往也比过去任何时代更频繁和紧密。要想在这个竞争激烈的社会里轻松自如地在工作中交谈，在政治上辩论，在学术园地里争鸣，在经济战场上驰骋，在生活中尽情地展现自己的才华、实现自我价值，除了要具有广博的知识，还要有把知识表达出来的才能即口才。能在各种场合充分展示自己才学、实现自己价值的人正是那些能说会道、能言善辩的人。不善于表现和"推销"自己，不可避免地会失去很多机会，也就难于在社会中成就事业。戴尔·卡耐基说："一个人的成功，约有15%取决于知识和技术，85%取决于人际沟通和口才等综合素质。"这个成功学的公式已经为大多数人所认可。而那举足轻重的85%，恰恰是很多人成功的绊脚石。

口才确实是人类生活中一项难能可贵而又不可或缺的技能。

（二）口才的含义

现代社会的新成果、新技术、新思想，无非靠三种方式传递：语言、文字、图表。而口头语言则是最常用、最方便、最迅捷的方式。在今日社会中，我们常见到：理论家崇论闳议，情动四海；军事家义薄云天，言之凿凿；外交家侃侃而谈，毋庸置喙。也常常见到企业家赢得谈判、营销员成功推销、学者深入交流。他们都是运用非凡的口头语言表达技巧获得了成功，而这样的口头语言表达正是口才。

由此可见，口才是在交谈、演讲和论辩等口语交际活动中，表达者根据特定的交际目的和任务，结合特定的言语交际环境，运用连贯、标准的有声语言，并辅之以适当的体态，准确、得体、生动的表情，以取得圆满交际效果的口头表达能力。它是人们的素养、能力和智慧的综合反映。其中，交际双方（说话者和听话者）、交际的语言环境、交际工具（口语）是口语交际的三种要素。在这三种要素中，语言处于交际活动的核心，没有语言也就没有口语交际活动。

但口才不同于口语。口语是指说话时使用的语言，是由声音和意思组成的自然语言。

与书面语相对应，凡是从口中说出的话语，都叫口语。口才则指说话过程中所体现出来的个人才能，即善于用口语准确、恰当、生动地表达自己的思想感情的能力，包括个人人格与智慧的各种储备及运用和发挥这些储备的能力。"储备"与"运用"缺一不可。

（三）口才的形成

"说话"即张开嘴巴并发出表达某种意义的声音，这对每一个人来说都是非常简单的事，因为掌握并运用语言的能力是人类与生俱来的天赋。但是，人不是生来就具备口才的，"能说话"只是形成口才的一种基本条件，"会说话""说得好"才是口才的突出表征。把话说好，形成良好的口才，需要具备三个方面的条件：文化素质、思维能力和语言素养。

如果将形成口才的智能结构比喻成一座"金字塔"：文化素质就是又宽又厚的塔基，它包括人的品德修养、文化修养、知识积累等；思维能力就是塔身，它包括思辨能力、想象力和应变能力；语言素养则是塔顶，它表现为口语表达能力。在这三个层次中，文化素质、思维能力是一个人内在的素质修养，是通过后天努力提炼、升华、积淀而成的，常常借助口头表达能力得以外显；而口头表达能力的提高，又必须从素质修养入手。只有三个方面相互配合、相互促进，才能做到巧舌如簧、字字珠玑。

1. 文化素质

（1）品德修养。品德是指人的思想品质和道德观念，它包括一个人的世界观、人生观、价值观、审美观、幸福观、使命感和责任感等内容。一个人的"德"是才的灵魂，它威力巨大，是一个人立于天地之间不败的脊梁，更是挖潜在学问、激活思维品质的保障。《论语》中有"其身正，不令而行；其身不正，虽令不从"。这正说明了"德"对一个人的重要影响。

（2）文化修养。汉代的王充在《论衡》一书中说，"人不博览者，不闻古今，不见事类，不知然否，犹目盲、耳聋、鼻痈者也"。可见，文化对人是十分重要的。

"言为心声""语言是思想的直接现实"。因此，具备良好口才的人首先应当是一个有文化修养的人。有的人讲话前言不搭后语、废话连篇、词不达意、漏洞百出；而有的人讲话却能头头是道、条分缕析、鞭辟入里，这正是不同的文化修养使然。

文化修养好的人能轻松自信地阐述深刻的道理、独到的见解，抒发真挚的感情、澎湃的激情，而一个文化修养缺乏的人必然会底气不足、开口露怯、言语不周。想拥有好口才，就必须培养良好的文化修养。

培养口才，提高文化修养，满足文化素质要求，主要有以下三条途径。

一是向书本学习。要知天下事，须读天下书。从古今中外的文化书籍中学习各种文化知识，提高自己的文化修养。尽量拓宽自己的阅读范围，诸如文学、历史、哲学、经济、管理、法学、美学、伦理、宗教、社会学、教育学、心理学和自然科学等书籍都应该涉猎。还应该有目的、有重点地阅读一些演讲学、口才学、辩论学、语言学方面的书籍，以提高自己口语表达方面的理论知识。

二是向生活学习。在实际生活中逐步培养自己的文化修养。人生活在社会中，每天都有与他人的言语交往。在这种交往中，就要有意识地向不同的交谈对象学习不同领域的知识，在不同的交谈环境中感悟不同的语言应对方式。一个人如果见多识广、接触面宽、阅历丰富，讲话的时候自然会思维活跃、反应敏捷；因为各种知识会使你触类旁通，左右逢源，毫无思维阻塞的感觉，所以要多接触社会实践，向生活学习。

三是在口才实践中学习。荀子曰："闻不若见，见不若知，知不若行。"常言道：光说不练假把式。说话者的文化修养需在口才实践中进行锻炼和积累。每一次社交、公关、会谈等口才活动，都是对说话者文化修养的一次检阅，而每次活动后的总结和反思，又会促使说话者去加强学习，积累更多的文化知识，正是这样一个良性循环，一步步建构起了说话者必需的文化修养。

（3）知识积累。知识是人们在社会实践活动中所获得的认识和经验的总和，是口语表达内容的坚实基础。口才中所运用的丰富知识不仅能为讲话提供大量知识信息，而且能营造一种口才的美感、表达的魅力，增强讲话的感染力。因此，知识渊博、学贯中西、博古通今，往往使口语表达左右逢源、雅俗共赏。各类口才活动所涉及的知识面很宽泛、很广博，不同类型的讲话、不同的话题，对讲话者的知识要求也不尽相同。想拥有良好口才，当然是知识越丰富越好，知识结构越完备越好。知识的海洋浩瀚无边，择其要者，讲话者的知识结构主要应该包括以下几个方面。

一是社会历史知识。讲话者是社会的一分子，他讲的话题和内容与社会有着千丝万缕的联系，有的本身就是社会生活中的突出问题或社会历史中的重大事件，有时又需要运用一定的社会历史知识来证明或说明某种观点。所以，必要的社会历史知识对讲话者来说是十分重要、不可或缺的。丰富的社会历史知识不仅能使讲话者旁征博引、视野开阔，而且所运用的历史知识本身就蕴含着历史的真理和逻辑的说服力，具有很强的社会历史价值。

二是科学文化知识。科学文化知识十分丰富，它既包括数学、物理、化学、天文、地理、生物等自然科学，能源、电子、环境、农业、医疗等技术科学，也包括哲学、经济、法律、政治、伦理、逻辑等人文知识。这些知识都可以成为思维过程中精彩的闪光点，从而丰富口语表达的内容，使言谈产生深入浅出、左右逢源的神奇魅力，传授给人知识，启迪人的思想。一个缺乏科学文化知识的人，口语表达必然会变得浅薄、单调、乏味。

三是社交礼仪知识。口才与社交礼仪总是结伴而行、密不可分的。口才活动离不开一定的社交礼仪知识。

口语交际的对象是人，讲话者的所有活动都应以必要的社会交往为前提，都应以得体的礼仪为规范，这样他才能成为一个为听众所接纳、被公众所欢迎的人。所以，讲话者应该尽可能多地了解一些有关社交方面的知识，如社交的原则、特征、技巧，社交的表情、手势、体态、服饰等，懂得拜访与接待、寒暄与介绍、求助与解围、赞美与批评、劝说与拒绝等社交活动的交际规则，把握各类人的情感、气质、性格等心理特征，从而自觉地、有针对性地开展言语交际活动。

知识素养主要是通过学习积累而成的，只要我们抓住有利时机，系统地读书，不仅"精读"，而且"泛览"，就可以打下牢固的知识基础；同时，向社会、向生活学习，注意收集有关资料，知识宝库就会越来越丰富，视野和胸襟也会越来越开阔。

2. 思维能力

思维是人脑对客观事物的一般特性和规律性的一种概括的、间接的反应过程。人的思维取决于外界的客体，但是外界的客体并不是直接地、机械地决定着思维，而是通过人的内部条件，通过人脑对感性材料进行加工的过程而间接地决定着思维。

思维能力主要包括逻辑思维能力、形象思维能力和灵感思维能力三种。逻辑思维是以提示和把握事物的内在本质为根本任务，依据一定的系统知识、遵循特有的逻辑程序而进行的思维活动。形象思维是通过感性形象，运用想象、联想和幻想等手段来把握事物的思维活动。灵感思维是一种通过某种下意识（或"潜意识"）直接把握对象的思维活动，是在人知识经验积累的基础上，在外界事物的参考和诱导下，而出现的认识突变的思维过程，因而带有顿悟性、突发性和意外性。

思维能力的高低对口语表达的优劣、成败往往起着决定性作用。这主要表现为思维的选择性和创造性制约着语言活动，思维的内容决定了语言表述的意义，思维的质量决定了语言表达的效果。

"语言是思维的物质外壳"，恩格斯在《自然辩证法》中既肯定了语言推动思维发展的作用，同时又强调"脑髓和为它服务的感官、越来越明白的意识及抽象力和推断力的发达，对劳动和语言又起着反作用，给二者的进一步发展以一个常新的推动力"。由此可见，语言的发展可以促进思维的发展，而思维的发展又可以反过来促使语言进一步发展。

3. 语言素养

口语表达成功的关键是运用语言的能力，只有具有较高的语言素养，才可能表现出较强的运用语言的能力。

口语表达所需要的语言素养，主要从以下三种途径获得。

（1）系统地学习语法、修辞和逻辑方面的知识、法则，以提高口语表达的正确性、生动性和严谨性。

（2）系统地学习和掌握副语言特征和体态语言等方面的知识，以便更好地展现表达者自己的精神风貌、情绪感受和个性特征。副语言特征主要包括音质、音强、音色、语气、语调、语速、节奏等，体态语言主要包括表情、神态、动作、身姿、手势等。

（3）坚持积累和吸收优秀的语言养料，例如，学习和借鉴经典名家的演讲、大量阅读中外名著、与时俱进地在现实生活中学习那些有生命力的活语言等，都是行之有效的办法。古往今来的实践证明，不断地在生活中为自己补充新鲜的语言信息，是提高语言素养的永不枯竭的源泉。

相关链接

孔子讲究说话艺术

1. 孔子对口语表达正确性所做的论述

（1）说话要选择恰当的时机。《季氏篇》中子曰："言未及之而言谓之躁，言及之而不言谓之隐，未见颜色而言谓之瞽。"不该说话的时候却说了，叫作急躁；应该说话了却不说，叫作隐瞒；不看对方的脸色便贸然开口，叫作闭眼瞎说。这三种毛病都是说话的时机选择不当。

（2）说话内容的深浅要与对方的接受能力相宜。《雍也篇》中子曰："中人以上，可以语上也；中人以下，不可以语上也。"对中等及以上水平的人可以讲高深的道理，对中等以下水平的人就不可以说高深的道理。说话的内容超过或低于对方的接受能力都不会收到好的效果。

（3）可否与之交谈要视对方的具体情况而定。《卫灵公篇》中子曰："可与言而不与之言，失人；不可与言而与之言，失言。知者不失人，亦不失言。"可以与之交谈的不与交谈，就失去人心；不可与之交谈的却与之交谈，是说错了话。聪明的人能因具体情况而做出正确的判断，做到不失人亦不失言。

（4）说话应该顾及具体的环境、场合。《乡党篇》中子曰："食不语，寝不言。""车中，不内顾，不疾言，不亲指。"论及"诗、书"或"执仪"时都要用通行的"雅言"（雅言就是当时比较标准、比较规范的普通话）。不能无视具体环境，不顾场合地乱说一气。

2. 孔子在口语实际运用方面留下的范例

据《乡党篇》记载，孔子在朝廷、在乡党，对上大夫，对下大夫，对国君，对宾客，说话的内容、语气、表情、动作各不相同，都从对方的实际情况出发，有很强的针对性。《先进篇》中还记载了这样一件事：子路和冉有都问"闻斯行诸"，意思是听到的事就马上做吗？孔子在回答子路时说："有父亲、哥哥在，应听听他们的，怎能听到了就做呢？"在回答冉有时又说："听到了就干起来。"这两个截然不同的回答，使在座的公西华大惑不解。孔子解释说："冉有胆量小，平时做事退缩，所以我说一听到了就干起来，是鼓励他，给他壮胆；子路胆量大得超过一般人，勇于作为，所以我说，有父亲、哥哥在，要压一压，使他有所退让。"这件事一向被用做孔子"因材施教"的例证，其实也是说话看对象、针对不同实际情况而选择不同说话内容的范例。

（资料来源：孙海燕，刘伯奎编著. 口才训练十五讲）

评析：探究怎样才能更好地用话语表情达意、沟通交流，以展示自己的才华风度，吸引人们给自己良好的评价并愿意靠近自己，是自古以来智慧的人们一直在做的事。从上文可见，我国春秋时期的大思想家、教育家孔子在这方面已经有了突出的贡献。

21世纪，人们更是重视口才，追求良好的口才。美国国务院规定报考外交官要通过45分钟的考试，以判断其说话与写作能力；日本、新加坡等国规定，政府工作人员必须经过3个月到半年的演讲训练，才能从事工作。因为口才在我们的工作生活中地位重要，不可忽视，口才能力不仅直接影响个人工作，而且关系到整个企事业单位的工作效率和公关形象，直接影响单位的美誉度。

实践训练

1. 讨论分享

（1）请搜集当今职场中工作交流沟通的实例，越多越好，并进行评析。

（2）请搜集古今中外有关口才重要性的名言，越多越好，并以其中某条或某几条为话题，谈谈自己的看法。

方法及程序：

（1）将全班分为两组，每组完成一个任务，先在组内发言，分享搜集到的资料及各自受到的启发，要求畅所欲言。

（2）两组分别推选代表在全班范围内发言，分享搜集到的资料及各自受到的启发，要求畅所欲言。

2. 现场操作

学生尝试当众说话：学生以"人之美"为话题上台发言，谈谈人的美主要表现在哪些方面。要求语言流畅，落落大方，有说服力。

第二单元　口才的语言特点和原则

情景案例

任诗怡是恒达商业集团新近招聘的行政助理。行政经理李明发现任诗怡虽然对办公室业务很熟练，做事也细致踏实，但是在人前总不爱说话。让她在办公会议上发个言，即使她对要讲的内容很熟悉也会紧张得满脸通红。这不禁让李明想起了从前的自己。他认为任诗怡这种情况也像当年的他一样，是缺少了锻炼。他决定找任诗怡谈谈。

李明经理："小任，你看我口才如何？"

任诗怡："很好啊。我听好多人都夸您口才好呢。哎，我就不太会说话。"任诗怡说着，有些失落。

李明经理："我原来比你还怕在人前说话。记得有一次啊，我和几个客户一起吃饭，当时还有几位培训员工的讲师在场。席间他们谈到《三国演义》里的经营之道，饭桌上那几个人都挺健谈，我很想发表一点有影响力的'高见'但非常紧张，本来想说'诸葛亮经营蜀国'，结果却说成了'诸葛亮去世了'。话后感觉非常窘迫，满脸发烧。这时有位讲师立刻接着说：'听到诸葛亮去世的消息，我们感到很悲伤，也请您节哀。'全桌人哄堂大笑。当时我恨不得找个地缝钻进去。"

任诗怡："真的假的？这可太不像您了。我看您什么时候都能说一箩筐话呢。"任诗怡放松了些。

李明经理："哈哈，这叫功夫不负有心人。这件事对我触动太大了，我想我必须改变现状。于是我开始有意识地在人前讲话，并且接受了一些口才训练，就变成你现在看到的这样了。"

任诗怡点点头，明白了经理的意思。李明又告诉了她许多自己总结出的口才练习方法，鼓励她说："你的脑袋瓜子这么好使，说话怎么能难住你呢？别怕，按我说的方法练习，放开胆量说，准行！"

任诗怡又使劲点点头，对李经理充满感激。她知道自己虽然没对经理表什么决心，但其实已经下了决心，她一定会处处做个有心人，努力练好口才的。

项目任务

1. 你认为李明经理口才好吗？谈谈你的看法。
2. 结合自己的实际经历或所见所闻，谈谈对好口才的认识和理解。

任务分析

在情景案例中，两位主人公都能给我们很多启示。先看任诗怡：她对办公室业务很熟练，做事也细致踏实。但她却有一个软肋：在人前总不爱说话。让她在办公会议上发个言，即使她对要讲的内容很熟悉也会紧张得满脸通红。任诗怡做的是秘书工作，秘书经常要在各种场合开口说话，或汇报工作，或传达指示，或进行协调等。秘书不仅要说话，而且要说得好。任诗怡若不能改变自己，努力提高说话能力，是肯定不能胜任秘书工作的。所以，行政经理李明也觉得要找她好好谈谈了。

再看李明：他有着出色的口语表达能力。一席话让任诗怡"明白了经理的意思"，并"对李经理充满感激"，而且"知道自己虽然没对经理表什么决心，但其实已经下了决心，她一定会处处做个有心人，努力练好口才的"。李明的话为什么效果如此好？一是他态度亲切诚恳，使胆小的任诗怡能自然放松情绪，愿意与他谈心；二是他以自己为例，让人觉得事例真实可信；三是他能紧扣谈话目的，顺势鼓励对方。

由此我们可以得出两个结论：一是口才对职场工作者来说很重要；二是说话是一门艺术，其水平有高下优劣之分，掌握口才的语言特点，把握好说话的语言原则，才能有满意的说话效果。

相关知识

良好的口才是职场工作人员应当具备的重要能力。在工作中，我们往往会与其他同事及单位的其他职能部门相互交流沟通，传递信息，合作完成工作事项。这种沟通交流的工具就是口才。话说得恰到好处，办事情就会顺利；话说得不得体，办事情就会受到阻碍。所以，要掌握口才的语言特点，把握好说话的语言原则。

（一）口才的语言特点

在人际交往和社会实践中，口才的语言表现出如下主要特点。

1. 语言口语化

话是说给别人听的，首先就要让人听得懂，能理解。说话的内容主要靠有声语言来表达，而有声语言声过即逝，听话的人不能像阅读文字那样反复阅读，只有当场听清楚了才可能理解，所以口语交流应当采用通俗易懂的口语。这些口语来源于生活，符合人们的听觉习惯，使听者易于入耳，感到亲切、易懂，讲话者也容易上口，表达流畅自然。另外，口语化的语言生动活泼，亲切感人，容易获得良好的交流效果。如果反之，在口语交流过程中，充斥着专门术语、书面官话，或者用语文绉绉、极力雕琢，恐怕就难于沟通甚至会令人生厌了。

2. 句式简短化

与书面语比较，口语另一个显著的特点就是句式简短，便于贴近生活，贴近大众。生活中人们讲话为了指称明朗，方便听清、理解、记住，很少用长句，更多用短句。其中一个原因就是口语表达总是在特定场合下进行的，大多都有着"不言而喻"的语言环境，无须细说。另一个原因是口语表达受人的呼吸节奏长短的制约，句子过长，说话者就会感到憋气、费劲。句子长了既不好说，又不易听。所以我们要想获得好口才，就要懂得口语这种句式简短的句法特征。

3．形象化

良好的口才不仅要求说出的话好说易懂、句式简短，还应该活灵活现、绘声绘色、形象生动。形象化的语言能使讲出的话栩栩如生，使所述之事历历在目，使听众如临其境、如见其人、如闻其声，从而产生动听、感人、传神的艺术魅力。那种呆滞、干瘪、枯燥乏味、死板生硬的语言，是不会被听众喜爱的。

4．个性化

所谓语言的个性化，是指讲话者要用自己的语言表达自己的思想感情、意志和气质，而不是老调重弹，人云亦云。有些人说话一开口就能抓住人心，让人全神贯注，获得美的享受，除了其说话内容正确，还在于表达方式上的个性化语言风格。只有个性化的语言才能表现独到的见解，产生独特的魅力，给人留下深刻的印象。个性化的语言是一个人的思想、学识、阅历、才华、性格、气质及语言修养的集中表现。个性化语言的表达能力不是天生的，而是通过后天的学习得来的。所以我们要多学习、多借鉴、多锻炼。说话时努力做到不落俗套，不因袭他人，而是用自己的话来表达自己的思想感情，做到我口说我心，我话传我情。

（二）口才的语言原则

1．抓准目的，明确表达

人们说话都是一种有意识的行为，不管是谁说话，也不管是向谁说话，所说的内容都应该有明确的目的，或报告一个事实，或说明一种情况，或宣传一种主张，或提出一种愿望等。而为了实现这个目的，人们便会选择"说什么"和"怎么说"，使所说的话服从并服务于主旨的需要，这就是口语表达者在说话时的目的意识。

我们在工作中运用口才进行交流时，更应该注意抓准每次口头交流的目的，围绕中心说话，明确表达自己的思想。不能漫无目的地东拉西扯，浪费自己和听者的时间。

有了目的并不等于就能明确表达，要做到明确表达，应该从以下四个方面下功夫。

（1）要中心突出。即头脑中储存的那个极力要表达的思想，在讲话时要突出地讲出来，不要在讲话时旁生枝节，遮盖主题。

（2）要准确地表达思维结果。言语是思维活动的外在表现，人们在说话时伴随着复杂的思维活动，在口语表达时，应该准确地表达思维结果，真正做到我口说我心，不要言不及义。

（3）要条理清楚。办公室里，经常要就某项工作展开讨论。应该按照一定的逻辑顺序，将自己要说的重点罗列清楚，以便听者顺着你的思路，一层一层地把意见理解清楚。例如，你可以说"首先我要说的是……其次是……再次是……"。这种方式容易让听者准确理解你说的话，保证谈话效果。

（4）要用语简洁。宁愿说得慢一些，也不要因思维跟不上而重复啰唆，或者加进"这个""那个"之类的口头语。

相关链接

在口语交流中，表达者说话的目的虽然多种多样，但概括起来集中地表现在如表1-1所示的六个方面。

表1-1 说话的目的

目 的	具 体 含 义
告晓	让听者接收到所传递的信息，或理解听者原来不知晓、不了解的事情
说服	让听者在弄懂对方思想观点、立场看法的基础上接受讲话者的观点并信服，同时能产生相应的行动
感染	让听者随着讲话者的表达而产生情感、心境的变化，同悲同喜，同忧同乐，产生心灵相通、精神共鸣的效应
拒绝	让听者明白其观点或要求不被接受
反驳	指出对方观点或要求的不合理乃至荒谬性
赞许	认为对方的观点或行为正确，加以称赞

2．创造良好交谈印象，诚恳表达

言谈举止是塑造形象的主要手段，每个人都在许多场合中"推销"自己。创造良好的交谈印象正是"推销"自己的重要手段。善于说话能加强人际交往，促进人际沟通，并给对方留下亲切、诚恳的印象，为完成工作创造条件。

在口语交流中，只有感情真挚，才能缩短说话人与听话人之间的距离，才能沟通彼此的心灵，使对方更好地理解自己的意图和情绪，欣然接受自己的观点和主张。

情感在口语交流中具有十分重要的作用。人在说话时，既表达思想，又表达与之相应的感情。说话人的感情直接影响说话的效果，也影响着听话人的理解和接受，同样一句话，由于语气的不同，就会表现出不同的语义与情感。

例如，某市选拔副市长，其中一位副市长候选人与代表们见面时说："我今年53岁，岁数不算小，但精神很好，身体好。说心里话，我还想当一届副市长，希望大家选我。我从事城市建设工作37年了，对这份工作有感情，还有住房制度改革等很多事要干。但如果选不上，我这么大岁数的人了，百分之百地保证不会闹情绪。"这段话很普通，却非常诚恳朴实，是真实语言表达的真实情感。真诚朴实的话语塑造了真诚朴实的个人形象，从而获得了代表们的理解和信任。如果说话时态度冷冰冰的，保持"零度风格"，说出的话毫无感情，即使事实准确，观点正确，听众也不会感兴趣，只会感到难以接受。

又如，售货员说："货好当然价格高！人们不是常说'便宜没好货'吗？买不买？真买我就给你拿。"这番话因缺少卖货的诚意，情不通，理不达，而且态度恶劣，使顾客不愿与其交流，容易令顾客转身便走。

3．以听者为主，看人说话

从表面上看，在说话中，说者是主体，其实说是为了听。如用交际效果来检验，说者的言语都是围绕听者进行的，故而口才运用必须遵循以听者为主体的原则，否则就难收成效。

以听者为主体有两个方面的问题需要注意。

（1）要考虑听者的接受能力、处境、心情、实际需要、思想性格。根据其差异，采用与之相适应的不同方式来进行沟通、交流，才会使对方感到容易理解、亲切并乐于接受。

例如，与进城务工的农民工商谈合作的协议应该用语通俗，语气温和，尽量引导对方提出自己的观点，做到使其"想无不言"，以保证协议的完善性；与技术研究所的代表商谈合作协议则要用词专业，语气坚定，以保证互利双赢。

（2）要考虑自己说话是否符合规范，对方是否爱听，是否能听懂。有人讲话声音小而混浊，前排听不清，后排听不到；有人讲话满口方言，对方听不懂；有人讲话官话、套话、废话连篇，群众不爱听；有人讲话不分对象，千篇一律，无的放矢。上述现象均不是以听者为主体的，必定会影响其表达效果。

口语交际是一种对象明确的双向交际，必须有明确的对象意识，即俗话说的"见什么人，说什么话"。

4．分清场合，得体表达

场合是时间、地点、听众等众多因素的综合。口语交流都要受制于说话的场合，要话循境发、话随境迁。

地点是说话时所处的特定空间，每个特定空间，对谈话双方都有一定的心理影响，使得双方在话题、内容及表达方式的选择上都有一定讲究，即俗话说的"到什么山头唱什么歌"。例如，谈工作，最好在办公室，办公室体现了双方职责所在，能使双方谈话认真、严肃，谈话内容更具工作性。如果是谈心，最好在一方家中，或在饭厅里，这样能在轻松愉快的环境中心自然地交换意见。

时间也是场合的一部分。休息时间谈工作，效果一般不好；汇报"忧"的信息或向领导提意见时，要注意选择在领导心平气和的时候，这样领导才容易冷静地接受意见、思考问题、处理问题。

相关链接

不分场合说话的表姐

"表姐非常关心别人，但关心往往成为担心，以不祥的预言的形式表现出来。邻居生了一个白白胖胖的小子，很招表姐喜爱，表姐就说：'真怕他得了脑膜炎……'表弟买了一辆自行车，她就把'撞到汽车上''被贼偷去'等话挂在嘴上。我的功课学得好，她就说：'会累出病来的.'她总是在担忧,有些担忧显得可笑,住进新房子担心房屋倒塌,吃了西瓜担心得痢疾;但往往许多事情被她不幸言中……她的话,简直像一只猫头鹰的诅咒一样地令人产生反感。"

资料来源:《王蒙小说报告文学选》

评析:表姐心地并不坏,甚至还挺好——"非常关心别人",但人们都不喜欢她,尤其不喜欢听她说话。表姐的话令人生厌的根本原因:她不分场合,总在别人高兴的时候说扫兴的话。

实践训练

(1)据说,在第二次世界大战期间,英国首相丘吉尔到华盛顿会见美国总统罗斯福,要求共同抗击德国法西斯并请求物质援助。一天清晨,丘吉尔正躺在浴盆里抽着他那特大号的雪茄。突然,罗斯福总统推门而进,丘吉尔大腹便便,肚子露出水面,此时相会,确实尴尬。

请推测:当时,双方是如何用巧妙的话语化解这一尴尬的?

(2)办公室林主任在评功会上说:"一组成绩突出,组长带得好;二组工作出色,组员肯努力。"乍一听,这话让人觉得别扭,有人小声说:"一组组员不努力,二组组长无能力。"大家"扑哧"一笑,顿时又鸦雀无声了。你觉得林主任应该怎样应对这一尴尬局面?

(3)你的同事对你说:"你的方案做完了,借给我看看吧。"而你想对这一方案保密,你该怎样回答你的同事呢?

(4)一贯爱"东翻西找"的同事又想从你的抽屉里"窃取"资料,正好被你碰上,你该如何劝他以后别这样了?

(5)案例分析:

案例1:

微软中国公司总经理吴士宏的就职致辞

"各位,第一次见面,我不多讲,因为我以后会有很多机会主持这样的会议,会有很多机会听大家讲。我本来准备的致辞是谦虚的外交辞令,临时决定最好从开始就把真实的我交代给大家。我接受微软中国公司总经理的职位是为了一个理想,那就是把微软中国做成中国微软。

"我所谓'中国微软'的定义是公司在中国成长,也要为中国做贡献——员工与公司一起成长,在公司里得到最好的事业发展。我和在座的大多数人一样,是土生土长的中国人,我更希望能有更多的本地员工更快地成长起来。"

这是吴士宏刚进微软时做的简短致辞,这番话真诚地道出了他自己的理想和决心,相信每一位中国人听后都会为之振奋。但凡有成就的人,一般都有杰出的口才和非凡的语言技巧。可以这么说,发生在成功人物身上的奇迹,至少有一半是由口才创造的。

在工作岗位上,如果您总是在言语方面扮演着被动者的角色,那么,您就很可能被别人遗忘。一个人可以面对多少人,就代表这个人的成就有多大。社会上,99%深具影响力的成功人士都是善于表达的语言大师。

分析与讨论：
① 你觉得吴经理这番话有哪些精彩之处？
② 你从中得到了什么启发？

案例2：

美国著名篮球明星巴利的遭遇

美国著名的篮球明星巴利，他的个人篮球技术是非常出众的，但他在比赛时，见同伴失了一个球，马上就大声冲着对方说："每次都是你，害得我们输了球。"弄得对方当时尴尬不已，难以下台。凡是与巴利同队一起打球的人，都觉得他不分场合地批评人令人难以忍受，认为他"像一个完人一样看不惯别人"。最后，巴利众叛亲离，凄凉地隐退了。

请结合本节知识，谈谈你对巴利及其遭遇的看法。

第三单元　口才实训方法

情景案例

戴尔·卡耐基（Dale Carnegie，1888—1955年），是美国著名的人际关系学大师，出生在美国密苏里州一个贫穷的农家里。因家境贫困，卡耐基自小很自卑。越是自卑，越想出人头地，越想改变现状。他发奋读书，大学时获得全额奖学金。他发现，在学校里最具影响力和声望的是那些棒球运动员及在演讲和辩论赛中获胜的人。他知道自己没有运动员的优势，于是决心在演讲中获胜。无论是在回家的路上，还是在挤牛奶的时候，他都抓紧时间刻苦练习，但带给他的却是一次又一次的失败。他灰心过，失望过，甚至想到了自杀，但最后还是战胜了自己，坚持了下来。第二年，情况发生了很大的变化，在一次次演讲中，他获得了成功，这给他增添了信心。一些请他来帮助训练的同学也获得了成功。

大学毕业后，他决心要把自己曾受益匪浅的演讲课推荐给更多人。于是，他面向商界人士开设了一门公开演讲课，从此开始了他毕生从事的成人教育事业。

卡耐基的公开演讲课，主要通过在公众面前演讲，训练学生能清楚、有效和泰然自若地表达自己的思想，克服心理恐惧，建立自信。卡耐基的教育原则和方式很快被世界各地的读者公认为是既实用又成功的法宝。全世界千千万万的人在卡耐基课程和卡耐基成人教育原则和方式的影响下，提高了自我素质，得到了积极生活的力量。

项目任务

1. 就提高口才能力方面，你从案例中得到了什么启示？请各抒己见。
2. 你经常看报纸或电视新闻吗？你了解当今国内外时事吗？试找几个好友，就当今社会某个领域的热门话题做一次交谈，然后评价谁对这个话题了解得比较全面、深刻，并关注谁在这一次谈话中表现得相对优秀。
3. 培养有意识地积累语言材料的习惯，多看报纸杂志，并关注身边的生活，形成自己的观点，不断丰富自己的话题材料。

4. 要争取多在公开场合说话，使自己在心理素质、说话技巧方面得到更多的锻炼机会。

5. 每人买一个录音设备，尽可能将自己在各个场合说的话录下来，反复收听，并找出缺点，改正后再说一遍。反复练习。

任务分析

通过情景案例可见，戴尔·卡耐基也不是天生的演讲家。他之所以能成功地演讲，并从演讲中获得充分自信，开始他的精彩人生，得益于他坚持不懈地刻苦训练。可见，好口才不是天生的，是可以通过坚持不懈的训练获得的。

怎样进行训练？卡耐基的公开演讲课程所倡导的原则和方法得到了大众的认同。这种训练方法帮助了千千万万的人，使他们能清楚、有效和泰然自若地表达自己的思想，克服心理恐惧，建立自信。由此可见：任何训练都不应该是盲目的，应该是有规律可循、有方法可依的。

相关知识

说话应该口齿流利清楚、表达准确、应对敏捷、用语得体。要做到这些，唯有加强训练。归纳起来，口才训练的主要方法如下所述。

（一）注重知识的积累

我们常见有的人面对听众无话可说，而有的人却能旁征博引。其区别就在于后者有充实的谈资。使自己语言丰富起来的主要途径有四个：一是关注时代信息，从新闻中获取说话的材料；二是从对生活的观察、思考中获取谈话的材料；三是从和别人的交流中获得谈话的材料；四是博览群书，从书籍中获得谈话的材料。

有了材料，还要善于把自己找来的材料合理地储存起来，最后分门别类，经常整理，使之成为一个有序的材料仓库。这样，在谈话的时候，就能随时提取了。

相关链接

怎样提高口语表达水平

各种场合下的口语表达是一门综合性很强的社会实践活动，要想提高自己的口语表达水平，主要应该从三个方面狠下功夫——多看、多思、多记。

1. 多看

多看的含义主要表现在以下三个方面。

第一，多看一些口才方面的书籍和文章。例如，演讲，这一活动具有很强的科学性和艺术性。因此，演讲者必须认真、系统地看一些与演讲相关的书籍，如演讲学、演讲美学、修辞学、逻辑学、心理学、语言学、交际学、伦理学、教育学等，全面掌握演讲知识和规律，在打下扎实的理论基础后，再由理论到实践，用理论指导实践。这样，就能使自己的演讲与口才水平在实际运用中得到较快的提高。

第二，多看别人说话，特别是多看一些名人的演讲录像、一些电视谈话节目及电视辩论赛。这样就能增强对口语表达的感性认识，提高对说话态势、语言技巧运用的理解，并从中感悟出口语表达的要谛和精义。

看演讲，特别是看演讲高手风度潇洒、动作优雅、举止得体、表情丰富的演讲，是一种美的享受、艺术的熏陶。在国外，人们参加演讲活动都要穿上正规礼仪服装，衣冠整齐，怀着十分虔诚和崇拜的心情注视着演讲者，他们把听名人演讲作为一种文化层次高、社会地位高的标志。

第三，多看的含义还表现在要求说话者认真仔细地观察社会，观察生活，观察人与人之间微妙的关系和变化，观察与说话内容相关的事物。要善于用眼睛看表面、看本质、看点、看面、看深、看细、看过去、看现在、看未来。对客观世界的方方面面切不可心不在焉、听而不闻、视而不见，而是要用眼睛做摄像机把生活中的各种各样的现象和素材拍摄下来，经过大脑的分析，整理后再储存在脑海里或记录在本子上。

例如，演讲活动不仅是一种高级交际活动，也是一项复杂的智力活动。演讲者往往身负严肃的政治使命或教化使命，经常面对着生疏地变换着的听众，只有符合社会需要，符合听众的心理特征和交际需求的演讲，才有可能获得成功。因此，演讲者在台上演讲时，要多看听众，多和听众进行眼神交流，观察听众的表情和反应，以便及时调整演讲思路和演讲内容。

2. 多思

不论是上台演讲，还是在平常生活中的说话，都是一个反映语言思维、逻辑思维的过程，是把大脑中的想法即无声语言，转化为有声语言的过程。人们思考问题和进行思想交流时必须凭借语言的帮助，思考的内容和交流的思想要通过有声语言的表达才能体现出来。否则，谁也不知道你在想问题，谁也不明白你思考的是什么问题。

多思要求之一，既灵活敏捷，又三思而言。言为心声，在正常情况下，一个人心里怎么想，嘴巴就会怎么说。嘴上说的，就是刚才想的；刚才想的，就是下面要说的。想与说，思维和表达，相互之间交流传递，循环往复。有声语言这种区别于书面语言表达想说就说、随想随说的特点，决定了说话者既要才思敏捷、思维灵活，又要深思熟虑、三思而言。

多思的要求之二，要经常冷静思考，反复分析，为什么有的人讲话非常受欢迎，有哲理、有深度、有广度，使人感动万分，受益匪浅；为什么有的人说话枯燥无味、漫无边际、毫无新意，甚至令人反感。多思者，就能从中悟出道理，获得经验和教训。

多思的要求之三，说话前要在脑海里认真地构思一下，就是我们常说的打"腹稿"。在不同的情况下，要考虑好不同的说话内容，"到什么山上唱什么歌"。对不同的对象，在不同的时间、不同的地方说话时，要认真思考应该怎么说，哪些能说，哪些不能说，多琢磨、多推敲，力求做到"语不惊人誓不休"。

多思的要求之四，要"一日三省吾身"。每天都要对自己所说的话进行反思，对那些比较得体、成功的讲话要总结归纳、举一反三；对有些失误、不妥的话，甚至得罪人、起反作用的话，要分析原因、闭门思过、加以改正，尽量避免在今后的说话中发生言多必失、祸从口出的现象。

3. 多记

这里的"多记"是指把知识储存起来,记住。记忆,是说话者储存材料、发挥联想、出口成章的前提条件。优秀的演讲家往往都有着惊人的记忆力。

口若悬河、出口成章、言之有物,就必须具有知识的储备和高超的记忆力。一些演讲大家在演讲时总是情绪饱满、神态自若地侃侃而谈,而且常常是古今中外、旁征博引、佳句妙词、脱口而出,他们的大脑就像一本百科全书,令人叫绝。这样娴熟的表达离开记忆,尤其是离开以渊博的学识和敏捷的思维为基础的理解记忆,是不可想象的。

多记主要强调:

(1)记名人名言、哲理格言。哲理名言大多是一个思想体系,一个整体结构中的精华;它是经过时间和实践检验的被广大人民群众认可的,有一定思想性、真理性、指导性的语言;是人类智慧的精练总结。

在一篇演讲中,如果有一句哲理名言,便能使听众受益匪浅,难以忘怀。因为无论演讲者阐述的观点是多么标新立异或超凡脱俗,其实都是或多或少地被历史上的名家论述过的。名人名言是闪烁着智慧的光芒的,而名家所具有的影响力也是恒久存在的。因此,演讲者应抓住听众内心深处的心理,恰当地引用哲理名言或权威人士的论述,让它们服务于自己的理论观点的论证,加强演讲的说服力。

(2)记诗词、歌赋。诗词和歌赋是由现实生活所激发的感情波澜的产物。在内容方面,它高度集中、全面概括,并具有强烈的感情和丰富的想象。在形式方面,语言必须精练、准确、富于表现力,同时,要有鲜明、和谐的韵律和节奏。出色的演讲者常常拥有诗歌般的激情。实践证明,那些洋溢着诗歌激情、充满了诗情画意的演讲词,一经演讲者说出,就仿佛插了双翅膀,能飞进千百万位听众的心中,成为震撼人心的鼓点和鼓舞人心的号角。

所以,一个成功的演讲者就要多读一些诗词、歌赋,多记一些诗句。俗话说:熟读唐诗三百首,不会作诗也会吟。在演讲时和在平常生活中,适当地引用诗词、歌赋,不仅能产生美的意境,而且还能提高说话者的文学品味和艺术魅力。

(3)记古今中外动人的故事情节。演讲的目的是说明和鼓动,也就是说,演讲不仅要以理服人,而且要以情动人。演讲实现最佳效果的基础是听众首先被演讲的内容所感动,然后,听众在"夹叙夹议"中不知不觉地接受演讲者的思想和观点。如果演讲者只讲一些空洞的、毫无说服力的"大道理",就不可能增强演讲的可信度和感染力。

事实胜于雄辩,在演讲中引用确凿的事实和感人的情节,是证明自己观点最直接、最有效的方式之一。演讲者引用的事例越具体、越全面、越生动、越感人,对演讲观点的证明就越有力,也就越能打动听众,说服听众。古今中外历史上和我们身边的现实中,有许许多多、方方面面、动人、感人的相关故事情节。一个想成为有口才的人,必须积累这方面的素材,有目的、有意识地多记一些故事情节。这样,在演讲时和日常工作中,演讲者就能用生动、通俗的语言随口讲出与内容有关的故事情节,使听众保持轻松的心境和浓厚的兴趣,从而更易于接受演讲者的观点。

(4)记幽默风趣的笑话。幽默是人类同自己做斗争而锻炼出来的一种武器,也是一种引发喜悦,以愉快的方式使人快乐的艺术。幽默是人的思想、学识、智慧和灵感在语言运用上的结晶。笑话,是当今社会人际交往中不可缺少的艺术手段之一,它往往是一个短小的故事。在一般情况下,听众都渴望听到轻松有趣的演讲。那种基调过于严肃、内容过于单调的演讲是难以获得听众好评的。演讲者应当善于在演讲过程中穿插一些趣闻、轶事、幽默、笑话等方面的内容，使演讲的观点既能形象化、生动化，又能加深听众对观点的理解和记忆；还能增进演讲者与听众的交流，调动演讲气氛，强化现场效果，消除听众的压力，振奋听众的精神，使听众的注意力集中于演讲本身；同时还能给听众带来欢乐，让会场充满笑声，使听众更喜欢和信任演讲者。大凡有口才的、出色的演讲家都十分注意在演讲中运用幽默的语言。因此，初学演讲者就必须在背诵较多的笑话和幽默语言的基础上灵活地使用幽默语言，进而熟能生巧地逐渐提高自己的幽默感。

（5）记在不同场合下说话的语句。在现实工作和生活中，我们每个人都经常会遇到：一些场合需要我们说几句话，而且有时就是这么几句话，如果得体、恰当，就能帮我们很大的忙，解决我们大大小小的许多问题；但如果词不达意、含糊不清、颠三倒四，那么就会造成被动，甚至带来祸从口出的后果。

一个口才出众、能说会道的人，不管在什么场合都能准确、生动、简洁、流利地用语言表达出自己的意图，使别人非常愉快地接受，并能很快地谈成要办的事情，与之建立起良好的友谊，甚至还会令对方生出一种一见如故的感觉。相反，我们也会经常看到许多不会说话的人，他们无法用语言完全表达出自己的意图，往往使别人听起来费劲，结果造成工作和交际上的困难，以至于严重影响工作和事业的发展。究其原因，除口语表达能力差外，就是对不同场合、不同时间、不同对象、不同情况下的说话技巧掌握得不够。

总之，人的记忆力是无限的，只要用心地、经常地、反复地记，积少成多，由量变到质变，随着知识的储备越来越多，口才也就会越来越出色了。

资料来源：百度知道——天城至尊（节选与整理）

（二）注重心理训练

心理素质的好坏，对口才影响很大。说话时战战兢兢，心理上噤若寒蝉是说不好话的。

（1）培养当众说话的自信力，增强登台讲话的信心。要有泰然自若、从容镇定的心理素质。

（2）做好讲话的准备。事先写好讲话提纲或打好腹稿。

（3）讲话时注意节奏。当人紧张的时候往往讲话会快，讲话太快，思维就容易跟不上，进而影响讲话的质量。所以，讲话时首先要暗示自己不要太快，一方面稳住自己，另一方面争取更多的思考时间。

（三）加强实际训练

口才实际训练的方法很多，下面介绍几种。

1. 独白法

独白就是自己说给自己听。可以每日在临睡前，用独白说日记把一天的工作生活口述一遍，效果很好。也可以见什么说什么，想什么说什么，随时随地，即兴而发。或高声大嗓地说，或细语轻声地讲；可以无拘无束地练，也可以斟字酌句地练，如此语不离口，必能见到功效。

2. 对练法

在学习过程中，可经常两个人一组进行训练，一个人为立论者，提出某一观点；另一人为驳论者，反驳这种观点。要边练边总结，不断完善，这种方法可以提高逻辑思维能力和快速反应能力。

3. 实练法

实练法即要在各种场合进行口语表达的实地训练，事后听取听众的反馈意见，联系自己的实际感受，提高口语表达能力。

4. 录像或录音法

在课堂教学中，可对学生在课堂训练中的讲话进行录音，有条件的可进行现场录像，然后反复收听录音或收看录像，让学生找出自己说话时的问题，纠正后再说，如此反复，收效最大。也可要求学生自己把自己在各种场合的讲话，包括实练和独白，都尽可能地录下来，反复收听，找出自己说话时的问题，纠正后再说。这样，课内、课外不间断地训练，可收到很好的效果。

（四）多争取一些演说的机会

训练出好口才虽然难度较大，但只要善于抓住平时每一次机会，多说多练，水平就能得到迅速提高。

1. 课堂训练时要抢着说

一般来说，在课堂学习时发言，心理压力较小，容易放得开，是锻炼口才的好机会，应当踊跃发言。想什么，说什么，让语言随着思维不经意地流淌出来。要有新意，有自己独特的见解，不要人云亦云。

2. 校外实习实训基地实习时要"思考"着说

当实训基地的指导老师协调关系、处理问题、拍板决策时，作为秘书专业的实习生，要开动脑筋，同步思考：如果我是指导老师，对这个问题会怎么看，从何种角度入手，怎样拍板定案，用什么语言表达？然后同指导老师的表态进行对比，找出差距所在，就能在决策水平、沟通艺术、语言表达等方面学到许多东西。

3. 独立处理事情时要大胆地说

当独立协调处理事情时，要根据实际情况，有逻辑、有层次、简明扼要地发表意见。要意识到此时自己是"主角"，处于中心地位，必须全面地归纳、集中各方面意见，创造性地解决问题，语言表达力求完整、准确、精练。

4. 公开场合要脱稿说

在公开场合，能脱稿的就不要照稿"念书"。讲之前要思考一下，重点讲什么，分几个层次，中间插哪些事例，然后围绕着"腹中"的提纲放开来说。说的时候要有一个平稳的开头，既为自己"压惊"，又能立即吸引听众。

相关链接

戴尔·卡耐基《商务人员口才训练》节选：寻找当众说话的机会

在日常谈话中使用当众讲话的法则，常常会使你获得意外的大丰收。除此以外，你还应寻找和利用每一个可以当众说话的机会。怎么做才能达到这一目的呢？例如，你可以参加某个使你有当众说话机会的俱乐部。你不要只做一个不活跃的会员和一个旁观者。在这个俱乐部里，你要施展浑身解数，协助处理委员会的工作，大多数这样的工作都是要到处求人的。争取当节目主持人，以使你有机会去访问社区里的优秀演说家，这样你自然就担任发表介绍词的任务了。

提前做20～30分钟演讲的练习，越早越好。让俱乐部或组织里的人知道你在准备向他们演讲。筹募基金的组织会寻找志愿人员替他们宣传，他们会向你提供一套演讲的秘诀，这对你准备的演讲会有很大的帮助。许多重要演说家就是这样起家的，其中有些甚至可以说是异军突起，成就非凡。以桑姆·莱文森为例，他是一名广播和电视双栖明星，还是一个全国各地的人都想一听为快的演讲者。他过去在纽约任中学教员，平常喜欢就自己最了解的事情——像自己的家庭、亲戚、学生，以及工作中不寻常的方面，发表简短的谈话。没想到，这些谈话竟在听众那里产生了热烈反响。不久，他就被请去对许多团体发表演说。尽管这些对外事务大大影响了他的教书工作，但他已是许多广播节目里的特别来宾了。

实践训练

（1）做一次"话题王"擂台赛。由擂主提出话题并就话题发表自己的见解，其余学生都可就此话题攻擂，谁的发言对话题理解更全面、深刻，谁胜出。胜出者可提出新的话题，也可点别人提出新话题，比赛继续。

参与讨论话题数量最多的人，就是"话题王"。

（2）当众谈谈自己口语表达训练的计划。

要求：

① 先适当准备，允许列写文字提纲。

② 计划要切实可行。

模块二
口才心理与思维训练

习训目标

知识学习目标	能力培养目标
● 正确认知焦虑、自卑、挫折、羞怯等常见心理障碍 ● 掌握形象思维、逻辑思维和发散思维的方法 ● 认识办公室秘书应具备的职业素养	● 能自觉消除日常工作情境下常见的焦虑、自卑、挫折和羞怯等心理障碍 ● 综合、灵活运用形象思维、逻辑思维和发散思维的方法，提高工作情境下的口语表达能力

第一单元　口才心理素质

情景案例

　　王琪是一个走上工作岗位不到一个月的公司秘书，在试用期间，王琪最大的困惑就是自己如何能与公司同事打成一片，谈笑自如。可是在与公司领导相处的时候，不管是几分钟还是几个小时，总是处在一种紧张、怯场的状态，完全不是平时的自己了，口头表达变得十分糟糕。王琪十分苦恼，认为自己有一定程度的心理障碍。

　　为此，王琪阅读了不少关于心理学、心理障碍及其调适方面的书籍资料，也从名人传记中汲取营养。在一次阅读中，王琪发现，名人其实也存在着和自己类似的问题。例如，美国作家马克·吐温谈到他第一次在公开场合讲话时，嘴里好像塞满了棉花，脉搏跳动得好像争夺赛跑奖杯时一样快。美国总统林肯曾经被人这样描述过他的一次讲话："他好像不知所措，很吃力地去使自己适合情景，在过分忧虑的感觉中挣扎了片刻，因而他显得更难堪了……他开始讲话，声音尖锐难听，古怪的姿态、黄皱的脸孔、疑虑的动作，好像一切都与他为难似的。"

　　王琪心想，名人尚且如此，更不用说像我这样的普通人了。这种紧张焦虑的心理实在是太正常了，并不是治愈不了的心理顽疾。原来攻克说话时的心理难关，是初学者必经的障碍啊。

　　王琪正确认识了自己说话时的心理障碍，并通过阅读等手段获取相关知识，进而对自己进行心理素质训练，不出一个月，果然在职场中应对自如了。

项目任务

1. 王琪的事例使你受到什么启发？
2. 你在与人沟通交流时，是否存在语言或心理障碍？你怎样克服这些语言或心理障碍？

任务分析

王琪困惑的根源是自己在放松的状态下能谈笑自如，在有一定压力的情况下，不能正常发挥自己的表达水平。出现这种情况，并不是王琪说话的基本能力欠缺，而是王琪畏惧领导，在领导面前怯场，致使本来很会说话的她在这种时候不能很好地说话，显得笨嘴拙舌。又因为有了这样的经历，下次碰到这种情况时，自己会更紧张，生怕表现不好，结果常常是表现得更糟。由此可见：一个人的口语表达能力表面上看是说话能力，实际上与其思维状况和心理面貌密切相关。而一个人的说话能力、思维状况是相对稳定的因素，心理面貌则是相对变化的因素。因此，一个人的心理面貌常常决定了他说话水平发挥的程度。要想使自己现有的说话水平发挥出色，就必须对自己的心理素质进行训练，使自己做到面对各种场合都能身心放松，正常表达。

相关知识

（一）认识焦虑

焦虑是当一个人意识到自己的完美状况正处在危险或受到威胁时所产生的一种强烈的情绪反应。这里所说的完美状况包括很多方面，例如，生理上的健康、身体上的安全、心理上的宁静、自尊的维护、工作上的成功，以及为他人安危的担心，等等。紧张是一种程度较轻的焦虑，恐惧则是程度较严重的焦虑。

焦虑作为一种心理状态，在生理、行为方面有一系列特征。其在生理方面的表现：肌肉僵硬、头晕、发木、全身或局部疼痛、呼吸不畅、心律不齐、口干舌燥、脸红、寒战、出汗、食欲减退、失眠等。也有的从生理表象中看不出异常，但往往会伴随行为方面的变化，例如，说话唐突、语无伦次、表情特殊、面部痉挛、笨手笨脚、结结巴巴、思绪不清等。

心理学家通过实验证明，焦虑水平与工作效率的关系呈倒 U 形。也就是说，适当的焦虑（在略有压力的情况下）会使工作更出色，但焦虑水平过高或过低都不利于达到最好的工作效率。

心理学家也发现，许多焦虑起源于条件反射。也就是说，如果我们曾经对某种刺激或事物产生焦虑，即使后来出现的刺激或事物不再对自己造成真正的威胁或危险，我们也会感到焦虑。例如，小时候在公众场合说话，因为说错话遭到众人嘲笑，一旦留下深刻印象，长大成人后就不敢在人多的地方发言。

因此，学会控制焦虑过度是十分重要的。对于一般情况下的焦虑，我们可以通过放松训练进行控制；对于形成条件反射的焦虑，我们可以通过系统脱敏训练进行控制。

相关链接

焦虑自评量表

以下共有20道题，答案选项：A 没有或很少时间；B 小部分时间；C 相当多时间；D 绝大部分或全部时间。请根据自己的实际情况，选择恰当的选项。

1. 我觉得比平时容易紧张或着急。
2. 我无缘无故感到害怕。
3. 我容易心里烦乱或感到惊恐。
4. 我觉得我可能要发疯。
5. 我觉得一切都很好。
6. 我手脚发抖、打战。
7. 我因为头疼、颈痛和背痛而苦恼。
8. 我觉得容易衰弱和疲乏。
9. 我觉得心平气和，并且容易安静地坐着。
10. 我觉得心跳得很快。
11. 我因为一阵阵头晕而苦恼。
12. 我觉得要晕倒似的。
13. 我吸气、呼气都感到很容易。
14. 我的手脚麻木和刺痛。
15. 我因为胃痛和消化不良而苦恼。
16. 我常常要小便。
17. 我的手脚常常是干燥、温暖的。
18. 我脸红发热。
19. 我容易入睡并且一夜睡得很好。
20. 我做噩梦。

计分：正向计分题 A、B、C、D 按 1、2、3、4 分计；反向计分题按 4、3、2、1 分计。反向计分题号：5、9、13、17、19。

将20道题的得分相加算出总分"Z"。根据 $Y = 1.25 \times Z$，取整数部分得标准分 Y，$Y < 35$，心理健康，无焦虑症状；$35 \leqslant Y < 55$，偶有焦虑，症状轻微；$55 \leqslant Y < 65$，经常焦虑，中度症状；$Y \geqslant 65$，有重度焦虑。

（二）认识自卑

自卑是一种由于过多地自我否定而产生的自惭形秽的情绪体验。其主要表现为对自己的能力、学识、品质等自身因素评价过低，心理承受能力脆弱，等等。自卑心理可能产生于任何年龄段、任何人身上。

自卑的对立面是自信。"自信是成功的第一秘诀""自信是英雄主义的本质"。克服自卑需要树立自信。自卑是可以通过心理调节走向自信的。树立自信，需要正确地认识和评价自己，"尺有所短，寸有所长"，如果我们能客观地评价自己，在认识缺点和短处的基础上，找出自己的长处和优势，并以己之长比人之短，肯定自己的能力，就能激发自信。树立自信的方法在于自我欣赏和自我暗示，例如，"我可以""我能行""我真行"，逐步摆脱"事事不如人，处处难为己"的自卑困扰。

相关链接

阿德勒的《自卑与超越》

《自卑与超越》是阿德勒从个体心理学观点出发，阐明人生道路和人生意义的通俗性读物。在本书中，作者提出：每个人都有不同程度的自卑感，因为没有一个人对其现时的地位感到满意；对优越感的追求是所有人的通性。然而，并不是人人都能超越自卑，关键在于正确对待职业、社会和性，在于正确理解生活。书中不仅涉及人为什么活着、心灵与肉体的关系、自卑感和优越感、家庭和学校对人的影响，而且还论及了早期记忆、梦、犯罪、爱情及婚姻等内容。

自卑感在阿德勒的论述中占有很大比重。他认为，一般的自卑感是行为的原始决定力量，自卑感本身并不是变态的，它是一个人在追求优越地位时的一种正常的发展过程。优越感则是每个人在内驱力的策动下力求达到的最终目标，它因每个人赋予生活的意义而不同。人的行为都是出自自卑感及对自卑感的克服和超越。

（三）认识挫折

挫折是个体在从事有目的的活动过程中，遇到障碍或干扰，致使个人动机不能实现、需要不能满足的情绪状态。

在现实生活中，导致挫折产生的原因很多：客观方面的原因有时机不成熟、阻力过大、意外事故、他人的刁难等；主观方面的原因有目标定得偏高、意志不坚定、主观努力不够、经验不足等。

在人们的精神生活中，存在一种倾向：面对挫折时，会自觉或不自觉地用自己较能接受的方式加以解释和处理，从而不至于引起太大的痛苦，即人们有主动心理防卫机制。下面介绍两种面对挫折的心理防卫机制。

1. 合理化

例如，甜柠檬心理，源自伊索寓言。狐狸没找着吃的，只找到一只酸柠檬，狐狸想："这个柠檬是甜的，正是我想吃的。"它是指通过在心理上强调自己拥有的东西的好处，以此减轻内心的失望与痛苦。例如，当我们在某次说话出现小小的失误时，最好能有甜柠檬心理，心想除了这个失误，自己在其他方面的表现还是很不错的。

2. 幽默

用幽默化险为夷，对付困难的情境，或间接表达自己的意图。一次，一位媚态十足的年轻妇女对丘吉尔说："丘吉尔先生，你身上有两点是我不喜欢的。""哪两点？""你执行的新政策和你嘴上的胡须。""哎呀，真的，夫人，"丘吉尔彬彬有礼地答道，"请不要介意，您没有机会接触到其中任何一点。"

相关链接

关于挫折的名人名言

流水在碰到抵触的地方，才把它的活力解放。（歌德）

失败是坚忍的最后考验。（俾斯麦）

我们关心的，不是你是否失败了，而是你对失败能否无怨。（林肯）

暂时的失利，比暂时的胜利好得多。（阿卜·法拉兹）

水果不仅需要阳光，也需要凉夜。寒冷的雨水能使其成熟。人的性格陶冶不仅需要欢乐，也需要考验和困难。（美国作家　布莱克）

我可以拿走人的任何东西，但有一样东西不行，这就是在特定环境下选择自己的生活态度的自由。（德国小说家　弗兰克）

想想他人的不幸，你就能坦然面对人生。（米南德）

对于害怕危险的人，这个世界上总是危险的。（英国剧作家　萧伯纳）

让我们建议处在危机之中的人：不要把精力如此集中地放在所涉入的危险和困难上，而要集中在机会上——因为危机中总是存在着机会。（英国医生　卡罗琳）

小困难，大声叫嚷；大困难，闷声不响。（古罗马哲学家　西尼加）

乐观主义者总是想象自己实现了目标的情景。（古罗马哲学家　西尼加）

从希望中得到欢乐，在苦难中保持坚韧。（美国总统　肯尼迪）

中文的"危机"分为两个字：一个意味着危险，另外一个意味着机会。（英国作家　布瑞杰）

对于过去不幸的记忆，构成了新的不幸。（西班牙作家　塞万提斯）

千磨万击还坚劲，任尔东西南北风。（郑板桥）

（四）认识羞怯

羞怯的心理根源在于自卑或者挫折，一旦形成，就会惯性地蔓延下去。羞怯也有其外在表征，主要体现为害羞或怯场。克服羞怯的关键在于行动。人们认为有了勇气才有行动，而对羞怯者而言，有了行动才会有勇气，才会把害羞或怯场的惯性表现逐渐扼杀住。

克服羞怯，我们可以尝试以下办法。

（1）坐到人群中间的位置，故意"引人注目"。

（2）收集自己的优缺点卡片：用两种颜色的卡片分别写上自己的优点和缺点，写得越细越好。然后检验哪个优点还没有发挥，应该怎样发挥；哪个缺点是可以忽略或者没必要那么在乎的，最终丢掉这个可以忽略、不予在乎的缺点。

（3）在与人交谈时，注意音量和眼神。一定要尽量大声说话，这样你会觉得自己有权说话；一定要与对方进行眼神交流，这样才能克服羞怯最典型的外部表征。另外，如果别人没有应答你的话，你可以重复一遍；即使别人打断你的话，你也要继续把话说完。

相关链接

羞怯是怎么来的？

羞怯从严格意义上讲是一种由不正确的自我暗示引发的心理障碍，少数人是由遗传基因造成的，而大多数人则是受家庭和周围环境影响所致。无论是先天还是后天的羞怯，原因通常都有如下几点：

① 缺乏自信；

② 认知领域里的概念错误；

③ 怕丢面子；

④ 对安全感的过分追求。

如果你是一个羞怯的人，请你告诫自己：

① 我要增加曝光度；

② 自信源于对自己熟悉领域的高度认知；

③ 好口才是说出来的；

④ 真正看重你面子的人只有你自己；

⑤ 不要过度放大说错话对自己产生的不良后果。

重要提示

如何克服说话时的心理障碍？

① 从生理角度调节；

② 以心理暗示放松自己；

③ 淡化表现欲望或成功欲望；

④ 想想自己曾经成功的情景；

⑤ 打好腹稿，做足语言准备。

实践训练

1. 放松训练

（1）音乐放松：运用舒缓的音乐，放松情绪。

（2）呼吸放松：舒服地坐或卧，将注意力集中在吸气和呼气上，注意节奏；慢慢地将空气吸进肺里（尽可能使吸进肺里的空气最多），让空气在肺里停留几秒，然后缓缓呼出；有节奏地吸入呼出，一边呼吸一边数数，例如，吸气（一、二、三、四），停留（一、二），呼气（一、二、三、四）；如果找到了合适的节奏，可以不再数数，而将注意力放在"吸气"与"呼气"上，以同一节奏默念"吸——呼，吸——呼"。

（3）肌肉放松：从头到脚，一个部位一个部位逐一地绷紧肌肉，绷得越紧越好，再突然放松，松到不能再松的地步，随着肌肉的松弛，情绪也逐渐放松。肌肉放松的要领在于体会紧张和放松的区别，以此舒缓焦虑等情绪。

示例（放松上肢）

① 首先，右手握拳，同时开始吸气，继续握紧右手，并感受右手、右臂的紧张；然后呼气，释放该紧张，体验放松后的感觉。重复一遍。

② 将注意力集中在左手，重复上述动作。首先，吸气时紧握左手，并感受这种紧张；然后呼气，释放这种紧张，体验放松后的感觉。重复一遍。

（4）感觉放松：运用温冷感觉、轻重感觉的调换，放松情绪。

2．"皮格马力翁效应"训练

【背景介绍】

皮格马力翁是古希腊神话里的斯浦路斯国王，他喜爱雕塑。一次，他成功地雕刻了一个美女，对她爱不释手，并真诚地期望自己也能获得这个雕塑的爱。爱神阿芙罗狄忒被他感动了，于是赋予雕塑以生命，美女竟然活了。一个人希望成为什么样的人，就有可能成为什么样的人，这就是"皮格马力翁效应"。

【训练方法】

（1）想象一个好口才的人（可以是自己在口语表达方面十分钦佩的人）在公开场合发言时，他的语言、形象，他的表情、手势，他说话的速度、音质、语调等完美的状态，越细致越好，越逼真越好。

（2）想象自己像他一样，使用同样的语言和形象，以同样的表情、手势和同样的说话速度、音质、语调，等等进行表达。

（3）多次不断地在头脑中交替重复这样两幅画面。

3．系统脱敏训练

当人们对某一事物或环境产生敏感反应（羞怯、焦虑、自卑、受挫）的时候，在他身上会发生一种不相容的反应，即对他本来可以引起敏感反应的事物或环境，不再产生敏感反应。

系统脱敏训练，有三个环节。

（1）进行全身放松训练。

（2）从弱到强，建立刺激等级表。

（3）刺激与松弛相配合。

训练示例：学生对上讲台发言十分紧张

（1）进行放松训练。借助音乐，进行肌肉放松训练。

（2）建立刺激等级：

① 看其他同学在讲台上发言。

② 自己站到讲台上，不发言，低头。

③ 自己站到讲台上，不发言，抬头，保持五秒。

④ 自己站到讲台上，轻声念讲稿。

⑤ 自己站到讲台上，大声念讲稿。
⑥ 自己站到讲台上，看着桌子、椅子，大声说讲稿上的内容。
⑦ 自己站到讲台上，看着其他同学，大声说讲稿上的内容。
⑧ 自己站到讲台上，看着其他同学，大声说讲稿上的内容，说完后回忆自己刚才的声音、语调、眼神、手势等细节。

训练时，从①级开始，当①级刺激完成后，马上进行交替放松训练；当学生对①级刺激不再紧张时，进入下一个等级的刺激；以此类推，直至学生完成最后一个等级的刺激，并且能够处于自然放松状态。

4．综合训练

（1）从容走上讲台，真诚行礼，环视全班同学，声音清晰响亮地说："大家好，很高兴与您相会在'口才实务'课堂，以后请多多关照！"然后行礼，返回座位。

（2）情景训练

牙科医院；候诊室内；有饮水机，但没有水杯；有医务人员值班，正忙着接待来院病人并进行情况登记；正在治疗的一位病人需饮水，其家属走出治疗室，询问正在忙碌的医务人员是否还有水杯。

请饰演病人家属，如何向医护人员索要水杯。

第二单元　口才思维

情景案例

请看以下两个秘书"游说"的事例。

【事例一】

某位领导的一桩轶事。按规定，他可以领取保姆费，但是从20世纪50年代开始，他一直拒领保姆费。身边的工作人员曾经多次劝说，他都不为所动。20世纪80年代后期，新上任的秘书也想劝说该领导，但不知怎样才能说动老人家。该秘书工作一段时间后，对领导有了一定的了解，知道他是一个嗜书如命的人，而他的工资一直未涨，买书逐渐变成一件奢侈的事情了。于是，该秘书一次趁着与领导闲聊读书的乐趣时，不失时机地说："您的工资还是三十年前的不到三百块钱，又没有奖金。如果您再不领保姆费，恐怕连买本自己喜欢的书都难啊！"这一番话果然有效，此后，这位老领导开始领取保姆费了。

【事例二】

某单位领导不幸去世，按政策规定，其家属的住房标准必须降低，工作人员准备了一套新居，前去要其家属搬家。没想到，工作人员磨破了嘴皮，讲足了道理，该家属就是又哭又闹，死活不搬。单位派了一位秘书前往协调此事。秘书心想，晓之以理不行，那就动之以情试试吧！果然，秘书要其家属节哀顺变，说自己是代表其他领导前来探望的，并与家属聊起了该领导的一些往事，也随口聊起了家常话。其中有一句话触动了家属："您还是换个环境吧，不能再在这里睹物思人，整天以泪洗面了。我们都希望您能有一个快乐的晚年，这也一定是××老人家的心愿啊！"该家属果然痛痛快快地换了新居。

项目任务

1. 以上两个事例说明，口才的功夫不仅在嘴上，更是在头脑上，"有麝自然香"。请你分析上述两个事例中成功游说的思维奥秘。
2. 应怎样培养和加强自己的语言思维能力？

任务分析

在以上两个情景案例中，秘书均成功地游说了他人。他们之所以能够成功地说服他人，并不完全在于他们有较强的口语表达能力，而在于他们知人心、通人情，善于选择易于为听者所接受的正确的说话角度。成功的表达，不仅与语言能力相关，还与思维品质和思维能力相关。由此可见，要想训练自己良好的口才，就应透过语言训练的表层，直至思维品质、思维能力训练的深层。只有这样，你的口才才能脱下华美的袍子，真正温暖人心。

相关知识

> **重要提示**
>
> 口才的优劣从表面来看是技巧问题，从深层来看是思维问题。口才的训练和提高如果仅仅停留在单纯的技巧模仿上，只能事倍功半。怎么说和说什么，反映了一个人的思维品质和思维能力。

语言是思想的直接现实，语言能力与思维能力密切相关。说话的过程是人们将自己的内部语言（思维活动）转化为外部语言（有声语言）的过程，因此，口才的训练与提高应从思维训练开始。

（一）思维品质

1. 思维的深刻性

思维的深刻性是指思维的深度。它集中地表现在是否善于深入地思考问题，抓住事物的规律和本质，预见事物的发展和进程。这一品质要求人们具有精深的知识，一个知识浅薄的人，其思维的深刻性较差。在思维的深刻性方面，有的人思考问题善于打破砂锅问到底，非要弄个明白，但又不钻牛角尖；而有的人思考问题往往很肤浅，一知半解。一般来说，那些好学深思、不耻下问的人，其思维是有深度的；而那些遇事不求甚解的人，其思维则是肤浅的。

2. 思维的敏捷性

思维的敏捷性是指思维过程的速度或迅速程度。思维敏捷是指人们在短时间内当机立断地根据具体情况做出决定，迅速解决问题的思维品质。古人所谓"眉头一皱，计上心来"，便是思维敏捷的一种表现。在日常生活和工作中，遇事胸有成竹，善于迅速做出判断，但又匆忙草率。

3. 思维的灵活性

思维的灵活性是指思考问题、解决问题的随机应变程度。思维灵活的具体表现是，当情况与条件发生变化时，思维能够打破旧框框，提出新办法。这一品质与思维的敏捷性联系密切，可以说，没有敏捷性，就没有灵活性。在工作、学习和生活中，有的人遇事足智多谋，善于随机应变；而有的人脑筋僵化，惯于墨守成规。

4. 思维的独创性

思维的独创性是指是否善于独立地分析问题和解决问题。它表现为不依赖别人的思想和原则，不寻求现成的解决问题的方案，而是创造性地寻求并获得研究现实的新途径、新事实和新规律，提出新的解释和新的结论。有的人遇事独立思考、有独特见解，解决问题时有独到方法，但也不固执己见、唯我是从；有的人则遇事盲从附和，解决问题时人云亦云，表现出很大的受暗示性。

5. 思维的批判性

思维的批判性是指善于批判地评价他人的思想与成果，也善于批判地对待自己的思想与成果。批判性的思维能够吸取别人的长处和优点，吸取别人的思想精华，而摒弃别人的短处和缺点，摒弃别人的思想糟粕。它还能够严格地检查自己思想的进程及结果，缜密地验证自己所提出的种种设想或假说，在没有证实其真实性前，决不轻易相信这就是真理。有的人思维具有较强的批判性，能辩证地分析一切。有的人思维缺乏批判性，不能辩证地分析事物。

（二）思维能力

1. 形象思维

形象思维是指以具体的形象或图像作为思维内容的思维形态。

进行形象思维的主要方法如下。

（1）模仿法。它是以某一形象原型或图像原型为参照，在此基础上加以变化产生新形象或新图像的方法。请看以下两个句子。

地球学家说："把地球作为人的世界去了解它。"

心理学家说："人脑可能是整个地球，甚至是整体宇宙的缩影。"

这两句话说法新颖，正是运用了模仿法（具体来说，是通过类比的语言修辞手法）来进行思维的结果。

（2）组合法。它是指从两种或多种形象中抽取合适的要素重新组织，构成新形象或新图像的思维技法。例如，马致远的《天净沙·秋思》为了表达"断肠人在天涯"的羁旅思乡之情,将枯藤、老树、昏鸦、小桥、流水、人家、古道、西风、瘦马、夕阳多种形象组合在一起,重新凝筑起一个羁旅思乡的背景氛围。

（3）移植法。在语言的思维过程中,移植法是指将某一领域的形象或图像移植到另一领域中去的思维技法。例如,在辩论赛中,为了形容对方的"温饱决定论",辩手将裴多菲的诗做了改动:"生命诚可贵,爱情价更高,若为温饱故,两者皆可抛。"又如,在辩论"艾滋病是医学问题还是社会问题"时,辩手幽默地说:"如果哪个人给艾滋病'爱'上的话,恐怕会'此恨绵绵无绝期'吧！"

2. 逻辑思维

逻辑思维是指符合某种人为制定的思维规则和思维形式的思维方式,我们所说的逻辑思维主要是指遵循传统形式逻辑规则的思维方式,即抽象思维。

概念是反映对象特有属性和本质属性的思维形式。正确使用概念,必须做到明确概念的内涵和外延。概念的内涵是指概念的含义；概念的外延是指概念所指的范围。例如,有人说:"我国古代数学家祖冲之比欧洲人早一千多年发明了圆周率。"这句话中的概念"发明"一词使用有误。因为"发明"概念的内涵是"创造出前人未知的器具和方法",圆周率是客观存在的,不是创造出来的,只能是被"发现"的。

判断是对思考对象有所判定的思维形式。判断的形式主要有直言判断（又称性质判断）、联言判断、选言判断、假言判断。直言判断是直接断定事物具有或不具有某种性质的简单判断,如"《乐记》是中国最早、最系统的音乐美学专著"属于直言判断。联言判断是断定几种事物都存在的判断,如"劳动人民不但创造了物质财富,还创造了精神财富"属于联言判断。选言判断是断定几种可能事物的情况中至少有一种事物情况存在的复合判断,它包括相容和不相容的选言判断。相容的选言判断是断定几种可能事物的情况中至少有一种存在的判断,如"战争的失败或因其弱,或因其指挥失误"是相容的选言判断；不相容的选言判断就是断定几个选言肢中有并且只有一个为真的选言判断,如"要么物质第一,要么意识第一"是不相容的选言判断。假言判断是反映客观事物之间条件与结果关系的复合判断。根据其条件的性质,分为充分条件假言判断、必要条件假言判断、充分必要条件假言判断,如"如果两块铜板互相摩擦,那么铜板就会生热"是充分条件假言判断；"只有认识错误,才能改正错误"是必要条件假言判断；"当且仅当三角形的三个内角相等时,它才是等边三角形"是充分必要条件的假言判断。

推理是由已知判断推出新判断的思维形式,由前提和结论两部分组成。作为推理根据的已知判断是前提,从已知判断推出的新判断是结论。推理可以分为演绎推理和非演绎推理。演绎推理的逻辑特征:如果前提真,那么结论一定真,这是必然性推理。非演绎推理的逻辑特征:虽然前提是真的,但不能保证结论是真的,这是或然性推理。下面介绍三种演绎推理。

（1）三段论。三段论是由两个包含着一个共同项的性质判断推出一个新的性质判断的推理。三段论的典型式:一切 M 都是 P,一切 S 都是 M,所以,一切 S 都是 P。例如,"凡小说都是社会生活的反映；一分钟小说是小说；所以,一分钟小说也是社会生活的反映"。

（2）选言推理。选言推理是指前提中有一个是选言判断的推理。例如,"这个人或者是工程师,或者是厂长。据说他是工程师,所以,这个人不是厂长。"这句话推理错误,肯定了选言肢"工程师",并不能否定另一个选言肢"厂长",因为这是一个相容的选言推理,所以由此推出的这个结论是错误的。

（3）二难推理。二难推理是一种特别的有两个假言前提和一个选言前提的推理。这种推理常被应用于论辩中,其特点是论辩的一方从对方的观点出发提出两种可能,再由这两种可能引申出两种结论,使对方无论选择其中的哪一种结论,结果都会使自己陷入两难境地。例如,"如果上帝是万能的,那么他能否造出一块他举不起的石头。如果能,上帝还是不是万能的,有他举不起的石头；如果不能,上帝不是万能的。不管上帝能不能造出他举不起的石头,他都不是万能的。"

普通逻辑的基本规律：同一律、矛盾律、排中律和充足理由律。我们简单地介绍前面三个规律。同一律即"A 是 A",在同一思维过程中,每一思想与其自身是同一的。这里所说的"思想",是指在同一思维过程中所使用的概念和判断,即要求概念和判断应前后具有同一性。违反同一律的要求,在概念方面就会犯"混淆概念"或"偷换概念"的逻辑错误；在判断方面,就会犯"转移论点"或"偷换论题"等逻辑错误。矛盾律即"A 不是非 A",在同一思维过程中,一个思想及其否定不能同真,必有一假。违反"矛盾律"的要求,就会犯"自相矛盾"的逻辑错误。排中律的基本内容：在同一思维过程中,两个互相矛盾的思想不能同假,必有一真。它或者是"A",或者是"非 A",二者必居其一。违反排中律的要求,就会犯"非此非彼"的逻辑错误,也可称为"两不可"的逻辑错误。

3. 发散思维

发散思维是指通过对已知信息进行多角度、多方向、多渠道的思考,从而悟出新问题,探索新知识,发现多种解答或得出多种结果的思维方式,又被称为"求异思维""辐射思维"。发散思维对于打破思维定式,破除思想、行为、观念的僵化是十分有效的。

发散思维的含义有两点：一是指来自或连接到一个中心点的联想过程；二是指"思想的爆发"。也就是说,发散思维过程是一个流动的、开放的、不断发展的过程,是把已有信息库的信息进行信息组合,并把思维引向新的方向的过程。

例如,某公司广告部闹得不可开交,大家因为痛失一笔广告业务而互相推诿责任,已经到了拍桌子骂人的地步。秘书小王闻讯后,赶紧跑去向领导汇报,想请领导出面协调此事。不料,公司老总和副总正在闲聊昨晚的足球赛事。小王心想：此时打搅领导的雅兴不好,不及时汇报也不好,怎么办呢？突然,他由踢足球联想到推诿责任,灵机一动……他跑进领导办公室汇报说："我们广告部现在正在踢足球呢。不过他们踢的那个球,让我们公司损失一笔广告业务不算,现在还内部闹到拍桌子骂人的地步了……"

相关链接

认识思维定式

思维定式是指按照积累的思维活动经验教训和思维规律,在反复使用中形成的比较稳定的、定型化的思维路线、方式、程序、模式（在感性认识阶段也称为"刻板印象"）。

思维定式是一种按常规处理问题的思维方式。它可以省去许多摸索、试探的步骤,缩短思考时间，提高效率。在日常生活中，思维定式可以帮助我们解决每天碰到的 90% 以上的问题。

但是，大量事例表明，思维定式对问题解决具有较大的负面影响。它不利于创新思考，不利于创造。当问题的条件发生质变时，思维定式会使人们墨守成规，难以涌出新思维、做出新决策，造成知识和经验的负迁移。它容易使人们产生思想上的懈怠性，养成一种呆板、千篇一律的思维习惯。

> **重要提示**
>
> 语言显示出我们头脑中关于目的和手段的潜在的思维框架。激发问题意识与目的意识、超越固化思维、启动想象和联想、提高综合思维能力，口才的水平一定能大为改观。

实践训练

1. 讨论分享

（1）在谈及公司人事制度改革，尤其是公司人员流动的重要性的时候，可以用哪些形象的语言来说明？

例如，可以形象地说"流水不腐，户枢不蠹""铁打的营盘流水的兵"，请调动你的形象思维能力来说明这一观点。

（2）在谈及招商引资这一话题时，为了说明吸收外资和改善投资环境的重要性，可以用哪些形象的语言来说明？除了"借鸡生蛋""筑巢引凤"外，你还能想到哪些说法？

（3）在向领导汇报工作时，谈及企业管理方面的问题，你可以用模仿法来描述企业和大脑的相似之处吗？除了企业与大脑之间的这种类比，你还能想到其他的类比物吗？说得越多越好。

2. 案例分析

（1）某公司一部门经理因受贿事实败露，被公安机关关押。秘书小王代表公司前去看守所探望该部门经理。小王问："你是什么时候开始受贿的？"该部门经理说："开始时，我胆子很小，后来胆子就越来越大了。"小王又问："你收了多少钱呀？"该部门经理说："我受贿对不起公司的培养，对不起老总的栽培。"小王又问："你为什么要收人家的钱呢？"该部门经理说："公司的干部管理制度还是有漏洞的，我钻了空子。对这些制度漏洞以后要改进才行啊。"小王最后问："公安对你的审查公不公正？"该部门经理说："我以前在公安部门工作过一段时间，我有心理准备。"

如果你是秘书小王，你觉得该部门经理的回答有没有逻辑上的漏洞？有的话，漏洞在哪里？请你一一指出。

（2）秘书小王陪同外商参观市区，在介绍本市市场行情时说："我们这里，各种水果在四季都有，价格也不贵。但其他食品的价格，例如，蔬菜、鱼、虾、牛肉、西红柿等价格比其他城市的价格略为高一点。"你觉得秘书小王的介绍有什么不当之处？违背了什么样的逻辑规律？

（3）秘书小王安排工作人员在高压电线处立一块告示牌，并说要在告示牌上写上这样的警戒语:"严禁触摸!500伏高压,一触即死。违者严办!"你觉得秘书小王的说法有逻辑问题吗?

(4)秘书小王对办公室主任说:"这类事情,我自己向来常常就是这样处理的。"你觉得小王的说法严谨吗?

(5)秘书小王到分公司调研。听闻分公司的营销人员小李连续半年没有完成营销任务。小李的同事小贺说:"小李营销没有业绩,可能与业务量的提成偏低有关。"同事小夏说:"小李可能对营销工作热情不高。"秘书小王听了之后,发表了自己的看法:"既然小李对营销工作热情不高,那就不是提成偏低的问题了。"秘书小王回避业务提成这一敏感话题,维护公司整体利益,用心很好。但是,小王的这句话说得对不对?为什么?违背了什么逻辑规律?

(6)秘书小王和公司老总聊天,老总说到自己和朋友老周下象棋的事情。小王兴致勃勃地问:"您赢了吧?"老总说:"没赢。"小王知道老总棋艺不错,很惊讶地问:"您输了?"老总不悦地说:"也没有输。"在这段对话中,你觉得小王第二次发问妥不妥当?是不是遵循了排中律的逻辑规则在说话,为什么?

(7)秘书小王和小李陪同公司总经理前去参加商业谈判。在谈判活动中,对方总经理说:"根据上次贵公司履行合同的情况,我想说的一点是,你们有产品不具备合同规定的要求,为此我公司蒙受了损失,希望以后不要出现类似的情况。"总经理连忙问旁边的秘书,秘书小李赶紧说:"肯定没有这回事,王总一定记错了。贵公司如果不信的话,我们可以下次把那份合同及当时的验货单一起带过来重新核对。"秘书小王在旁边紧接着补充说:"王总,您和我们合作不止一次了,您对我们公司多少是了解的。我们公司如果在履行合同中出现不符合要求的产品,按合同规定,你们可以退回或者要求赔偿。贵公司当时既不退货,也不要求赔偿,这怎么解释呀?"

请你正确评价这次谈判中秘书小王和小李的口才表现,并分析他们各自的思维方式和特点。

第三单元　综　合　训　练

1. 角色扮演

【背景说明】

王琪是一个走上工作岗位已经一个多月的秘书,她向来在公司领导面前说话办事露怯,尤其是在被人称为"不怒而威"的总经理汪为清面前。有一次,办公室刘主任要王琪在汪总的工作日程里安排看医生一项。王琪前去征求汪总的意见,想问问此事的时间安排。不想汪总一口回绝,还说:"这种事不用你来操心,你干好自己的工作就行了。"王琪从汪总办公室出来,十分泄气。看到此情此景,刘主任好好地安慰了王琪一番,并鼓励她继续努力,独立完成这一日程安排的征询工作。

王琪为了彻底战胜自我,再次接受了该任务。最后,她充分利用自己前期进行的心理和思维方面的训练,圆满完成了这一工作任务。

【角色安排】

由老师或者一名学生扮演汪总,其他学生轮流扮演秘书王琪。

2. 目标任务

【任务介绍】

汪总最近身体不好，有一次陪客户喝酒应酬，刘主任发现汪总酒后呕吐物里居然有血，有点医学常识的刘主任知道汪总的胃出了毛病，而且已经不是小毛病了。但是，素有"拼命三郎"之称的汪总自己不以为意，拒绝了刘主任示意王琪所做的要在工作日程上安排看医生这一事项的征询。

刘主任要王琪通过与汪总的口头交流互动，完成劝说汪总上医院看病这一任务。

【任务流程】

与汪总交流前的心理调适——与汪总的现场交流互动——角色扮演完成后的心理描述和细节总结

3. 背景信息

（1）汪总的背景信息

① 有喝隔夜茶的习惯（喝隔夜茶有致癌的危险）。

② 既敬业，又爱家，特别疼爱老婆和孩子。

③ 胃痛已久，但胃出血一事并未让其家人知道。

（2）王琪的背景信息

① 在领导面前怯场，需要克服此前征询汪总失败的受挫情绪和交流前的焦虑情绪、交流时的紧张情绪。

② 叔叔在本市最好的医院工作，是内科主治医师。

4. 角色扮演效果测评

（1）心理方面。

① 受挫感的承受能力和调适情况。

② 焦虑情绪的可控程度。

③ 紧张情绪的可控程度。

（2）语言与思维方面。

① 各种思维技巧的综合运用情况。

② 背景信息的灵活运用情况。

③ 现场应变能力。

④ 表达的逻辑清晰程度、流畅程度、轻松程度。

（3）成绩评定。

根据每个学生在秘书王琪的角色扮演中的实际表现，结合测评目标，评出优、良、合格、不合格四个成绩等级。

模块三
有声语言训练

习训目标

知识学习目标	能力培养目标
● 正确认识有声语言 ● 了解语音、语调相关知识	● 能利用气息调节、共鸣控制等技巧有效美化自己的声音，并使吐字归音准确清晰 ● 能恰当运用停顿、重音、语速、句调、语气等技巧，使口语表达生动准确，有吸引力

第一单元 语音训练

情景案例

王琪大学毕业后到了恒达商业集团任总经理秘书，她工作勤奋努力，文字表达能力强，文章写得又快又好，深得领导赏识。但王琪的有声语言表达不敢让人恭维。她出生于一个偏远的山区，方言很重，她原来没觉得这有什么大问题，可是工作后咬字不清的发音缺点给她造成了很大的困扰。她在各种会议上宣读材料、在公共场合传达总经理的指示等时，总令一些人听不懂。特别是，她想尽力说得准确，结果一紧张，说话时又喉咙发紧，舌头打结，声音也变得尖锐起来，她十分苦恼。有一次，她打电话通知全体部门经理开会，把"十点"说成了"四点"，结果造成会议无法按时进行。总经理虽然没有明说什么，但王琪知道他对她有点不满了。

项目任务

1. 从王琪的事例中你得到了什么启发？看看我们自己和身边的人是不是也常常因发音不准而闹出笑话？

2. 人的声音可以通过训练变得好听起来吗？谈谈你的看法。

任务分析

王琪因为说话时发音不准、语音难听给自己造成了很大的困扰，也给工作造成了失误，她十分苦恼。其实，这种发音上的缺陷是可以通过系统的发音技巧训练而改变的。只要能掌握正确的发音方法和技巧，不断地进行训练，就会有成效。绕口令可以进行呼吸训练，能够扩大胸腔容量，有效控制气息。在练习时，要注意从容适度，要快而柔和，应用鼻子而不是用嘴吸气。用嘴吸气，声音会给人气喘吁吁的感觉。呼气要均匀、平缓、舒畅自如。读绕口令时，要连续快读，一气呵成。但不可为了追求一气读完，便含糊、吃字，注意每一个音要发得清楚、准确。

相关知识

（一）有声语言概述

1. 有声语言的含义

有声语言是指用语言表达或接受思想和感情、以说和听为形式的口头语言。它是人们在社会交往中凭借语言传递信息、交流思想和感情的一种言语形式。在传情达意的过程中，它是最直接、最常见、最普遍的一种基本语体。有声语言表达技巧指的是人们在说话时所使用的技能和巧妙的表达方法。它是在一般口语技能的基础上，经过反复训练，掌握了口语表达的规律，积累了较丰富的经验，从而获得了一定表述自由的结果。有声语言是人们在表达思想感情时以声音形式诉诸听众的一种言语运用过程。它会受到时间和空间的限制，不具存留性而具临时性，一经发出，无法再进行推敲和修改。因此，人们在说话时，语音必须准确清楚，并恰当地掌握语调的高低升降变化，合理地安排停顿、重音及运用变化感情的一些特殊技巧，准确无误地把要说的意思表达出来，把一个个文字符号变成鲜活的话语，让听者获得思想情感的启迪和声音美的享受。

2. 有声语言的特点

（1）有声性。有声语言是靠语音来表情达意的，其中各个语言单位均有声音，且根据表达的需要，须对声音做高低升降、快慢起伏的语调变化。有声性是有声语言的本质特征。

（2）自然性。有声语言即自然语言，相对书面语来说，它更通俗、平易、自然。它保留了生活现象中许多语音、语汇、语法现象，如方言、俚语、俗语、暗语，还有儿化词、象声词、叠音词、语气词及省略现象、易位现象等。自然性使有声语言在表达时显得灵活自如，生动自然。

（3）直接性。有声语言的传达和交流一般是面对面进行的。信息的传递和接收明白、直接，不必像书面语一样要通过视觉反映。有声语言还可以通过丰富的非语言技巧来配合进行，使表达更形象、更立体化。

（4）即时性。有声语言突发性强，现想现说。很多话来不及认真思考就要表达，有时难免不严密、不完整，要及时更正补充，并运用一些重复、补充、插入语来填补表达的空缺。

（5）灵活性。有声语言的表达可根据地点、人物、话题的需要进行灵活的变动与调整。表达者可以随机应变，因情制宜。

3. 有声语言的基本要求

（1）准确。准确就是要求有声语言的表达要正确，合乎规范。一方面是指有声语言要合乎全民族的语言规范，即发音准确、吐字清晰、用语规范、用词正确，符合语法修辞原则。例如，不把"西安"说成"先"，不把"师范"说成"稀饭"，等等。另一方面符合全人类共有的逻辑规范。逻辑性是全人类都要遵守的，任何人说话都要使用概念，运用判断，进行推理，都要接受同一律、矛盾律、排中律等逻辑规律的指导。这就要求进行口语表达时一定要做到概念明确、判断准确、推理合乎逻辑，否则将严重影响表达效果。

（2）简洁。简洁就是要求以最经济的语言手段输出最大量的信息，使听者在最短的时间内获得较多的信息。它包括紧扣话题，重点突出；语脉清晰，层次井然；逻辑性强，有说服力；不含糊其词，不重复啰唆；等等。要使表达简洁，首先要思想明确，心中有数；其次要词汇丰富，反复锤炼词句，还要使语言纯净，少说空话、假话、废话。

（3）生动。要想使有声语言表达能动之以情，晓之以理，明之以意，导之以行，要求语言生动形象，才能产生强烈的感染力和说服力。要使语言生动形象可从以下几个方面努力：一是多使用形象化的语言，可以把抽象的、深奥的理论形象化、浅显化，使其绘声绘色；二是多使用幽默诙谐的语言，这样可以吸引听众，强调自己的主张，还可以缓解紧张气氛；三是适当使用修辞，可以使语言更富有艺术感召力和表现力，增强有声语言表达的感情色彩，给听众留下深刻的印象。

（4）通俗。说话要让人听得懂，因此，说话者需采用来源于生活、合乎人们听觉习惯、通俗易懂的口语，尽量使听者感到亲切、自然。具体的做法：多用口语，少用书面语，例如，"这件事要即刻着手办理"（书面语），"这件事要赶快办"（口语）；多用现代词汇，少用古代词汇；多用通行词汇，少用方言词汇；多用形象性词汇，少用抽象性词汇；多用普通词汇，少用专业词汇；多用动词，少用连词；多用格言、俗语（惯用语、谚语、歇后语），少用成语。

（二）有声语言的发音训练

语音是由人的发音器官发出来的能够表示一定意义的声音，它是语言的物质外壳和载体。语音必须标准规范、清晰圆润，可从以下几个方面进行训练。

1. 调节气息

俗话说练声先练气，气息是人体发声的动力，就像汽车上的发动机一样，它是发声的基础。气息的大小与发声有着直接的关系。气不足，声音无力；用力过猛，又有损声带。所以我们练声，首先要学会用气。

（1）吸气：吸气要深，小腹收缩，整个胸腔要撑开，尽量把更多的气吸进去。我们可以体会一下，当闻到一股香味时的吸气法。注意吸气时不要提肩。

（2）呼气：呼气时要让气慢慢地呼出。因为我们在演讲、朗诵、论辩时，需要较长的气息，那么只有呼气慢而长，才能达到这个目的。呼气时可以把两唇基本合上，留一条小缝让气息慢慢地通过。也可像用嘴轻轻地吹掉桌面上的灰尘一样，平稳、均匀、慢慢地用嘴呼出气流。

学习吸气与呼气的基本方法，可以每天到室外，如公园去做这种练习，做深呼吸，日久天长定会见效。

2. 控制共鸣

人类语言的声源是在声带上，也就是我们的声音是通过气流振动声带而发出来的。但是，声带发出的声音很微弱，通过共鸣才能得到扩大和美化，使声音响亮且好听就需要共鸣。人发声时直接引起共鸣的是声带上方的喉、咽、口、鼻腔；此外，胸腔、前额、两颧部分也有共鸣作用。共鸣控制得好，可以使声音变得洪亮、圆润、蕴含感情。

口腔是中音共鸣区，它是硬腭、软腭以下，胸腔以上的喉咙、咽腔，包括口腔各个共鸣体，可以使声音丰满、坚实。胸腔是低音共鸣区，它可以使声音听起来洪亮、厚实。头腔与鼻腔是高音共鸣区，它可以使声音变得高亢、清亮。三者中，中音是基础，高音是色彩，低音是感情。三者整体配合，可以使声音既丰满圆润、洪量浑厚，又朴实自然、清晰真切；还可以加大音量，变化音色，使声音变化无穷。

说话要获得良好的共鸣，必须真正找到"抗""通""挂"的感觉。"抗"是指气息运动的对抗，双向运动的感觉，这是产生良好共鸣的基础。"通"是指整个声道要十分通畅，不憋不挤；颈部脊椎要自然伸直，胸部要放松，不僵不憋；口腔要打开，不能咬着牙发音；喉头自然放松。总之，从下至上整个贯通，气柱能十分通畅地向上向前流动，发音感到很自然，很舒展。"挂"是指声音不能直接出来，要有一种被吸住的感觉，好像"挂"在前硬腭上。这样，才能明朗、光润、省力。

共鸣的要领有三个：第一，扩共鸣腔，张大嘴说话。这样，口腔、咽腔、舌头放松，喉头处于吸气位置，整个发声通道畅通无阻，就可以获得最大限度的共鸣，但不是任意张大嘴，而必须根据说话的需要加以控制。第二，控制舌头。舌头前部举得过高，口腔扁平，声音单薄；舌头下压过分，发音声道向前延伸，声音浑浊不清。因此，关键是控制舌头，舌头的伸缩可以改变口腔的形状，对共鸣产生重要影响。第三，均衡协调。肌肉过于紧张，声音僵硬，没有弹性；肌肉过于松弛，声音不集中，没有力度。发声时，不仅应该保持均衡紧张的状态，还要注意协调。人们常常只注意控制自己的唇、舌、齿而忘记控制咽肌。咽肌直接关系到软腭的闭合，如果不能协调运用，就造成"漏气"而出现鼻音。其他各个部位也同样需要均衡协调。

> ♡ **重要提示**
>
> 发声的基本要求：在发声时，喉部要放松，喉部放松了，声带就能振动自如，发声也轻松省力，声音自然悦耳动听，再借助适度的共鸣来扩大音量，美化音色。

3. 准确吐字归音

吐字归音是语言艺术中的咬字发声方法。说话时，如果发音器官的活动不到位，相近的字音区分不清，就会吐字模糊、含混不清，字音含混不清影响意思的表达，也会使语音不优美、不动听。因此，要过好语音关，就得进行吐字归音训练。

（1）说话对吐字的要求。说话对吐字有两个方面的要求：一是真，二是美。"真"是指准确规范，清晰真切。要按普通话的发音规律发音，不能错也不能含混不清；要干净利落，真真切切。"美"是指发音好听，集中圆润，灵巧流畅。要做到：集中而不散漫，饱满圆润而不单薄扁涩，灵活轻巧，流畅自然而不笨拙呆板。

（2）吐字归音要领。我们把一个汉字分为字头、字腹、字尾三个部分，吐字归音是中国传统戏曲声乐艺术的一种发音方法，对字头、字腹、字尾的处理，分别称为出字、立字、归音。

① 出字：要求准确有力，叼住弹出。字头包括声母和韵母。发好字头主要是要把握好声母的发音部位、方法和韵母的四呼。这里所谓"四呼"，是我国传统语言学上的术语，音韵学家分韵母为开口、合口两类，每类又分洪音和细音。开口洪音称为"开口呼"，开口细音称为"齐齿呼"，合口洪音称为"合口呼"，合口细音称为"撮口呼"。处理四呼时口型要准确到位。出字还要注意"叼"与"弹"的感觉。叼住要叼得巧而不死，过死则僵，过松则泄；弹出要弹得轻捷有力，不黏不滞。

② 立字：要拉开立起，圆润饱满。立字是对字腹即韵母中主要元音的处理。关键在于口形该大开时不能半开，该圆唇时不能展唇、口腔开合适度、松紧相宜，声音舒展丰满、坚实稳定。

③ 归音：要趋向鲜明，到位弱收。归音是对字尾即韵尾的处理，口腔由开到闭，肌肉由紧到松，声音由强到弱。

三个阶段的具体要求是立字发音的动程大、时间长，出字和归音的动程小、时间短。

（3）枣核形——吐字的整体处理。把上面的要求综合起来，字头的叼住弹出，字腹的拉开立起，字尾的到位弱收，就形成了吐字归音的"枣核形"。这样的吐字，点面结合，清晰饱满，给人以美感。"枣核形"即声母、韵母为一端，韵尾为一端，韵腹为核心。从发音时口腔开度的变化来看，正好是由闭到开再到闭的过程，两头小，中间大；从时值来看又是两头短，中间长。"枣核形"正是吐字归音的"珠圆玉润"状态，它体现着字音的清晰圆润、颗粒饱满。"枣核形"是一个有机的整体，要求整个音节有滑动感、整体感。以"天 tian"为例（如下所示）：

    头   颈   字腹   字尾
    t   i   a   n

训练吐字归音，主要是训练唇、齿、喉、舌等发音器官的灵活性。具体训练方法见下面"实践训练"中的"3. 吐字归音训练"。

实践训练

1. 呼吸训练

（1）突然，窗外飘来一股炒菜香味。是烧肉还是煎鱼？请闻闻看。

（2）抬重物时，必须把气吸得较深，憋着一股劲，后腰膨胀，腰带渐紧。这是正确的呼吸方法。多抬几次重物，找出以上感觉。

（3）假设桌面有许多灰尘，要求吹灰但又不能吹得尘土飞扬。练习时，按吸气要领做好准备，然后依照抬重物的感觉吸足一口气，停顿两秒钟左右，向外吹出气息。吹气时要平稳、均匀，随着气息的流出，胸腹尽量保持吸气时的状态，尽量让吹的时间长一些，直至将一口气吹完为止。

（4）数枣：出东门，过大桥，大桥底下一树枣，拿着竿子去打枣，青的多，红的少，一个枣，两个枣，三个枣，四个枣，五个枣，六个枣，七个枣，八个枣，九个枣，十个枣，九个枣，八个枣，七个枣，六个枣，五个枣，四个枣，三个枣，两个枣，一个枣，这是一则绕口令，一口气说完才算好。

（5）数数：一 一个一，一二二一 一 一个一，一二三三二一 一 一个一，一二三四四三二一三二一 一 一个一，一二三四五五四三二一 四三二一 三二一 二一 一 一个一，一二三四五六六五四三二一 五四三二一 四三二一 三二一 二一 一 一个一……一二三四五六七八九十…… 一 一个一……看谁能数得多。数得少的应分析原因，是吸气不得要领，吸气不足，还是控制不住？针对自己的不足，反复练习。

2. 共鸣训练

（1）设想咬一个大苹果，或者打一个哈欠。这时，我们的口腔、咽腔都随之扩大，整个发声通道畅通无阻，口盖也抬起并收缩为拱形，舌头放松，喉头处于吸气的位置。保持在这个位置发音，就可以得到最大限度的共鸣。

（2）模拟汽笛长鸣声 di——或者鞭炮声 pi li pa la，体会气束冲击硬腭前部的感觉，体会口腔共鸣。

（3）有感情地朗读下列句子，要求打开口腔，放松胸部，鼻腔畅通，发音时适当偏后，使声音洪亮、浑厚。

阳——光——明——媚——
乘——风——破——浪——
红——旗——飘——
军——号——响——
子——弟——兵——
别——故——乡——

（4）大声呼唤训练。

假设一个目标在 80～100 米处，呼唤以下句子：

老——王——，等——等——！
苗——苗——，早——点——回——家——！
小——民——，快——回——来——！

呼唤时注意控制气息，并注意体会延长音节时"三腔"共鸣的感觉。

（5）读诗词，要求放慢速度，有意识地夸张，尽量找出最佳共鸣效果。声音适当偏后，使之浑厚有力。

红——军——不怕——远——征——难，
万——水——千山——只——等——闲。
五岭——逶迤——腾——细——浪，
乌蒙——磅礴——走——泥——丸。
金沙——水拍——云——崖——暖，

大渡——桥横——铁——索——寒。
更喜岷山——千——里——雪,
三军过后——尽——开——颜。

3. 吐字归音训练

（1）练唇功。

方法一：①双唇阻住气流，然后突然放开，爆发出 b 或 p 音。②双唇紧闭，先用力噘嘴，再嘴角后拉，交替进行。③双唇紧闭，噘起，向上、向下、向左、向右，交替进行。④双唇紧闭，噘起，左转 360 度，右转 360 度，交替进行。

方法二：b、p、m、f 与 a、o、i、u 等韵母相拼，可使双唇更灵活。

训练材料：

天上一个棚，地上一个盆；棚碰盆，盆碰棚；棚塌咧，盆打咧；你说棚赔盆，还是盆赔棚。

（2）练舌功。

方法一：①刮舌面，舌尖抵住下齿背，舌中纵线部位用力，用上门齿刮舌面，将嘴撑开。②舌尖与上齿龈用力接触，突然打开，爆发出 d、t 音。③舌根用力抵住软腭，阻住气流，突然打开，爆发出 g、k 音。④舌的力度练习，闭上双唇，舌尖顶住左右内颊，交替进行，再紧闭双唇，舌在唇齿之间左右环绕，交替进行；舌尖左右立起，交替进行。⑤弹舌，用舌尖连续弹上齿，使舌部放松灵活。

方法二：d、t、n、l、zh、ch、sh 与 a、e、ou、an、en 等韵母相拼，可增强舌头的弹性和灵敏性。

训练材料：

南边来了个喇嘛，手里提着五斤鳎蚂，北边来了个哑巴，腰里别着个喇叭，喇嘛要拿鳎蚂换哑巴的喇叭，哑巴不愿换喇嘛的鳎蚂，手里提着鳎蚂的喇嘛打了腰里别着喇叭的哑巴一鳎蚂，腰里别着喇叭的哑巴也打了手里提着鳎蚂的喇嘛一喇叭。

（3）练齿功。

方法：z、c、s 与 i 相拼，j、q、x 与 i、in、ing 相拼等情况，有助于练齿。

训练材料：

隔着窗户撕字纸，字纸里面包着细银丝，细银丝上爬着四万四千四百四十四个似死似不死的死虱子皮。

（4）练喉功。

方法：n、g、k、h 等声母与 a、ang、eng、ong 等韵母相拼，有助于训练喉咙过紧，声音嘶哑等问题。

训练材料：

粉红墙上画凤凰，红凤凰黄凤凰，粉红凤凰花凤凰。

（5）吐字归音综合训练。

方法：绕口令练习。

训练材料：

① 三山撑四水，四水绕三山；三山四水春常在，四水三山好村庄。

② 石榴树，结樱桃，杨柳树上结辣椒。吹着鼓，打着号，抬着火车拉着轿。木头沉水

底，石头水上漂。小鸡叼了个饿老鹰，老鼠捉了个大花猫，说的都是颠倒话，你说可笑不可笑。

③ 谭家谭老汉，挑担到蛋摊，卖了半担蛋，买了半担炭。挑担到炭摊，买了半担炭，满担是蛋炭。老汉往家赶，脚下绊一绊，跌了谭老汉，破了半担蛋，翻了半担炭，脏了新衣衫。老汉看一看，急得满头汗，炭蛋完了蛋，怎吃蛋炒饭。

④ 破皮袄破了个破皮窟窿，会补破皮袄的来补破皮窟窿，不会补破皮袄的别来补破皮窟窿。

⑤ 梁家庄有个梁大娘，梁大娘家盖新房。大娘邻居大老梁，到梁大娘家看大娘，赶上梁大娘家上大梁，老梁帮着大娘扛大梁，大梁稳稳当当上了墙，大娘高高兴兴谢老梁。

注意：咬住字头，读响字腹，收准字尾。

相关链接

有助于语音训练的绕口令材料。

（1）新脑筋，老脑筋，老脑筋可以学成新脑筋，新脑筋不学就变成老脑筋。

（2）你能不能把柳树下的那头老奶牛拉到留念山牛奶挤奶房来挤牛奶，然后把牛奶拿到留念村送给南边住的刘奶奶？

（3）南边来了两队篮球队员，男运动员穿了篮球衣，女运动员穿了绿球衣。不怕累，不怕难，男女运动员努力练投篮。

（4）路东住着刘小柳，路南住着牛小妞。刘小柳拿着大皮球，牛小妞抱着大石榴。刘小柳把大皮球送给牛小妞，牛小妞把大石榴送给刘小柳，牛小妞的脸儿乐得像个红皮球，刘小柳的脸儿笑得像开了花的大石榴。

（5）金凤凰，银凤凰，凤凰山上画凤凰。金凤凰画红凤凰，银凤凰画黄凤凰。金凤凰不让银凤凰画黄凤凰，银凤凰不让金凤凰画红凤凰。金凤凰只好画花凤凰，银凤凰只好画粉凤凰。

（6）傅家屯老扈会种树，扈家庄老傅会养兔；老扈致富多种树，老傅致富多养兔；养兔致富的老傅跟种树致富的老扈比富，扈家庄的老傅和傅家屯的老扈都成了富户。

（7）凤凤和芳芳，上街买混纺。红混纺，粉混纺，黄混纺，灰混纺，红花混纺做裙子，粉花混纺做衣裳。

（8）屋前一堆粪，屋后一堆灰，灰混粪，粪混灰，灰粪混成一大堆。东混粪，西混灰，粪灰、灰粪都是肥。

（9）四是四，十是十，十四是十四，四十是四十。四不是十，十不是四，十四不是四十，四十不是十四。谁说十四是四十，就打谁十四，谁说四十是十四，就打谁四十。

（10）树上挂个小枣，树下站个小赵。小赵打小枣，小枣掉进草。小赵在草里找枣，枣太小不好找。小赵分开草细细找枣，找到了掉进草里的枣。

（11）长虫钻砖堆，长虫围着砖堆转，转完砖堆钻砖堆。

（12）三月三，三月三，小三去登山。上山又下山，下山又上山。登了三次山，跑了三里三。出了一身汗，湿了三件衫。小三山上大声喊："离天只有三尺三！"

（13）报纸是报纸，刨子是刨子。报纸能包刨子，不能刨桌子。刨子能刨桌子，不能刨报纸。

（14）四位老师是石、斯、施、史，石老师教我大公无私，斯老师给我精神食粮，施老师教我遇事三思，史老师送我知识钥匙，我感谢石、斯、施、史四位老师。

（15）叶上一条蚕，树上一只蝉，蚕常在叶里藏，蝉常在树里唱。

第二单元　语调训练

情景案例

午休时，张林正在办公室津津有味地玩着游戏，正酣战时，李主任进来说："小张，刚才吃饭时我把钥匙忘在六楼食堂了，麻烦你帮我去拿回来，好吗？"小张回答说："好！"

项目任务

你觉得张林会是什么心理状态？他当时会用什么方式说话呢？请模拟张林回答，并说说你这样处理的原因。

任务分析

张林午休时在玩游戏，是很不情愿帮主任去拿钥匙的。如果他用下抑的语调说"好"，那不情愿和勉强的心理暴露无遗，会让领导不舒服。如果他用上扬的语调说"好"，就会让人觉得愉快而留下好印象。"好"字只有一个写法，却可以用许多种语调说出来，表达出各种不同的意义，产生各种不同的效果。在口语表达中，语气、语调也是表情达意的重要方面，不可忽视。

相关知识

（一）语调的内涵

语调是情感的产物，具有明显的感情色彩。情感是丰富多彩的，语调也是丰富多彩的，没有固定的模式。也就是说，不同的语调表达不同的思想感情。它能帮助说话者更准确地表情达意，使听者产生不同的感受和效果。一个人讲话，其语调越多样化，他的话就会讲得越生动活泼，越丰富有趣。但必须注意的是，语调的正确运用，只能以讲话者的思想感情为依据，否则会影响传情达意的准确性，影响讲话的效果。

语调是由于思想感情、语言环境的不同或为加强某种表达效果而在读音上表现出来的高低升降的声音形式。语调的声音形式是综合体，跟音长、音强、音高、音色都有关，主要表现在高低升降上，尤其表现在句尾。

（二）语调的要素

语调的基本要素：停顿、重音、语速、句调、语气。

1. 停顿

> **重要提示**
> 停顿要用好的心理素质做支撑，停顿是一种艺术，它决定着语音技巧50%的效果。

停顿是指说话或朗读时语句或词语间的间歇。它既是生理换气的需要，也是表情达意的需要，还是听众领悟思考的需要。它可以使内容表述更清晰，语言节奏更鲜明。停顿恰当，不仅可以调节气息，更重要的是可以恰如其分地传情达意。停顿一般分为三类。

（1）语法停顿。反映句与句之间、句内词语间的语法结构关系，在书面上以标点符号为标志。不同的标点符号，表示不同的意义内容，因此停顿的时间也不一样。顿号停顿的时间最短，逗号、冒号、分号次之，句号、问号停顿的时间稍长。感叹号、省略号、破折号可根据语句表达的情况做适当停顿，可长可短。如：

夜幕/开始降下来。（主谓间停顿）

一个小孩紧拉着/一个中年妇女的手。（动宾间停顿）

清早出发的时候，天气晴朗暖和，/没想到中午突然刮起了暴风，下起了大雪，气温急剧下降。（语义转折的地方需较长停顿）

（2）逻辑停顿。为了表达某一感情，强调某一观点，突出某一事物而作的停顿。往往与逻辑重音相伴相随，停顿时间比语法停顿稍长。如：

要知道，/给/永远比拿愉快。（强调"给"——奉献精神）

她买了一件衣服/很漂亮，她又做了一件事/十分愚蠢。（强调"她"徒有其表）

（3）感情停顿。为表达某种复杂而激动的感情而作的停顿。这种停顿是由人的思想感情决定的，它可以大大增强语言的生命力和感染力。如：

荷姐姐说："娘上了年纪，眼神不济了，我的手指比脚丫子还笨，往后你得学做针线活儿。"郑整儿说："这/太/难为人了，我好歹/是个男子汉。"（"太"前后的停顿表现了着实为难，但又不敢直说，才支支吾吾把话说了出来的心理）

当我在医院里苏醒过来，第一件事就是睁开眼睛，可是，怎么也睁不开呀。后来。睁是睁开了，但周围一片漆黑，我喊，我哭……我总算知道了，从今以后，伴随我的只是茫茫黑夜……（当战斗英雄安文忠讲到"只是茫茫黑夜"后，足足停顿了半分钟左右，表现了因双目失明而悲痛欲绝的心情）

2. 重音

在言语表达中有意识地把一些词语或句子说得重一些，就形成了重音。它能强调重点，突出主要情感。重音不能过多，重音越少，主题越突出。重音的处理灵活多样，不能一味地加大加重音量。重音可分为以下三类。

（1）语法重音。根据句子的语法结构确定的重音。它不带特别强调的色彩，重音只是稍稍加重，位置也比较固定。如：

今天是星期天。（短句子中谓语常为重音）

我们去北京。（谓语后又出现宾语时，宾语常为重音）

潮水般的人群涌过来。北风呼呼地吹。（修饰语常为重音）

像花儿一样鲜艳，像露珠一样晶莹。（比喻的词语常为重音）

（2）逻辑重音。为了突出强调句子的某种特殊含义而把某个词语重读的现象。它由说话时的环境、说话人的思想感情及特定的修辞要求来决定。逻辑重音不同，它所表达的意思也不同。如：

风停了，雨住了，太阳出来啦。（表承递）

古时候有个人，一手拿着矛，一手拿着盾在街上叫卖。（表并列）

人固有一死，或重于泰山，或轻于鸿毛。（表对比）

（3）感情重音。心跳节奏加快、情绪特别激动时形成的重音。它能传达出爱憎、喜悦、悲哀、兴奋、愤怒、欣喜等感情，使语言色彩丰富，增添血肉，充满生气，真切感人，有强烈的感染力。如：

你怎么这么糊涂！（加重"糊涂"一词的音量，可传达出说话人惊愕气恼的感情）

此外，要注意重音不是一味地加大音量，而可以有多种表达方式。如：

这可是大买卖呀！（升高"大"的音量，轻重对比是鲜明的。中间可有"脱节"痕迹，把说话者那种引诱、贪婪的形象表现出来）

我恨不得杀（sh——a——）了他。（重音慢说、快中显慢的方法可使听众加深印象，达到强调的目的）

小明，轻点呀！（重音轻说。重音词由实变虚，声少气多，语势减弱，与非重音的响亮形成反衬）

祝福大家前程似锦，身心健康，万事如意。（一字一顿。运用停顿是加强重音的常用方法，尤其是一字一顿更可加强表达力度，给人留下更深刻的印象）

3. 语速

语速就是语言的快慢缓急。语言的快慢同个人的风格、心理状态、讲话内容、语言环境等多种因素密切相关，和语言的轻重、停顿也密切相关。语速的快慢要根据说话的内容来定，同时要做到快慢得体、急缓适当、快而不乱、慢而不滞，使语言富有节奏变化。

（1）快速。表现紧张的场面、动作和心理。欢呼、畅谈、争辩、斥责、快乐、焦急、慌乱、愤怒等，语速较快，一般应控制在每分钟200个字左右。如：

你是谁，为什么闯进我的家？

我们太高兴了，我们终于成功了！

（2）中速。表示一般的叙述、说明、议论，情绪平稳。中速控制在每分钟180个字左右。如：

这就是我校的实训基地，总面积有1800平方米，设备可供500个学生同时操作。

汽车飞快地行驶，路边的小河静静地流淌着。

（3）慢速。表示沉痛、悲伤的情绪，或暗示、嘲讽等意味。慢速控制在每分钟150个字左右。如：

在一个宁静的夜晚，他悄然离开了我们，没有留下一句话。
每一个孩子都需要母爱，可我给自己孩子的太少了！

4．句调

表示一个句子的高低升降变化。它一般分为升调、平调、降调及曲折调四种。句调是语气外在的快慢、高低、长短、强弱、虚实等各种声音形式的总和，直接表明说话者的思想感情和态度，必须根据需要抑扬变化，交错套叠。

（1）升调。语调由低逐渐升高，语势呈上升趋势，音高的最高点靠近句尾。常用于呼唤、号召、惊疑、反问等。情绪较紧张，情感较为激昂。可加强表达效果，引起听者注意。如：

中国人连死都不怕，还怕困难吗？（反问）
起来，不愿做奴隶的人们！（号召）
啊！你说什么呀，奶奶！（惊疑）
目的地不远了，同学们，加油啊！（鼓动）

（2）平调。语调平直舒缓，没有太明显的高低升降变化。多用于表达内容分量较重的语句，如庄重、严肃、悲痛、冷漠、虔诚、神秘、淡然、思索回忆，以及一般叙述、说明或哲理性很强的语句。在表达时，情绪稳定、心情平静，声音较平和。这种语调有利于把意思说得清楚、完整，有利于显示比较平静、庄严的态度和感情。如：

烈士们的英名将永垂不朽。（庄重严肃）
"进来，坐吧。"姐姐懒洋洋地说。（冷淡）
注意呀，这里面大有文章。（神秘）
外交无小事，一言一行，举手投足，都代表着政府的形象、国家的尊严。（叙述）

（3）降调。声音从高扬逐渐下降，音高的最高点靠近句首。一般用于情绪平稳的陈述句，感情强烈的感叹句，表达愿望的祈使句等。此时，心情往往较沉重或较松弛，所以语势渐降。有助于表明态度、感情，也有利于鼓励听者并促使他们去行动。如：

十年的变化多大呀！（感叹）
张老师，给我们讲个故事吧！（请求）
我们的目的要达到，我们的目的一定能够达到。（坚决、自信）
牺牲的烈士们永远活在我们的心里。（沉重）

（4）曲折调。语调成先降后升或先升后降的语势，往往把句中需要突出的词语加重、拖长拐弯地念，曲调位置不完全在句末。由于心理复杂多变，说话的调子也就曲折、变化多。多用于情绪波动、感情复杂时，表达讽刺、厌恶、幽默、含蓄、怀疑、思索、反语、佯装不解、语意双关、意在言外、有意夸张、意外惊奇等语句。可以使语调起伏变化，提高讲话的生动性，还可渲染话语的感情色彩，增强感染力。如：

是我的错，你没错。（讽刺）
你，你干得了吗？（怀疑）
这葫芦里装的是什么药？不会是……（思索）
哦，做人还要有诀窍？（佯装不解）
什么？他来了？（意外）
没想到，他竟会有这等"好心"！（反语）

5. 语气

语气是指朗读时所包含的思想感情和具体的声音形式。朗读学实际上是语气学。思想感情是"神",声音形式是"形",语气就是口语表达中语句的"神"和"形"的结合体。有什么样的思想感情,就有什么样的气息状态和发声方式;有什么样的气息状态和发声方式,就有什么样的语气。因此,要把握语气技巧,就应当把握好思想感情、气息状态和发声方法、语气三者之间的关系,把这三者融为一体,并能够做到运用自如。

说话时要以准确、具体的思想感情作为依据,通过声音的高低、轻重、快慢、虚实、明暗、刚柔等的对比,达到表情达意的目的。

(1)挚爱的语气。蕴含亲密、钦慕等感情态度的语气。表达时,气息徐缓而深长,口腔宽松,气流舒而散,唇舌着力轻柔,语声具有温和感。

如:他魁梧的身形,温和的脸,明净的额,慈祥的目光,热情而有力的声音,时时出现在会场上、课堂上、杨家岭山下的大道边。

(2)憎恨的语气。蕴含厌恶、痛恨等感情态度的语气。表达时,气息运足并猛塞,口腔窄紧,气流冲而聚,唇舌阻气强硬,语声具有挤压感。

如:好个国民党政府的"友邦人士"!是些什么东西!

(3)喜悦的语气。蕴含高兴、快乐等感情态度的语气。表达时,气息饱满而上扬,口腔似千里行舟,气息似不绝清流,唇舌轻弹,气流轻快,语声具有跳跃感。

如:春天来了!春天来了!

(4)悲痛的语气。蕴含伤心、痛惜等感情态度的语气。表达时,气息沉缓如尽竭,口腔凝滞如负重,气流松散无力,唇舌缓动,语声具有迟滞感。

如:到扬州见着父亲,看见满院狼藉的东西,又想起祖母,不禁簌簌流下泪来。

(5)惧怕的语气。蕴含害怕、担心等感情态度的语气。表达时,气息上提或倒吸,口腔像冰封,气流凝滞不动,唇舌动程缩短,语声具有紧缩感。

如:我的计算机怎么黑屏了?中毒?!我的资料啊!

(6)焦急的语气。蕴含着急、紧迫等感情态度的语气。表达时,气息短促而迅疾,口腔似弓弦,飞箭流星,气流如穿梭,经纬速成,唇舌快,语声具有紧迫感。

如:王秘书,李总到底啥时候来呀?再等下去只怕银行那边要下班,今天就提不出款来了!

(7)冷漠的语气。蕴含冷漠、淡然等感情态度的语气。表达时,气息微弱而平出,口腔松懒,气流稀薄散泄,唇舌少力,语声具有冷寂感。

如:"哼!"先生冷笑着,"你们不卖,人家就饿死了吗?各地方多的是洋米洋面;头几批还没吃完,外洋的大轮船又有几批运来了。"

(8)愤怒语气。蕴含气愤、生气等感情态度的语气。表达时,气息粗重而直喷,口腔如鼓,气流如橡,唇舌如锤,吐字如炮,语声具有震动感。

如:不是说"固若金汤"吗?谁知堤内是豆腐渣!这样的工程要从根本查起,负责设计、施工、监理的人都要查。人命关天,百年大计,千秋大业,竟搞出这样的豆腐渣工程,腐败到这种程度怎么得了?

(9)疑惑的语气。蕴含怀疑、犹豫等感情态度的语气。表达时,气息轻细而内收,口腔欲松还紧,气流欲连还断,唇舌欲断还黏,语声具有踟蹰感。

如：不可能吧？王秘书辞职了？

实践训练

1. 句调训练

（1）朗读这篇文章，注意句调的变化。

狼和小羊

狼来到小溪边，看见小羊正在那儿喝水。

狼非常想吃小羊，就故意找茬儿，说："你把我喝的水弄脏了！你安的什么心？"

小羊吃了一惊，温和地说："我怎么会把您喝的水弄脏呢？您站在上游，水是从您那儿流到我这儿来的，不是从我这儿流到您那儿去的。"

狼气冲冲地说："就算这样吧，你总是个坏家伙！我听说去年你在背地里说我的坏话！"

可怜的小羊喊道："啊，亲爱的狼先生，那是不会有的事儿，去年我还没生下来哪！"

狼不想再争辩了，呲着牙逼近小羊，大声嚷道："你这个小坏蛋！说我坏话的不是你，就是你爸爸，反正都一样。"说着就往小羊身上扑去。

（2）根据提示，用恰当的语调说出下面的句子。

*你到这里来过？

① 高兴（这太好了！）

② 惊讶（真没想到。）

③ 怀疑（这可能吗？）

④ 责怪（你不应该来呀！）

⑤ 愤怒（太不像话啦！）

⑥ 惋惜（唉！无可挽回的过失。）

⑦ 轻蔑（这种地方，你也来，你是什么东西？）

⑧ 冷漠（来没来过，与我无关。）

*你这个人！

① 奇怪（你怎么突然变卦了？）

② 气愤（你竟然干这种事？）

③ 埋怨（你怎么姗姗来迟！）

④ 惋惜（多下点功夫就好了！）

⑤ 感激（你想得真周到！）

⑥ 嗔怪（你真会缠人！）

（3）试用不同的语调读下面的句子。

① 你不认识我了？我是宣传部的呀！

② 对不起，请你委屈一下。

③ 年轻，有无可比拟的优势。

④ 他呀，说什么风太大，天太冷，路又远，就是不愿意去。

⑤ 雨花石不卖吗？

⑥ 听说！听说！可是为什么就不找他本人了解情况呢？
⑦ 啊？！怎么会是这样！
⑧ 世界上最简单明了的是什么？是真理，真理。
⑨ 要做，你自己做，我可没兴趣。
⑩ 什么人权自由，平等博爱，全是骗人的鬼话！

2．停顿训练

（1）试用不同的停顿读出下列句子的不同意思。
① 妈妈看见女儿笑了。
② 我不会修计算机。
③ 我同意，他也同意，你怎么样？
（2）用恰当的停顿读出下列语句。
① 饭总是要吃的，事情总是要做的。
② 我就偏不信这个邪。
③ 你丢下自己的小孙孙，把伤员背进了防空洞，而当你再去抢救小孙孙的时候，房子已经被炸平了。
④ 每个人都有自己的人生航线，但是没有一条会是笔直的路线，它充满着曲折，我的经历就是这样的。

3．语速训练：读句子，注意语速的变化

（1）天啊，这是什么世道？为什么？为什么他们这样狠心？
（2）月光如流水一般，静静地泻在这一片叶子花上。薄薄的轻雾浮起在荷塘，叶子和花仿佛在牛乳中洗过一样，又像笼着轻纱的梦。虽然是满月，天上却有一层淡淡的云，所以不能朗照，但我以为这是恰到好处的——酣眠固不可少，小睡也别有一番风味。
（3）反动派暗杀李先生的消息传出以后，大家听了都悲愤痛恨。我心里想，这些无耻的东西，不知他们是什么想法，他们的心里是什么状态，他们的心是怎么长的！其实很简单，他们这样疯狂地来制造恐怖，正是他们自己在慌啊！特务们，你们想想，你们还有几天？你们完了，快完了！你们以为打伤几个，杀死几个，就可以了事，就可以把人民吓倒吗？其实，广大的人民是打不尽的，杀不完的！要是这样可以的话，世上早没有人了。

4．重音训练

（1）读下面的句子，注意体会句子的重音。
① 我在读英语。
② 什么叫拼搏？什么是拼搏？什么是我们需要的拼搏？
③ 正义是杀不完的，因为真理永远存在。
④ 山朗润起来了，水涨起来了，太阳的脸红起来了。
（2）朗读短文，注意重音。

丢锄头

一人从地里回来，妻子问他："你的锄头呢？"这人大声答道："忘在地里了。"妻子责备说："你也不轻声点！要是给人家听见，还不捡走哇？快去把锄头取回来！"这人忙回

到地里，可锄头已经被人捡走了。回到家后，这人轻轻地凑到妻子耳朵边小声说道："锄头不见了。"

露珠与汗珠

露珠对汗珠轻蔑地说："都是水珠，却截然不同。我是露珠，洁白无瑕，晶莹闪烁；而你，我不必挑明，你也应自知羞愧。"

"咱俩还有个区别。"汗珠并不愧疚，坦然地说："你迎着太阳溜了，而我却迎着太阳诞生了。"

露珠哑口无言。

鲁迅敬母

鲁迅是不多喝酒的。他小时候，母亲常提到他的父亲酒后失态，告诉他不要多喝酒，所以鲁迅尊重母亲，从未醉过。鲁迅的母亲爱看小说。当母亲由家乡移居北京后，鲁迅常在上海买些畅销小说给母亲阅读消遣。在鲁迅书简中收集鲁迅写给母亲的问安信就有50封之多，拳拳赤子之心可见一斑。

5. 语气训练

（1）根据提示，用恰当的语气说下面的句子。

*这是你写的作业？

① 高兴（大有进步。）

② 怀疑（这不可能。）

③ 惊讶（真没想到。你不是一贯不交作业的吗？）

④ 惋惜（唉！不该写成这样啊！）

⑤ 轻蔑（你有这本事？）

⑥ 责备（简直太不像话了！）

（2）用愤怒、紧张、失望、不关心、不耐烦、兴奋、神秘、惊恐8种情感练习以下例句。

① 我不知道他会不会来，已经等了三天。

② 其实，你不需要留在这里，那边的事没有你是完成不了的。

③ 这半年来，一直都是这样子，大家都习惯了。

第三单元 综合训练

1. 角色扮演

【背景说明】

王奇和李泌都是市环保局办公室的秘书，也都是业务骨干，他俩的理论水平、文字功夫不相上下。前不久，王奇的文章在省业务研讨会上宣读并获一等奖；李泌的论文发表在省级刊物上，"编者按"对该论文的评价极高。

王奇扎实肯干，有才也很谦虚，很注意处理和同事的关系。李泌个性比较孤傲，恃才傲物，比较以自我为中心，不太在意别人的看法。局长长期担任领导工作，廉洁奉公，爱护人才。环保局副局长职位正好空缺，局长有意在这两位年轻、有才的秘书中挑选一个作为副局长候选人。一个晚上，局长不打招呼，突然到两人的家走访，分别同他们谈话，进行前期考察。通过交谈，进一步了解两人的内心世界和性格特点，以初步确定副局长候选人。

2. 训练材料（谈话内容）

（王局长先到王奇家）

王奇：局长，晚上好，欢迎光临，快请坐！

局长：小王啊，祝贺你，写得一手好文章，能在省业务研讨会上宣读，拿了一等奖回来，对树立单位良好形象起到了重要作用。局领导对你表示感谢！

王奇：不敢当，不敢当！局长亲自登门感谢，我真有点受宠若惊，要说感谢，应该我感谢局领导才对呀！

局长：你别谦虚了，不要与我玩深沉了。

王奇：我真的不是谦虚。说真的，我三年前大学毕业后到处求职碰壁，若不是您收留了我，我哪有今天啊？

局长：不能这样讲嘛！我当时觉得你理论水平不错，专业基础、文字功底扎实，我们单位恰好又缺这样的人才，所以……

王奇：多谢领导抬举。论理论，局长您可是我的老师。我那篇小文就是根据您在单位大会上的讲话精神做出来的。应该说，您就是精通环保理论线路的"导游"，而我呢，只是一个初来乍到的"游客"。以后还是希望您这位"导游"多多指路，我才不会迷路哇。

局长：（微笑、点头）文章写得好，光有理论还不够，还得有实践体会。你在实践工作中肯定有很多自己的体会嘛。

王奇：还谈不上有很多体会。体会来自对实际工作的思考。我们部门的工作比较多，但这是一件好事，工作多就是机会多——实现人生自我价值的机会多。咱们员工的进取心都挺强的，大家共同努力做好工作，才会有新鲜的、深刻的体会，这是我写好文章的灵感之源啊。所以写出好文章其实不是我个人有什么了不起的能耐。

局长：你这小子，会写文章，口才也不赖啊！今天就谈到这里吧，告辞了。

王奇：谢谢局长，再见！

（过了半个小时后，局长来到李泌家）

李泌：噢，是局长大人！

局长：怎么？是不欢迎呀，还是感到惊讶？

李泌：太惊讶了，我觉得日理万机的局长可是没有时间进小老百姓的家门呀！

局长：你们家我可不是第一次来吧？你也不是小老百姓呀，你的文章能在省报发表，很不一般嘛。我这趟来是特意表示祝贺的！

李泌：哦，那是小菜一碟，有劳大驾喽。老婆，局长贺喜来了，沏茶！

局长：别张罗啦。我晚上很少喝茶。

李泌：局长，这茶可是我上个月出差时，从武夷山买回来的"二月毛尖"呀，早想给您送点过去。既然您来了，就先尝尝吧。

局长：是吗？

李泌：这茶很不错的，我前几天在省报上发表的那篇文章，就是喝了这茶以后，特别来神，简直是文思泉涌啊，一气呵成就把它写出来了。

局长：那一定很辛苦吧？

李泌：是啊，不过我还年轻，吃得苦中苦……

局长：你写文章要经常熬夜，白天又要工作，得注意身体呀！

李泌：谢谢局长的关心！晚上熬夜确实辛苦，对白天的工作有一定的影响。可我们部门的员工不理解，还说我不带头干。您说他们能跟我比吗？我晚上还在做贡献，他们呢，一下班回家就可以放松了……

局长：我希望你立足本职，做到工作、学习两不误！就这样吧，时间不早了，我得告辞了。

李泌：局长，请留步，拿点茶叶回去尝尝。

局长：你很辛苦，留下自家享用吧。晚安！

李泌：局长，再见！

3．角色安排

学生三个人一组分别扮演局长、王奇和李泌。

4．训练要求

（1）要求准确把握人物心理，恰当地运用语气、语调技巧，准确地传情达意。

（2）语音标准规范，吐字发音清晰，声音圆润饱满。

（3）态势语言大方自然。

5．成绩评定

分小组进行点评。根据学生在角色扮演中的表现，结合训练要求，评出优、良、合格、不合格四个成绩等级。

模块四 态势语言训练

习训目标

知识学习目标	能力培养目标
● 正确认识态势语言 ● 了解表情语、姿态语、手势语、服饰语相关知识	● 能正确使用表情语、姿态语、手势语、服饰语表情达意 ● 与人交谈时能用得体优雅的姿态，体现自身修养，增强说话的感染力

第一单元 态势语言概述

情景案例

恒达商业广场罗经理的一次经历

那是20××年12月的一天，秘书电话告诉我，A公司的销售人员约见我。我曾听客户讲A公司的产品质量不错，却一直没有时间与他们联系。于是，我告诉秘书让销售员下午2:00到我办公室来。下午2:10时，我听见有人敲门，我说："请进。"门开了，进来的人穿一套旧的、皱巴巴的浅色西装，他走到我的办公桌前说自己是A公司的销售员。我继续打量着他。他穿着羊毛衫，打一条领带；领带有些脏，上面好像有些油污，而且领带飘在羊毛衫的外面；黑色皮鞋，没有擦，上面有好多灰。有好大一会儿，我都在打量他，脑子里开小差。我听不清他在说什么，只是隐约看见他的嘴在动，还不停地放些资料在我面前。他讲完了，没有话了，安静了，我一下子回过神来，我马上对他说："把资料放在这里，我看一看，你回去吧。"

项目任务

1. 你觉得罗经理会很乐意与A公司合作吗？为什么？
2. "安慰人有时一个动作比一大段话还要管用"，你同意这个观点吗？你是否也有这样安慰人或被安慰的经历？说一说，与大家分享。

任务分析

罗经理对 A 公司的产品本来很感兴趣，这对产品销售员来说是很好的销售优势，只要销售员对产品及相关情况介绍得当，就很容易销售成功。但经过与对方销售员接触后，罗经理却不乐意与 A 公司合作了。究其原因是该公司销售员的形象太差。从罗经理的反应可以看出，该销售员的太不恰当的服饰大大影响了罗经理听话时的注意力，以至于罗经理根本没听清他在说什么。这使罗经理对该公司的整体水平产生了怀疑，所以不会轻易与其合作。

可见在交谈中，除了要注意有声语言的得体外，说话者的服饰、姿态、表情、动作等无声语言也起着相当重要的作用，有时甚至会先于有声语言对听话者产生影响，形成不可改变的第一印象。

相关知识

在与人交谈时，在说话者用有声语言"说"的同时，还要运用一定的肢体语言来传递某些信息，以形成一种整体美感效应，这就是态势语言。从某种角度来讲，它传递的信息比有声语言更丰富、更真实、更有效。在交际过程中，人们所获得的印象大多数来源于视觉，据测定，77%来自眼睛，14%来自耳朵，9%来自其他感觉器官。心理学家有一个公式：一条信息的表达＝7%的语言＋38%的声调＋55%的表情动作。因此，在口语交际中，声音之外表情达意的其他要素的作用重大，不容忽视。

（一）态势语言的含义

态势语言是指通过人体某一部分形态的变化来交流思想、表达情感的一种辅助性语言方式，也叫体态语言、无声语言、人体语言等，主要包括表情、姿态、手势等几个方面。它是一种没有声音的伴随性语言，与有声语言一起构成语言交流的整体，相辅相成，共同表达确切、完整的信息。

（二）态势语言的作用

1. 替代作用

态势语言有时可以单独表意，替代有声语言来表达交流者想说而又未说或不便说的意思。例如，别人问你体重增加的具体数量是多少，你该怎么回答呢？如果你觉得尴尬，不想回答，完全可以选择"淡淡一笑"。又如，你觉得你的上司向你提的要求不合理，使你为难，你可以选择不说话而面露难色。

2. 辅助作用

准确生动的表情达意仅仅靠口头语言是不够的，有声语言有时不能直率地表露一个人的深层心理和真实意向，常常言不达意或言不由衷。体态语言则能弥补有声语言的某些不足，通过丰富多样的动作、表情将内容准确无误地表达出来，使听者视、听同时进行，获得更为完整、确切的信息。

体态语言还能增强表达的语气。体态表情等能显示人的内心情感，使情绪、观点、意见得到有力的强调，收到良好的表达效果。

3．调节功能

态势语言在无意识中可以按交际的需要进行自我调节。例如，如果在交际时比较紧张，可以拿一个熟悉的物品摆弄，以此调整心态，消除紧张。

> **重要提示**
>
> 举止、表情变化所产生的信息交流作用，可通过人的视觉对人的心理产生种种暗示，使人对所要表达的意思心领神会。它有时甚至会先于有声语言在听者心中形成第一印象，直接影响表达效果。正确的体态语能赢得更多听众，并对有声语言起到辅助、补充和渲染的作用。

（三）态势语言的使用原则

1．自然

自然是对态势语言的首要要求。任何生硬刻板、扭捏作态或刻意表演的体态语，都会让听者觉得别扭、不真实、缺乏诚意。因此，无论你具有什么样的个性，在交际过程中，自然地表现你自己就好。

2．适度适宜

适度是指表情动作要适量。不能总是"挤眉弄眼""手舞足蹈"，该用时才用，不用时则止，一举手，一投足，一颦一笑，均要恰到火候。如果交际过程中做的动作比说的话还多，将会影响到听者对你说话内容的注意力。

适宜是指表情动作要与说话内容、情绪、气氛、场合一致，并注意对不同年龄、不同职业、不同性别的人，采用不同的态势语言。如果不顾身份，就会有损自身形象。

3．富有变化

说话时，不能总重复一个动作或保持一种姿势，要善于随着话语内容、情绪的变化适当地变换动作和姿势，以求态势语言自然贴切。

实践训练

分小组讨论，互相检查态势语言的优缺点，并互相学习得体大方的态势语言，尽量改正不良态势语言，为后续内容的学习做准备。

第二单元　表　情　语

情景案例

王琪是张总的秘书。这天，张总把王琪叫到办公室气呼呼地说："不合作了，什么态度嘛！小王，写封函给宏远公司，取消我们与他们的一切合作！"这是因为张总刚接听了宏远公司的一通电话，在电话交谈中，宏远公司人员的用语及语气极不礼貌，张总很气愤。王琪深知这次与宏远公司合作的项目对张总的重要性，推断张总也只是一时在气头上才这么说的。于是，她点点头，回到办公室按张总要求写好了信函。她再次来到张总办公室，面带微笑，不紧不慢地与张总说了些缓和情绪的话。看到张总心平气和了，王琪先态度谦和，面带坦诚、恳切的笑容谈及现在双方合作项目的重要性，然后表情慎重地询问张总，写好的信函是不是先不急着发。张总想了想，决定再和该公司仔细谈谈。

项目任务

你认为在该案例中，秘书王琪处理整个事件有哪些值得肯定的地方？

任务分析

在情景案例中，张总因为感觉自己不被尊重而情绪激动，影响了决策的正确性。这时，秘书的处理显得尤为重要。如果不懂从中调解，只机械地服从领导的指示，就有可能造成不必要的损失；但如果当即指出领导的不理智，恐怕又会给领导火上浇油，不仅于事无补，弄不好还会殃及自身。王琪的做法：一是用缓兵之计，先退出办公室，按要求写好信函而不发，给张总时间让其缓解激动情绪；二是尽量用柔和、轻松的表情语及有声语言营造令人情绪放松、情感愉悦的谈话氛围，排解了张总的怒火。冷静下来的张总理智地选择了"再和对方仔细谈谈"。在情景案例中，王琪说话时的轻柔语气和柔和表情无疑起到了调节听话者情绪的作用。

相关知识

表情由脸的颜色、光泽、肌肉的收与展，以及脸面的纹路所组成。它能把具有各种繁杂变化的内心世界，最真实、最充分地反映出来。如：愉快时面目舒展，忧愁时眉头紧锁；一个人容光焕发，一定是心情喜悦振奋；一个人面色铁青，一定是非常愤怒。一个人内心的隐衷总能在他的面部找到蛛丝马迹，表情语突出地集中在人的五官上。

（一）表情的类别

笑与无表情是面部表情的核心，任何其他面部表情都发生在笑与无表情两者之间。

一类为愉快，如喜爱、幸福、快乐、兴奋、激动。此时，面部肌肉横拉，眉毛轻扬，瞳孔放大，嘴角向上，面孔显短，所谓"眉毛、胡子笑成一堆"。

一类为不愉快，如愤怒、恐惧、痛苦、厌弃、轻蔑、惊讶等。此时，面部肌肉纵横，面孔显长，所谓"拉得像个马脸"。

一类为无表情，无表情的面孔，平视，脸几乎不动。它将一切感情隐藏起来，叫人不可捉摸，它往往比露骨的愤怒和厌恶更深刻地传达出拒绝的信息。

（二）常用面部表情的含义

点头——同意；摇头——否定；昂首——骄傲；低头——屈服；垂头——沮丧；侧首——不服；咬唇——坚决；撇嘴——蔑视；鼻孔张大——愤怒；鼻孔朝人——轻蔑；嘴角向上——愉快；嘴角向下——敌意；张嘴露齿——高兴；咬牙切齿——愤怒；神采飞扬——得意；目瞪口呆——惊讶。

（三）目光

"眼睛是心灵的窗户""一身精神，具乎两目"。眼睛具有反映深层心理的特殊功能。据专家研究，眼神实际上是指瞳孔的变化，而瞳孔变化则是受中枢神经控制的，人高兴时则瞳孔放大，不快时则瞳孔缩小。人的喜怒哀乐、爱憎好恶都能从眼神中显示出来。

巧妙地运用眼神，是口语交际中的一门艺术。在说话时，有时盯着人看，似乎专门说给他一个人听；有时一会儿朝左边微笑，一会儿朝右边点头，一会儿朝后边示意，一会儿朝前面挥手，以目光关照全场所有的人，其实这是一种实眼与虚眼的交替运用。在谈话时，可以看对方，也可以不看对方；看与不看，什么时候看，看多久，看什么地方，全在于说话人根据说话的内容、说话的场所，听话人的情绪、心理等灵活掌握和运用，运用得好，常常可以收到奇妙的效果。

目光往往代表一个人的内心。目光明澈代表胸怀坦荡，目光狡黠代表心术不正，目光坚毅代表自强自信，目光呆滞代表心事重重。传神的目光给人以魅力，宁静的目光给人以稳重，快乐的目光给人以活力。

使用目光语交流时几个比较重要的因素：一是视线接触的部位，二是视线接触对方面部的时间长短，三是视线接触对方时的方式。

1. 视线接触的部位

（1）近亲密注视：视线停在两眼和胸部之间的三角形区域。

（2）远亲密注视：视线停在两眼和腹部之间的三角形区域。亲密注视适合亲人或恋人之间的交流。

（3）社交注视：视线停留在两眼和嘴部的三角形区域。这是普通交往时所采用的注视方式。

（4）严肃注视：视线停留在对方前额的一个假定的三角形区域，能造成严肃气氛。

2．视线接触对方面部的时间长短

与人交谈时，视线接触对方面部的时间占整个谈话时间的 30%～60%。超过这一平均值，说明听话人对谈话者本人比对谈话内容更感兴趣；低于平均值，则表示对两者都不感兴趣，或对自己的话缺乏自信。如果长时间地凝视对方，可理解为对私人空间的侵略。一般连续注视对方的时间在 1～2 秒为宜。如果几乎不看对方，那表明他满不在乎、傲慢无礼或企图掩饰什么。

3．视线接触对方时的方式

视线接触对方时的方式，确切地表明交际者的态度。

正视：对对方非常重视，或谈论严肃的话题。

平视：表示理解、平等、喜欢。

俯视：表示宽容、爱护。

仰视：表示尊敬、期待。

斜视：表示轻蔑或反感。

直视：长而硬的视线表示关注或不满。

盯视：短而硬的视线表示执着或憎恨。

虚视：长而软的视线表示等待或探寻。

探视：短而软的视线表示爱怜或担心。

点视：盯住某个人说，在很特殊的情感处理与听众的不良反应出现时使用。

闭目：视线全收表示悲伤或思念。

耷拉眼皮：表示对某人毫无兴趣甚至厌恶。

与人交谈要敢于和善于与对方进行目光接触，这既是一种礼貌，又能使谈话双方精力更为集中，交流得更加充分。

> **小技法**
>
> **怎样用好眼神**
>
> 1．和人交谈时不要眼神游离不定，这样会让人觉得你没有耐心和他们说话。
>
> 2．和人交谈时，要放松自己的眼睛，目光运用要亲切、自然、实在，不能故弄玄虚，也不要迟滞呆板或眨个不停。
>
> 3．适当的对视会让人觉得你在用心听，并且能让说话人了解你的想法，而调整自己的话题；同样自己也能通过对方的眼神，判断自己话题的效果如何。

（四）微笑

微笑是通过不出声音的笑来传递信息、表达感情的一种态势语言。在表情语中，微笑是最具感染力的，它一向被称为高级表情语，是交际的润滑剂。往往一个微笑能很快地缩短彼此的心理距离，表达出你的善意和愉悦，给人以春风般温暖的感受。微笑是一种世界通用语，在各种文化体系中其含义基本相同，被称为社交中的万能通行证。

微笑技巧的运用要遵循以下几条原则。

一要笑得自然。微笑应该是发自内心的，是美好心灵的外现。若不是发自内心的，就容易变成皮笑肉不笑了。

二要笑得真诚。微笑既是自己愉快心情的外露，也是纯真之情的奉送。真诚的微笑令人内心产生温暖，传递美好的情感。弄虚作假的笑则会让人觉得别扭。

三要笑得适宜。首先，场合要适宜。一个庄重的集会、一次沉痛的哀悼、讨论一个严肃的问题等，都不能微笑。其次，程度要适宜。笑得太放肆、没有节制，会有失身份，引起反感；笑容在脸上不做停留，一闪而过，也不会起到好效果。

实践训练

（1）对镜自我观察，练表情。

对镜尝试各种表情，如大笑、微笑、苦笑、忧愁、平静、惊讶、悲伤、兴奋、愤怒等。看是否到位，找出毛病，并加以纠正。

（2）同桌微笑注视30秒。

要求：相互观察对方的笑容是否自然、真诚、美丽，保持眼神的专注。

（3）李主任正在看报纸，办公室的秘书小张郑重其事地交给他一张纸。

① 如果这是"入党申请书"。

② 如果这是"检讨书"。

③ 如果这是"辞职信"。

④ 如果这是一张又破又脏的废纸（开玩笑）。

如果你是李主任，在接到不同内容的纸后，你会怎么反应？请小组内演练，特别要注意用表情和动作表现自己的态度和心情。

（4）小王是公司新来的秘书。一天，她刚上班就看见一个农村老人来到了董事长办公室。她大吃一惊，连忙厉声喝住了他，不等老人开口便把他往外赶。正在这时，董事长来了，看见老人，连忙喊着"爸爸"走上前来。

三个人一组演练该情景，注意用态势语言表情达意。

第三单元　姿态语和手势语

情景案例

李力与恒达商业集团秘书王琪是一同长大的同乡。大学毕业时适逢恒达商业集团招聘业务员，李力成绩优异，于是信心满满地来到公司应聘。王琪提醒他，面试时千万记得把平时动作姿态大大咧咧的习惯改改，要显得庄重些。李力却不以为然，说："别担心。业务员嘛，应该张口就能说话，动作潇洒自如，不可过于拘谨。"轮到李力面试了，他直接推门而入，为了显得自信，他旁若无人地径直走到招聘人员面前的椅子前，"啪"地坐了下去。

又觉得自己好像坐得太响，而且招聘人员一声不发，他开始不自然起来，无意中右腿脚踝就放到了左腿上，架起了二郎腿开始摇晃。招聘人员说："请做一下自我介绍吧。"李力一下轻松起来，放下二郎腿，将身体向后靠在椅背上，介绍起了自己。

事后，李力没有被聘用。他一直纳闷。他认为那天的自我介绍流畅自如、重点突出。并且自己是学市场营销的，专业很对口，加上自己专业成绩优秀，怎么会没被聘用呢？

项目任务

1. 你认为李力为什么没有被聘用？
2. 在与他人的交往过程中，有哪些人的动作表情等给你留下了深刻的印象？为什么你会一直记得？说给大家听听。

任务分析

李力与所求职位专业对口，成绩优秀，信心十足，却没有被聘用，原因就是他与人交往时的态势语言不妥。参加招聘这样的庄重场合，应该注意有礼有节，不可造次。李力却不听王琪的告诫，"直接推门而入"，没有与招聘人员打招呼，"旁若无人"地走过去，很重地坐下，这些动作都显得浮躁。在遇到冷场时，将一条腿架起来摇晃，动作不雅；放松时又靠在椅背上与招聘者说话，动作不敬。这些都是他不能正确地评价自己，不懂看场合办事，遇事不冷静的表现。也许他说得很好，但他的无声语言却让招聘者认为他的气质、风度不好，素质有待进一步提高。

相关知识

（一）姿态语

姿态，这里指身体的无声动作，它是说话者的文化素养和情趣的侧面体现。例如，是笔直地站立，还是靠门站立；是端正地坐着，还是跷着二郎腿。不同的姿态传达出不同的意义，表现着不同的风度。别人根据你的一举手、一投足来确定你给他留下的第一印象，而这种第一印象往往很难改变。所以，要给人留下好的第一印象，姿态语不可忽视。

1. 首语

首语，这里指头部动作表现出的意义。头为仪容的主体，它的位置应该平正闲适，不能偏侧倾斜。头部动作不宜过多，应与体态、手势协调一致。

点头，表示赞同或同意。摇头，表示否定或不对、不赞成等。抬头，头部猛然上提，一般表示顿悟或豁然开朗的意思。低头，这个动作的含义非常丰富，表示思索、谦恭、羞怯、忏悔、委屈、丧气等。偏头主要表示两种意思：一是表示静听，一种愿闻其详的姿态；二是表示生气，一种爱理不理、爱听不听的架势。回头，带有突然性，猛然寻找兴趣源；

昂头，表示勇敢或高傲；后仰，表示软弱或失望；倾斜，表示得意或愉悦；左右微摇，表示怀疑或不忍；前突，表示惊讶或逗趣；微倾，表示观察或思考；直立，表示庄严或坚强。

> **小技法**
>
> **怎样使用首语**
>
> （1）注意与有声语言自然配合，动作要明显清晰，以便对方正确理解。
> （2）首语频率不能过高，否则影响听话者的注意力或让人觉得肤浅。
> （3）注意不同文化中首语的不同含义。

相关链接

态势语言在不同文化中的表现

调查表明，在1个小时的谈判中，芬兰人做手势1次，意大利人80次，法国人120次，墨西哥人180次。

俄罗斯人说话时不允许用手指东西尤其是指人，而西班牙人和拉美国家的人在说话时特别喜欢用手指点自己身体的某个部位。

一般点头表示同意，摇头表示不同意，而印度、尼泊尔正相反。顿足是中国人愤怒的表示，而德国人却用来表示称赞。俄罗斯人把手放在喉咙上，表示吃饱了。在日本，这个动作表示"被炒鱿鱼"。意大利人、西班牙人和拉丁美洲人将左手放在眼睑上往外一抽表示"当心、请注意"，而澳大利亚人则表示蔑视。将手往下一挥，在阿根廷、乌拉圭和委内瑞拉都表示赞扬，"好样的"，而在秘鲁则表示"哎呀，我弄错了"，在智利表示"瞧，出了什么事"。

2. 站姿

站姿能充分体现出一个人的精神面貌，是其他一切姿势的基础。站时要求直立，做到头部端正，挺胸收腹，双肩放平，腰杆挺直，双手自然下垂，双腿放松拉直，给人一种端庄大方、朝气蓬勃、充满生机和活力的感觉。

男性站姿：双脚平行，大致与肩同宽；上身挺直，双肩稍向后展；头部抬起；双臂自然下垂伸直，双手贴于大腿两侧。

女性站姿：挺胸收颌，目视前方；双手自然下垂，叠放或相握腹前；双腿并拢，不宜叉开。

相关链接

不同的身姿传达出不同的含义

身体正直，昂首挺胸，表示勇敢威严，给人恭谨和稳定感；
双肩放平，双手自然弯曲，给人轻松感；

腰部、颈部自然挺直，显示精神焕发；
身躯微微前倾，给人关怀亲切、谦逊有理、凝视细听、深表歉意之感；
身躯微微后倾，给人精神振奋、坚定不移或傲慢自负感；
身躯稳定，显示庄重、心情平静；
身躯摇摆，表示热烈、激昂或烦躁不安；
反身向后，表示否定拒绝。

3. 坐姿

坐的姿势分为严肃坐姿和随意坐姿两大类。

严肃坐姿，落座在座位的前半部，两腿平行垂直，两脚落地，腰板挺直。表明说话人和听话人都十分严肃认真。

随意坐姿的情况较为复杂。不同的坐姿表现出不同的心态，不同的气氛。深深地坐入椅内，腰板挺直，是向对方显示优越感，很有信心；坐在座位的前沿，上身前倾，既表示谦恭，又表示一定程度上的畏惧与紧张。

男性坐的时候，应抬头、挺胸、收腹、两眼平视对方，两腿张开与肩等宽。若两腿张开太大，则既不礼貌，也不雅观。

女性坐的时候，可将一只脚的拇指紧接着另一只脚的脚跟，两腿膝盖靠拢，显得优雅大方。

男性可"跷二郎腿"，但不可跷得太高，不可抖动，女性可采取小腿交叉的姿态，但不可向前伸。

不论是坐在椅子上还是沙发上，最好不要坐满，以坐一半到三分之二为宜。上身端正挺直，但不宜过于死板僵硬。对于时间较久的交谈，也可靠在沙发上，但不可半躺半坐。

入座时，动作要轻、稳，不可猛地坐下。入座后，可将手平放在腿上或沙发扶手上，不可随心所欲到处乱摸。

4. 步姿

步姿是通过步态传递信息的语言。步姿要做到自然、轻盈、敏捷、矫健。步幅以自己的一个半脚长为宜。迈步频率：男士为 108～110 步每分钟，女士为 118～120 步每分钟。

如果登台发言，上台时要精神饱满、步履稳健、神态自然、面带微笑；下台时则应自信从容，切不可失去常态地慌张跑下，也不可漫不经心、一步三摇地下去，否则会使听众对前面的整个发言失去好感和信任。

在交际场合中，应根据不同的语境表达需要选用不同的步姿。

自然步姿：步速、步幅居中，步伐稳健，两眼平视，双手自然摆动，强调轻松、自然、安详、平静。

礼仪步姿：上身挺直，步伐矫健，双膝弯曲度小，步幅、速度适中，步伐和手的摆动有强烈的节奏感，眼睛正视前方，表示庄重、热情、礼貌。

（二）手势语

手势语是通过手和手指活动表达出来的信息，是加强说话感染力的一种辅助动作。

1. 手势的类别

（1）情绪手势。该手势是伴随着表达者的感情起伏发出的，主要用于表达某种内心思想、情绪、意向或态度，使之形象化、具体化。如：高兴时拍手称快；悲痛时捶胸顿足；愤怒时挥舞拳头，不断颤抖；悔恨时敲打前额；犹豫时抚摸鼻子；急躁时双手相搓；尴尬、为难、不好意思时摸后脑勺；双手叉腰表示挑战、示威、自豪；等等。

（2）指示手势。该手势表示指示具体对象，可增强内容的明确性和真切性。指示手势可用来指点对方、他人、某一事物或方向，表示数目，指示谈论中的某一话题或观点。如：用右手指指头部，表示动脑筋、思考、盘算、疑问；用手掌抚胸，表示是自己或和自己有关的事；用手拍拍肩膀，表示担负工作、责任和使命；用拳击胸，表示悲痛难过。

（3）象形手势。这是比画事物形象特征的手势动作，用来摹形状物，增强形象感。给人一种如见其人、如临其境的感觉，常带有夸张意味，因而极富有感染力。如：比画事物的大小、高矮等。

（4）象征手势。用准确恰当的手势显示出抽象的事物，引起联想。这种手势往往具有特定的内涵，使用十分广泛，能有效地加强语言表达效果。如：用食指和中指构成"V"表示胜利；用拇指和食指合成圈，另外三指伸直的"OK"表示良好、顺利、赞赏等；少先队队礼表示人民利益高于一切；跷大拇指表示称赞、夸奖；跷小拇指表示贬斥、蔑视等。

2. 手势语运用的原则

（1）适合：一是和所说的内容一致，二是手势的多少要恰当。

（2）自然：手势要舒展大方，不能僵硬、呆板、失控，要令人赏心悦目。

（3）协调：手势必须和声音、表情、姿态等密切配合，做到协调一致。

（4）简练：手势要力求简单、精练、清楚、明了。要做得干净利落、优美动人，切不可做作，拖泥带水。

3. 手势的活动区间及其含义

（1）上区：肩部以上，一般表示理想、希望、喜悦、祝贺等。手势向内向上（手心向上），表示积极肯定的意思。

（2）中区：肩部以下至腰部以上，一般表示坦诚、平静、和气等。手心平展，表示叙述说明等中性意义。

（3）下区：腰部以下，一般表示憎恶、批评、鄙视、压抑、失望等。手势向外向下（手心向下），一般表示消极否定的意思。

4. 手势的具体运用

（1）手掌的运用。

手掌向上，前伸，臂微曲——表示恭敬、请求、欢迎、赞美等，如：欢迎大家来我校参观指导。

臂微曲，手掌向下压——表示否定、反对、制止。如：大家不要讲话。

手掌挺直，用力下劈——强调一种果断的气势和力量。如：他用力砍了一刀。

两手掌从胸前向外推——表示拒绝接受某种东西，或不赞成某种观点。如：对各位的夸奖，我实在不敢当。

两手掌由外向内，向胸前收——表示接受某种思想观点或某种东西。如：我们要把群众的意见装在心里。

两手掌由合而分——表示消极、失望、分散等。如：我简直没有办法了。

两手掌由分而合——表示团结、联合、亲密等。如：大家要团结起来。

单手掌向上前方推出——表示勇往直前、猛烈进攻等。如：同志们，向着未来，向着胜利，前进吧！

两手掌向正上方推举——表示一种强大的力量和宏伟的气势。如：天塌下来，我们也撑得起。

（2）手指的运用。

跷大拇指——表示称赞、钦佩等意思。如：他真了不起啊！

伸小拇指——表示卑下、低劣、无足轻重。如：这种人的言行实在太卑鄙了！

五个手指由外向里集中收拢——表示把某种力量集中，把某种事物聚拢。如：把大家的意见收集起来。

手指向下用力收拢——表示控制、掌握等。如：我们要控制这个局面。

手指逐一屈伸（或由伸而曲，或由曲而伸）——表示计算数目、论说次第等。如：这次招聘的条件有五条：一……，二……，……

（3）拳头的运用。

拳头高举——表示坚决拥护、强烈反对、严重警告、号召、奋起等。如：我们要一起努力，完成任务！

拳头向前冲击——表示打击、反对、对抗等。如：把侵略者赶出去。

相关链接

1. 应该纠正的不良动作姿态

（1）指手画脚、拉拉扯扯，手舞足蹈，评头论足，将身体斜靠在其他物体或他人身上。

（2）站着或坐着时，连续抖动自己的腿。

（3）当着别人的面伸懒腰、挖鼻孔、掏耳朵、打哈欠、剔牙齿、喷烟圈等。

（4）不加控制地张着嘴狂笑或毫无意义地傻笑。

（5）点头哈腰、装腔作势、歪头斜眼等。

2. 用无声语言展示你的自信

（1）用眼神表现你的自信。

（2）微笑使你变得坚强、变得友善。

（3）穿上你最有感觉的衣服。

（4）用身体姿势投射你的自信。

实践训练

（1）选用下面的一个或多个词语说一句或一段话，用手势表示下列词语的意思。

号召、关心、指示、数字、热爱、反对、向往、举例、团结、胜利、前进、很好、请求、拒绝、恭喜、暂停；

摩拳擦掌、局促不安、跃跃欲试、无可奈何、到此为止、一笔勾销、表明心迹、心烦意乱。

（2）设计恰当的手势表示下列各句的内容：

① 欢呼吧、跳跃吧！我们成功了！
② 他这人太卑鄙了，无法和他相处。
③ 月光静静地泻在这一片叶子和花上。
④ 年轻的朋友们，我们的事业是伟大的，我们的前途是光明的，让我们为实现这崇高的目标奋斗拼搏吧！
⑤ 这虽很有诱惑力，但还是让他见鬼去吧！

（3）以自然的表现完成下面的任务。

要求：从容走上讲台，真诚行礼，环视全班同学，声音清晰响亮地说："大家好，很高兴与您相会在'实用口才'课堂，以后请多多关照！"然后行礼，返回座位。

第四单元 服 饰 语

情景案例

王建新是星盛集团旗下星盛商务信息责任有限公司的总经理。虽然现在生意难做，但王总还是凭借他的胆识魄力、聪明才智及他对市场的灵活把握，把生意越做越大、越做越红火。但他始终认为要想在越来越激烈的市场竞争中立于不败之地，必须有一个相对较大的发展平台。如何找到这样的一个平台，也是他一直寻求的。一次，他获悉德国一家知名企业的董事长来本市进行考察访问，有寻求合作伙伴的意向。王总便想尽办法，请有关部门为双方牵线搭桥。让他喜出望外的是，对方也有合作意向，而且希望尽快与他见面。到了双方会面的那一天，王总特意让他的秘书尹琼在公司挑选了几个漂亮的部门女秘书来做接待工作。尹琼也特别交代让她们穿紧身的上衣、黑色的皮裙，她认为这种时尚性感的装束一定会让外商觉得自己对他们的到来格外重视，因此，一定会赢得他们的好感和信任。

可是，当见多识广的王总看到这几位漂亮姑娘时，他皱着双眉对尹琼说："做接待工作是不适合穿这种服装的。"尹琼惊讶而怀疑地问道："是吗？为什么？"

项目任务

王总为什么认为接待人员不适合穿紧身衣、黑皮裙？

假如你是该公司总经理办公室秘书，你认为接待人员应该如何着装？

任务分析

衣着反映一个人的精神面貌，也是一个人的文化素质和审美观的体现。情景案例所述背景是正式的商务接待，接待人员穿紧身上衣和皮裙是很不适宜的。性感的紧身上衣只能在休闲的社交场合穿着；穿皮裙更不合适，因为在西方传统的观念中，皮裙往往为一些社会地位低微、行为较轻浮的女性所爱，虽说现在人们的这种看法有所改变，但无论如何在正式的商务场合，穿皮裙还是不适宜的。这种穿着不仅不会让外宾感觉被重视，反而会适得其反，让他们认为中方人员连如此简单的涉外礼仪都不懂，那么在今后的合作过程中，中方又会出现什么出乎意料的事情呢？这样的合作能顺利吗？

看起来很简单的一个衣着问题，却可能关系到一个合作的成败。因此，作为职场工作人员，必须懂得在适当的场合要穿着得体，用正确的服饰语言表达自己的修养和素质。

相关知识

（一）服饰语的概念

服饰语指的是人的衣着打扮传递出的信息，是一种无声的语言，是增强交际效果的重要表达手段。即使沉默无语，服饰作为一种符号和象征，显示着一个人的个性、身份、涵养、经济状况、审美水平及其心理状态等多种信息。服饰和人的言谈举止一样，有着丰富的传播功能。作为一种信息交流的符号，服饰语能起到其他符号无法替代的作用。

（二）服饰着装原则

服饰包括服装和饰品两个方面，它们包括身上穿的衣服、衣服上的饰物及领带、围巾、帽子、手表、包袋等。

服饰是一种审美信号，是人们美化自己、美化生活的一种不可缺少的东西。人们通过自己的形体和服饰共同展现着美，从而达到一种赏心悦目的效果。同时，服饰能体现人的文化修养、审美情趣、气质品位等。选择与自己个性、身份、场合、年龄、周围环境都相适宜的服饰，才能达到真正美的境界，才能为自己、为企业塑造良好的公众形象。我们应该遵循以下几方面的服饰着装原则。

1. 和谐原则

美的最高法则就是和谐。服饰应该与自己的职业、社会地位、文化修养相协调，还应该与自己的年龄、体型、肤色、发型、相貌特征相协调。作为职场人员的着装首先要考虑的就是自己的社会形象。

（1）款式、色彩及搭配的和谐美。服饰美首先表现为色彩美、款式美和质料美，只有这三方面合理搭配、和谐统一，才真正产生美感。

色彩美要注意色彩与肤色的和谐，注意色彩的整体搭配。要坚持"三色原则"，即服饰的颜色在总体上保持在三种以内，在色彩上提倡简洁大方，而不是杂乱繁多。

（2）服饰与个人自身条件的和谐美。要了解自身的条件，如个头、身材、肤色、脸型等因素，要用服饰来达到扬长避短的目的，也就是要用服饰来遮掩自己的缺陷，从而使自己更加漂亮、优雅。

2．TPO 原则

TPO 原则是国际上公认的穿衣原则。TPO 是英文 time（时间）、place（地点）、object（目的）三个单词首字母的缩写。

"T"是指每一天的早、中、晚三个时间段，也包括每年春夏秋冬的季节更替，以及人生的不同年龄阶段。时间原则要求着装考虑时间因素，做到随"时"更名。

"P"是指所在地点、位置不同，着装应有所区别，特定的环境应配以与之相适应、相协调的服饰，才能获得视觉和心理上的和谐美感。如：穿着只有在正式的工作环境才合适的职业正装去娱乐、购物、休闲、观光，或者穿着牛仔服、网球裙、运动衣、休闲服进入办公场所和社交场地，都是着装与环境不和谐的表现。

"O"是指服饰打扮要考虑此行的目的。对自己的着装给对方的印象如何，应该有一定的预期。服装的款式在表现服装的目的性方面起着较大的作用。一个人身着款式庄重的服装前去应聘，说明他郑重其事，渴望成功。

（三）服饰色彩语

1．色彩的特性

（1）色彩本身的特性。良好的色彩感觉是商务人员的基本素质和审美需要。

红色：是一种热烈、浪漫的颜色。它引人注目，使人联想，给人以兴奋快乐的感觉。而且红色在我国是一种吉祥和幸福的象征。我国自古以来就有结婚穿红色衣服的习惯，虽然现在许多年轻人结婚喜欢像外国人一样穿白色婚纱，但在结婚宴会上，新娘仍然要换上红色的旗袍或套装，以示喜庆。红色与黑色相配的服装非常浪漫，而且适合各种场合。红色、白色和蓝色的三色相配，无论怎样用在服装上，都会显得适合、得体、美观。

蓝色：给人以宁静、清冷、安详、智慧或冷漠的感觉。很容易使人联想到大海、天空、湖泊、远山等。蓝色易和其他多种颜色相配，白色是蓝色最好的配色，能给人以强烈的感觉。

黄色：是最明亮、最活泼和最引人注意的颜色。它给人以崇高、智慧、神圣、辉煌、华贵、威严和慈善的感觉。黄色的服装使人显得年轻、活泼、充满活力。黄色自古以来就是中华民族最重要的颜色，它代表大地和皇权。黄色与白色相配是夏季凉爽的配色；与白色、灰色相配显得高雅；与红色相配则为大众化的流行色；黄色与黑色相配对比强烈，十分显眼，但要注意黄色面积的比例。

紫色：是高明度的色彩，高贵、华丽、美好的象征，并带有神秘的异国情调。紫色曾是法国历史上宫廷的御用颜色，在现今生活中紫色仍被视为华贵和威严的象征。紫罗兰色的衣服仍是许多女性经久不衰的选择。

绿色：是大自然的颜色，被誉为生命的颜色。它充满朝气和生机，给人以凉爽和舒适的感觉。绿色象征着生命与希望，所以又称为和平色和环保色。

灰色：标志稳重、可靠，给人以平凡、朴实的感觉。既平易近人，又稳重文雅。

白色：无色彩系，是由所有可见光均匀混合成的，是光明的象征，表示明亮、纯洁、坦率、朴素、高洁等。

黑色：无光彩之色，给人以庄重、肃穆、洒脱的感觉，显示一种沉稳、高雅。黑色也是人们生活中选择较多的一种颜色。

在服装颜色的搭配上，白色和黑色是比较好搭配的两种颜色。

橙色：是一种明亮的色彩，给人明快、富丽的感觉。它属于暖色调。

在服装的色彩上要取得成功，重要的是要了解服装色彩的特性，才能更好地搭配色彩。

（2）色彩的冷暖特性。物体通过表面色彩可以给人们或温暖或寒冷或凉爽的感觉。暖色给人以热烈、兴奋等感觉，如红、橙、黄等颜色。冷色给人平静、寒冷等感觉，如蓝、青等颜色。中性色彩使人产生休憩、轻松的情绪，可以避免产生疲劳感，如黑、白、灰色。

（3）色彩的轻重特性。各种色彩给人的轻重感不同，从色彩得到的重量感是质感与色感的复合感觉。浅色是轻感，密度小，给人一种向外扩散的运动现象、质量轻的感觉，如白色；深色是重感，密度大，给人一种内聚感，从而产生分量重的感觉，如黑色。

（4）色彩的缩扩特性。色彩的缩扩特性是指不同色彩给人的眼睛带来的收缩和扩张的感觉。一般来说，深色、冷色属于收缩色，暖色、浅色属于扩张色。前者可以使人看起来显得苗条，后者使人显得丰满。

2. 学会色彩的搭配

想穿出优雅大方、搭配得体的服装，就必须要学会色彩的搭配。

（1）同色搭配。这是指配色时尽量采用同一色系中明度不同、深浅不同的色彩进行搭配，这种方式搭配出来的服装效果较好，给人以端庄、高雅的感觉，适合许多礼仪场合。

（2）对比搭配。配色时运用色彩特性对比度较大的色彩进行搭配，可以使着装在色彩上反差较大，从而形成个性，但是也要注意，这种搭配要和谐才有美感。

（3）主色调搭配。选一种主要的色彩作为基调，相配其他的各种色彩。采用这种方式搭配，首先要考虑主色调选用什么特性的色彩，其次考虑辅助色彩的选择，再次是考虑主色调的位置和所占比例，和谐即可。

> 💡 **小技法**
>
> **色彩搭配与个人肤色**
>
> 在考虑色彩搭配时还要考虑个人的肤色。因为一些色彩和一些肤色是不能搭配的。例如，肤色较黑、较暗的人就不适合搭配黑色、褐色、暗紫色等；肤色偏黄的最好不要选择和自己肤色相近的或较深、较暗的颜色，如棕色、深灰色、土黄色等，否则容易使人显得没有生机；肤色白净的适合各种色彩的服装。

实践训练

1. 情景训练

情景1：赵琦是某公司总经理秘书。这天她参加完公司成立十周年庆典后，晚上又安排了一个晚宴，宴请嘉宾及各方领导。她正在为自己该穿什么衣服而犯愁，请你为赵琦支着儿。

实训要求：一人扮演赵琦，一人扮演支着儿人。

情景2：李青是某公司办公室干事。一天，总经理让他陪自己到外地出差，行程三天。李青感觉穿西服太过正式，好像不合适，但穿什么才好，他又拿不准。请你为李青解决这个问题。

实训要求：一人扮演李青，一人扮演解决问题的人。

2. 综合训练

案例分析1：

尹琼是星盛集团旗下星盛电子商务责任有限公司总经理办公室的秘书。她工作一向认真踏实，细致周到，深受上司重视。由于她刚参加工作不久，在衣装方面，还总是一副休闲或运动装的学生模样打扮。总经理几次都想带她去参加一些商务活动，如商务谈判、工作宴请，但每次看到尹琼一副学生模样，便打消了念头。后来也几次暗示她，让她买几套正装。尹琼也意识到了这个问题，就专门买了两套西装套裙。一天，总经理正要到一个外商那里去商谈一个重要工作，想带着尹琼一起去。当看到尹琼穿着得体的驼褐色西装套裙，他正要开口说"跟我一起去吧"时，突然发现她的脚上穿着一双黑色旅游鞋、黑色短统袜，总经理的眉头顿时皱了起来，然后自己一个人提着公文包走了。

请问：总经理为什么一个人走了，尹琼的衣着出现了什么问题，为什么？

案例分析2：

美国商人希尔清楚地认识到，在商业社会，一般人是根据一个人的衣着来判断对方的实力，因此，他首先找裁缝为自己定做服装。希尔定做了三套高档西装，需花费275美元，而当时他口袋里连1美元都不到了，但他凭借往日的信用而获得了延期付款。然后他又购买了一整套极好的衬衫、领带及内衣，这时他的债务已达到675美元。

每天早上他都穿着一套全新的服装，在同一时间与同一位出版商"邂逅"相遇，希尔每次都和他打招呼，并偶尔聊上一会儿。

这种例行性会面大约持续一周以后，出版商开始主动与希尔搭话，并说："你看来混得相当不错。"接着出版商便想了解希尔从事哪一行业。因为希尔的衣着表现出一种极有成就的气质，加上每天一套不同的新衣服，便引起出版商极大的好奇心，而这正是希尔期待的结果。

于是希尔轻松地告知出版商："我正在筹划一份新杂志，打算在近期争取出版，杂志的名称是《希尔的黄金定律》。"出版商说："我是从事杂志印刷和发行的，也许我也可以帮到你。"当希尔购买这些新衣服时，他便期盼着这一刻的到来。

出版商邀请希尔到他的俱乐部，与他共进午餐，在咖啡尚未端上桌前，便已说服希尔答应与他签约，由他负责印刷和发行希尔的杂志。希尔也提出了同意他独家出版发行的条件是提供不收取任何利息的资金，出版商欣然应允。

出版《希尔的黄金定律》所需资金至少在 3 万美元以上，而每一分钱都是从体面的新衣服所创造的"广告效应"获得的。所以，得体的着装在社交场合是不容忽视的。

实训要求：请谈谈你看完这则案例后有什么感想。

3．综合情景训练

（1）请指出班上同学中分别属于同色搭配、对比搭配和主色调搭配的有哪些？他们是如何搭配的？

实训要求：
- 款式、色彩、饰品的搭配都是怎样的；
- 是否符合其性格和喜好。

（2）请在班上就同学们现有的衣着，现场搭配三套你认为最协调的服饰，并说一说为什么。

实训要求：
- 款式、色彩、饰品的搭配都要协调；
- 尽量符合每一个同学的性格和喜好。

第五单元　综 合 训 练

1．模拟训练

观看一段视频（教师提供，可选择《财富论坛》《天下女人》等访谈类节目的视频），师生共同讨论并评价视频中人物态势语言使用的得失。学生按自己的喜好挑选其中一段话，或进行优秀态势语言的模仿，或对问题态势语言进行纠正并做正确演示。

2．根据下面的提示进行手势语的训练，同时加上适当的表情，注意语音准确规范，语气语调的变化

（1）节俭当然是必要的，但是那些"花钱如流水"的年轻人真的很多吗？（双手摊开，表示质疑）除了那些阔少们，我们看到的是，相当多的年轻人只是在力所能及的条件下，让自己稍微多一点物质上的满足，听听歌，看几场电影，买几双名牌运动鞋，这不是奢侈，对不对（右手掌前伸，上下略晃动两次，表示希望得到听众的认可）？我们只要稍微用心地观察一下，就会发现，在对 20 世纪 80 年代人的评价上，媒体充当了一个不负责任的角色（左手食指向上指点并晃动两下，表示谴责）。他们乐于报道这一代人的叛逆和越轨，他们乐于以偏概全，乐于波及整个一代人（右手向右画一条弧线，意在指整个 80 年代人被归为一类），他们想当然地认为这一代人就是这样，却从来没有谁想过做一个广泛的调查，看看这一代人真正的生存状况是什么（双手摊开，表示希望大家自己看看这代人的生存状况）……

（2）今天，这里有没有特务？你站出来！是好汉的站出来！你出来讲凭什么要杀死李先生（手臂长伸短暂定格，手指如敲鼓般有节奏地晃动两下。这充分表达了对特务的强烈不满和质问）？杀死了人，又不敢承认，还要污蔑人，说什么"桃色事件"，说什么共产党

杀共产党，无耻啊！无耻啊（伸臂向身体一侧，食指向上指点一下，表达对特务的仇恨）！这是某集团的无耻，恰是李先生的光荣！李先生在昆明被暗杀是李先生留给昆明的光荣！也是昆明人的光荣（双臂曲肘前伸，表达怀念之情，激发听众的革命热情）！

（3）古代巨人的眼睛，像现今我们的眼睛一样，曾经看见尼亚加拉（右手在自己眼前比画表现巨人用眼睛张望的情景）。一万年前的尼亚加拉，和现在的是同样的新鲜有力！水从天上飞落人间，激荡起白色的浪花（右手从空中快速划落，表现出瀑布从山上落下来的情景）。一群群的古人从山下走过，踏着起伏的山麓，蜿蜒向前，伴着瀑布的浪花，蜿蜒向前……

（4）……那就是朝阳！充满希望的朝阳（双手托起，掌心向上，体现出太阳的光辉之美）！它喷薄而出，带给我们新的一天（敞怀拥抱，表达对新生活的迎接，体现新生活的美好）！的确，太阳每天都是新的，让我们抓住这青春的时光，努力奋斗吧（双拳紧握，体现青年人奋斗的激情和壮美）！

3. 准备好一段话，按要求上台展示

（1）轻松、自然地走上讲台，站定、抬头、挺胸、肩平，两脚站稳，面向大家说话。

（2）说话时必须有2～3个恰当的手势。

（3）时间不少于2分钟，不多于3分钟。

说明：有条件的学校，可以摄像，当场播放，师生共同点评，达到纠正的目的。

态势语言训练评价表如表4-1所示。

表4-1 态势语言训练评价表

评价标准	权重	得分
姿态：首语、站姿、坐姿、步姿正确优雅	30	
表情：微笑，面部表情随着内容的变化而变化，眼神运用恰当，眼睛看着听众，和听众有交流	30	
手势：恰当、得体、有表现力	30	
声音适中、流畅、普通话标准	10	
合计	100	

模块五 口语表达训练

习训目标

知识学习目标	能力培养目标
● 了解叙事、说理、修辞逻辑的基本知识	● 能根据具体情况针对性地选择叙事、说理的方式，能清晰叙事 ● 能合理使用口语修辞使交际活动达到预期效果

第一单元 叙 事

情景案例

在一次全省优秀教师的表彰大会上，记者问一位老师："以你的资历完全可以到市重点学校任教，你为什么愿意一直待在城郊农民工子弟集中的学校任教呢？"被提问的老师给大家讲了这样一段经历。

我曾经给班里的学生出了一道数学题："假如你家有5口人，买来10个苹果，每人能分到几个苹果？"但由于打字员的疏忽，将"10"打成了"1"，这样一来，这道题就根本不可能有正确答案了。但班里一个农民工的孩子，却写出了令人震撼的答案。答案的内容：每人能分到一个苹果。后面接着写了原因：假如爷爷买来一个苹果，他一定不会吃，因为他知道有病的奶奶一定很想吃，就会留给奶奶；但奶奶也不会吃，她通常会把苹果留给她最疼爱的小孙女——我；但我也一定不会吃这个苹果，我会把它送给每天在街上卖报纸的妈妈，因为妈妈每天在太阳下晒着，口渴的她一定需要这个苹果；但妈妈也不会吃，她一定会送给爸爸，因为爸爸进城这一年来每天都在工地上干很累的活，却从没吃过苹果。所以，我们家每个人都会得到一个苹果。

项目任务

1. 以情景案例为话题谈谈你的感想。

2. 你喜欢讲故事吗？现在你最想和大家分享的故事是什么？讲给大家听听。

任务分析

在口语交流时，我们很多时候都是在叙事，但叙事不是我们交流的最终目的，交流的目的是表达自己的观点，明确自己的立场等。为了使自己的观点易于被对方理解、认同、接受，我们需要针对性地叙述一些与之相关的事件。那么，叙述事件的时候就要有一个意识：不能为叙事而叙事，叙事应该为表达观点服务。在情景案例中，老师回答记者的提问不是直接陈述自己的观点，而是讲述了一件亲身经历的事情。通过老师的讲述我们完全可以了解到讲述人这样的观点："农民工子弟懂得感恩、真情感人，这些孩子的内心善良美好，令人温暖。在这里工作就是一种精神享受。我愿意尽我所能让他们平等享受教育资源。"对比可知，直接的观点表述不足以说服人，而用叙事的方式则能以自己亲身经历和真情实感说服听者、感动听者，获得以情动人、事实胜于雄辩的效果，最终让人理解这位老师的选择。

当然，叙事也是需要技巧的，苍白的白开水似的叙事，达不到感人效果。讲话者对自己所叙之事要真情流露、言语真诚，才能感动听众。

相关知识

叙事是口头表达中最基本、使用频率最高的一种表达方法。在叙述性的话题中我们常常需要叙事，也就是要叙述一件事情的经过。譬如：在日常交谈中你常常要将自己耳闻目睹的事情告诉对方，以增添谈资；在演讲中你声情并茂地叙事会深深吸引听众，引起大家的共鸣；在论辩时你可以用所述之事作为论据来支撑论点，使你的论辩有理有据，立于不败之地。可见，叙事具有广泛的实用性，掌握一定的叙事方法与技巧很重要。

（一）常用的叙事方法

叙事的方法和技巧多种多样。下面介绍口头表达时常见的几种：概说、详说、顺说、逆说、拙说和巧说。

1. 概说

概说，就是概括叙述，以简洁概括的语言浓缩事件经过，勾勒事件大致轮廓的方法。它注重的是事物的总体和全貌，很少展示细节，语言较为简约。例如：

这是一个崇高而庄严的时刻：1997年7月1日。香港经历了一百五十六年的漫漫长路，终于重新跨入祖国温暖的家门。我们在这里用自己的语言向全世界宣告：香港进入历史的新纪元。

中华民族近代历史的荣辱兴衰，值得我们铭记：一个国家和民族最可贵的是，能够掌握自己的命运。一个半世纪以来，中国有无数的仁人志士，为了国家富强，为了疆土完整，前仆后继，奋发图强。正是由于他们做出了巨大牺牲和努力，国家出现了百年未曾有过的繁荣和良好机遇，在国际上确立了我们的尊严，香港得以顺利回归。

今天，我们幸运地站立在先贤梦寐以求的理想高地。身为中华民族一分子，一个生活在香港的中国人，我谨代表所有香港同胞，向所有为此做出贡献的中华儿女，献上深深的敬意和感激。（香港特区政府第一任行政长官董建华《在香港特别行政区成立暨特区政府宣誓就职仪式上的讲话》节选）

这段话中"一个半世纪以来，中国有无数的仁人志士，为了国家富强，为了疆土完整，前仆后继，奋发图强。正是由于他们做出了巨大牺牲和努力，国家出现了百年未曾有过的繁荣和良好机遇，在国际上确立了我们的尊严，香港得以顺利回归。"就使用了概说的方式。用了约100字，勾勒出了中国仁人志士为祖国的富强与疆土完整做出的不懈努力，以及由此赢得的香港156年受殖民统治的历史的结束和中华民族的尊严。道出了中华儿女多少坚强不屈的奋斗与抗争，道出了香港回归时刻多少欢欣鼓舞与振奋。抗争与奋斗过程中的细节肯定是数不尽道不完的，所以在这样一个场合，用概说的方式显得更为恰当。这个概说话语十分概括，条理清楚，给人印象很深，充分体现了概说的简洁、明快、练达、节省时间等特点。

再如：大学生毕业，求职面试时考官要求介绍其母校。根据具体语言环境特点，这个口头介绍应该采取概说的方式。可涉及学校地理位置、学校性质、办学理念、规模、开办专业数、学生人数等注重学校整体的内容，语言要做到概括、简洁，不要去细说学校历史中的细枝末节，即使某个你印象深刻的细节。

2. 详说

详说，是用叙述和描写相结合的语言详细展示事情细节的叙事方法。它常常要用生动形象的语言，把人物、事件、场景的状态、特征、过程等绘声绘色地描绘出来，把听众带入特定的情景中，给人以深刻的印象和身临其境的感觉，以产生真切感人的语言效果。例如，叙述1995年10月的一天，时任中华人民共和国总理的朱镕基在云南昭通走访一位彝族农民家庭的故事：

总理弯着腰走进了彝族农民杨长才家。严格地说，那根本不叫个家，茅屋又矮又破、又潮又黑。正是吃饭的时候，火塘里烧着几个鸡蛋大小的洋芋。总理紧挨着杨长才坐在火塘边的破木板上，看着火塘里的洋芋，总理问杨长才："早上吃些什么？""吃洋芋。""午饭吃什么？""吃洋芋。""晚饭还吃洋芋吗？"杨长才回答："是的。""一天三顿都吃洋芋啊？"总理的声音很低。杨长才补答一句："是的。"这时候，总理的眼睛湿润了，泪光在火塘光的映照下特别晶莹。

这段话十分详尽地描绘了一个场面，使听众如临其境，具有深深的感染力。

详说的具体做法主要有：刻画肖像，表现风貌；描摹言行，显示精神；描绘景色，烘托气氛等。

我们平时要把话说好，应该概说、详说结合使用，这样才能做到繁简适当、疏密有致、伸展自如、张弛有度。

概说与详说的运用有规律可循。一般来说，与主题关系密切、问题的关键、要害处、高潮处、能创造气氛、打动或激励听众的地方，或者鲜为人知的东西要详说。过渡处、众所周知的、与主题关系不大的内容要概说。

3. 顺说

顺说是按照一定的时空发展顺序述说某件事情经过的叙事方法。一件事情的形成总有一定的自然发展过程，并常有开端、发展、高潮、结局不同发展阶段。讲话者按照事情的客观发展展开话题，就是顺说。用这种方法进行叙事的好处是事件由头到尾，秩序井然，文气自然贯通，显得条理清楚。使用顺说必须特别注意剪裁说话的内容，做到详略得当、主次分明。例如，介绍自己与某一朋友的交往，可以按相互交往的时间顺序，选择认识——交流——友谊加深——成为知己这几个关键点，把概说、详说结合起来使用，一定能达到不错的效果。

> **小技法**
>
> **叙事中巧用"连点成线"法**
>
> 为保证叙事时条理清楚、内容饱满、详略得当，我们可以使用"连点成线"法。"连点成线"是指在叙事开始前，先根据自己的说话意图，选择事件发展过程中的关键环节，列出说话的要点，这些要点组合起来就是整个事件的来龙去脉。说话时只要将选择出的各个环节做详说，并在各个详说点间穿插概说性语言把各点连接起来，就能让这次叙事层次分明、重点突出、中心明确。

4. 逆说

逆说是一种倒叙的叙事方法。它往往根据表达的需要把事件的结局或某个最重要、最突出的片断提到前边说，然后再从事件的开头按事情原来的发展顺序进行叙说的方法。采用逆说的方法，能增强表达的生动性，使说话产生悬念，引人入胜；或酿造气氛，先声夺人；或使叙事波澜起伏，扣人心弦。例如，介绍一名本班同学，就可以先卖关子，后抖包袱。如果逆说得当，大家在听完后就会恍然大悟，感觉妙趣横生。

还有一种逆说的情况，在叙说中心事件的过程中，为了帮助展开情节或刻画人物，暂时中断叙说的线索，插入一段与主要情节相关的内容。插入的内容叙说结束后，再继续原来的内容叙说。在这种逆说的方式中，被插入的另一故事片断或事件对主要情节或中心事件做必要的铺垫、照应、补充、说明，使情节更完整、结构更严密、内容更充实。

5. 拙说

拙说是一种朴拙的语言表达方式，其特征是语言质朴无华，坦率得体，词语通俗，明白易懂。

拙说的表达方式一般要求选择平实、率真、质朴的词语；要体现表达者真挚诚恳、不藏不隐的品格，心中所想就是口中所说，心口如一、自然亲切、诚实可信。表达时也不铺排、不夸张和渲染。例如，倪萍在中国魅力城市展示中，作为荣成这座城市的代表所说的话：

"荣成的同志找我，让我作荣成的代表，我很为难，我说：'不行啊，我长得有点难看。'荣成的同志说：没关系，你化化妆不就没事了。你听这话，那就是说，那位同志确实认为我长得没有荣成姑娘好看。"

这段话听来很质朴无华，亲切自然，表达了对荣成的真诚赞美，表现了倪萍亲和力强的主持风格，拉近了与观众的距离，活跃了现场气氛，是拙说的典范。

6. 巧说

巧说是一种高超的口语表达技巧，它是在一定的思想感情、文化修养、生活阅历、性格气质的基础上，表达口才艺术的生动体现。在叙事性话题中，巧说主要表现为：对事件本身要选准基点，突出重点，分清条理，设置波澜，制造高潮，虚实得体，详略得当；在表达技巧上，可以打比方、夸张、幽默等；在用词上，讲究锤炼词语，用古语、成语、典故、俗语、歇后语等；还可以辅以态势语言，通过手势、姿态、表情等帮助传情达意，达到巧说的目的。比如：

来一家父子冬天在镇上卖便壶（俗称夜壶），父亲在南街卖，儿子在北街卖，儿子摊前一顾客说："这便壶大了些。" 儿子接过话："大了好啊！装的尿多。"顾客听着不顺耳，走了。有顾客问父亲，父亲在摊前答道："大是大了些，可您想想，冬天夜长啊！"顾客会意地点头，买走了便壶。

上例中，遇到相同的情况"儿子"实说，"父亲"巧说，其说话的效果就不一样了。

再如：

初春，一个双目失明的姑娘乞讨，面前铺了一张白纸，上写："好心人，请可怜可怜我吧！"没有乞讨到多少钱。一个大作家经过，见状，对小姑娘说："我把你的话改一下吧。"于是，纸上出现了这样的文字："春天来了，可我什么都看不见。"经过的人看了，大都留下钱币。

上述故事中，作家改动的文字，更能引起人们共情：春天百花齐放、万紫千红，但是姑娘的生命里却永远只有黑暗。这也是巧说的功效。

（二）叙事的要求

1. 有针对性

叙事并不是为叙事而叙事，而是为了阐明观点，表明态度。因此叙事要有针对性，考虑中心、详略等，才能使表达鲜明有力。

例如，鲁迅先生一次演讲时，讲到革命文学遭到政府当局的迫害，统治阶级对革命文学神经过敏，草木皆兵，因此采取强行限制手段，就叙述了下面的故事（来自旧笔记小说）：

明朝有一个武官听说书人讲故事，说书人对他讲檀道济（晋朝的一个将军），讲完之后，那武官吩咐打说书人一顿。别人问他什么缘故，他说："他既然对我讲檀道济，那么，檀道济一定是讲我的了。"

2. 生动逼真

叙事要能吸引人，使人爱听并让人接受，就需要生动逼真。常常需要做些细节描述，增强现场感。

例如，茅以升在《中国石拱桥》里介绍石拱桥栏杆上的石刻狮子好看，就说：

这些石刻狮子，有的母子相抱，有的交头接耳，有的像倾听水声，有的像注视行人，千态万状，惟妙惟肖。

3. 通俗易懂

口语表达不同于书面表达。口语表达的信息载体是声音，而声音稍纵即逝，所以信息全凭听者大脑记忆。为便于听者准确接收你的语言信息并做出判断与回应，我们就要做到语言通俗易懂，提高交谈的效率。

4．选择自己熟悉或亲身经历的事

如果在演讲、辩论等特定场合下需要叙事，最好选择自己熟悉或亲身经历的事例。这样能使你胸有成竹，有助于自信表达，达到好效果。

实践训练

1．讨论分享

（1）招聘会上，面试官要求你介绍你的母校。请试说。
（2）叙述一件你印象深刻的事，力求让听众有身临其境的感觉。
（3）向大家介绍你在家里居住的个人的小房间。介绍时注意找到合理的顺序，尽量做到有空间感、层次感。

2．现场操作

在教学班里组织一次故事会。
（1）步骤：
① 每班先按每组 8～10 个人分好组，故事会在组内进行。
② 小组故事会结束后，每个小组推荐同学上台总结发言，内容可涉及小组成员的表现、感受、收获等。
③ 教师小结。
（2）要求：
① 故事会中每位学生需选定合适的题材进行分享。要求所选题材，或传递有用信息，或给人有益的启发，力求有吸引力、感染力。
② 在分享故事时注意合理使用叙事、描述的方法，使自己的分享能打动人心。
③ 有人发言时，其他同学要实践倾听的技巧，真正做一个优秀的倾听者。

第二单元　说　　理

情景案例

人失去阅读必定失去独立思考的能力
——白岩松哈尔滨工业大学演讲节选

我的阅读分为三个层面，第一个是工作性阅读，定下选题后我就要为做节目进行大量阅读，否则晚上直播我说什么？第二个是职业性阅读。我是一个新闻人，家里订有很多的报纸杂志，我没有一天是不逛报摊的。上网，我要看每天的新闻、每天的报道。我觉得最重要的是作为一个人的阅读,每天必须有一定的时间去阅读跟这个时代没有关系的东西,我的乐趣来自"读与这个时代无关的、但作为一个人而读的书"。

……

我需要看到不同的角度,就像当初我看《胡适杂记》的时候,脑海中根深蒂固地认为社会进化必定是从奴隶社会到封建社会到资本主义社会到社会主义社会。但在书中出现了争论:谁说人类的发展一定是按照这个前进的?在同样一个时代里,很有可能这几种层面都存在。如果没有触碰的话,就从来不会思考。我觉得人的独立的思维是由独立的阅读开始的。

……

我们过多地把创意当成了天才,但是我觉得创意是由勤奋决定的。失去阅读必定失去独立思考的能力。

项目任务

选择情景案例中的某一个观点谈谈你的看法。谈的时候尽量把你的观点告诉大家并让大家理解并接受你的观点。

任务分析

生活中经常会碰到需要阐述自己的观点、说一番道理的情景。如果缺乏说理的口才,常常会出现以下情况:难以说服交谈方重视自己的观点,难以说服交谈方赞同自己的观点,甚至令交谈方曲解自己的观点。如果拥有好的口才,就能在讲道理的过程中取得优势,让交谈方理解并接受自己的观点。例如,白岩松在说"人的独立的思维是由独立的阅读开始的"这个道理时,就拿自己当初看《胡适杂记》后思想发生变化的亲身经历来作证明,让人信服。

在情景案例中,白岩松的口才很吸引人。能通过说话把别人的注意力吸引住,使之愿意听、能听进去,并令人有所乐、有所得,这就是好口才。我们说理的时候需要借鉴并熟用这些技巧以达到交谈的目的。

相关知识

说理就是讲道理,是指运用抽象的思维形式,以概念、判断、推理等逻辑手段去提示生活本质的口语表达方法。生活工作中的口语交际离不开说理,如一些学术性发言、论说性演讲、法庭辩护、各种谈判,以及一些社交谈话、日常辩论等,都需要说理。说理时要有追求真理、主持正义的精神,不主观武断,不偏狭片面;在态度上要认真、自信、客观、公正。从内容上说,观点要鲜明,具有针对性;论据要充分可靠,具有可信性;论证要严密,合乎逻辑。说理性语言要准确、鲜明、简练、生动,做到既庄重、严谨,又明快、生动、形象和诙谐。

（一）口语表达中说理的基本形式

1. 论证性说理

论证性说理是指按照一定的逻辑形式进行说理，有论点、论据、论证方法。例如，在二战结束后的巴黎和会上，出席和会的中国代表顾维钧陈述中国的观点，中国是战胜国之一，被列强霸占的山东省理应归还中国，就是典型的论证性说理。

相关链接

顾维钧在巴黎和会上的发言

尊敬的主席阁下、各国代表：

"请允许我在正式发言前给大家看一样东西（掏出金表）。进入会场前，牧野先生为了讨好我，争夺山东的特权，把这块金表送给了我。（牧野发言：我抗议，这是盗窃，中国代表偷了我的怀表，这是公开的盗窃！无耻！极端的无耻！）牧野男爵愤怒了，他真的愤怒了！（声音稍大）姑且算是我偷了你的金表，那我倒想问问牧野男爵，你们日本在全世界面前偷了整个山东省，山东省的三千六百万人民该不该愤怒，四万万中国人民该不该愤怒！我想请问日本的这个行为算不算是盗窃，是不是无耻，是不是极端的无耻！！（渐渐地，一声比一声大，愤怒的）

山东是中国文化的摇篮，中国的圣者孔子和孟子就诞生在这片土地上，孔子犹如西方的耶稣。山东是中国的，无论从经济方面、战略上，还是从宗教文化上，中国都不能失去山东，就像西方不能失去耶路撒冷！！！

尊敬的主席阁下，尊敬的各位代表，我很高兴能代表中国参加这次和会。我深感责任重大，因为我是代表了占全世界人口四分之一的中国在这里发言。刚才牧野先生说中国是未出一兵一卒的战胜国，这是无视最起码的事实。请看（出示照片），战争期间，中国派往欧洲的劳工就达14万人，他们遍布在战场的每个角落，他们和所有的战胜国的军人一样在流血、牺牲。我想请大家再看一张在法国战场上牺牲的华工墓地照片（出示照片），这样的墓地在欧洲就有十几座，他们大多来自于中国的山东省！他们为了什么？就是为了赢得这场战争，换回自己家园的和平和安宁！因此，中国代表团深信：会议在讨论中国山东省的问题的时候，会考虑到中国基本的合法权益，也就是主权和领土的完整，否则亚洲将有无数的灵魂哭泣，世界也不会得到安宁！

我的话完了，谢谢，谢谢！"

——根据电影《我的1919》改编

2. 非论证性说理

这是一种不严格或不完全按照一定的逻辑推理形式进行说理的方法，无所谓论点、论据和论证方法，而是一种即事说理，有感即发、三言两语、简洁明了。口语交际中存在大量这种说理形式。

以下语句就是非论证性说理：有诸多精彩的语句都具有这种特点，例如：

① 别和小人过不去，因为他本来就过不去；别和社会过不去，因为你会过不去；别和自己过不去，因为一切都会过去。

② 当事件发生时，不要去考虑太多的后果。自信是从第一次成功开始的，自信也是从一次主动的失败开始的，没有失败就没有成功。没有成功、没有失败，你不可能有自信，自信是建立在成功和失败的阅历上的。

③ 把人对你的好当药吃，可滋补友情。把人对你的好当饭吃，你该吃药了。

④ 今天是昨天死去的人期待的明天。

⑤ 因为有了因为，所以有了所以；既然已成既然，何必再说何必。

（二）常用的说理技巧

1. 分析法

分析法就是通过分析问题和剖析事理，来揭示论点和论据间的内在因果关系，以证明自己论点的正确，达到以理服人的目的的方法。有个故事很能让我们了解什么是分析说理法。故事如下。

齐白石收徒

齐白石是已故著名画家。有一次，他因事去北京城南，在街旁地摊看见一个小贩在卖齐白石的画，走近一看，全是假画。齐白石很生气，表明身份后，便厉声质问："你为什么冒充我的名字卖假画骗人？"那人没有惊慌，郑重答道："齐先生，我知道卖假画不对，可是您想想凡是大画家没有不被别人造假的。造假的人越多，说明您的名气越大；无名之辈谁会造假他的画呢？再说，您的真迹只有有钱人买得起，我这些画卖得便宜，老百姓买得起，买您的画也是对您的仰慕，我也是为您扬名呢。"听他的话似乎言之有理。于是，齐白石从地上捡起一幅画看了一看说："别说，画得还不错。"继而问对方愿不愿意拜他为师。那人一听，赶紧跪下磕头。

上述故事中，造假齐白石先生画作的人的观点是：自己的行为不应该被追究。他从三个方面进行了分析：一是只有名画家才被人造假，您名气大我才造假您的画；二是老百姓仰慕您，很想买您的画，但您的真迹很贵老百姓买不起，我造假您的画其实也为老百姓谋了好处；三是我造假您的画使更多的人欣赏到了您的画，我为您扬了名。齐白石认为他是一个有才智的人，所以没有追究他的责任，还以宽广的胸襟收他为徒来挽救他。当然，这仅仅是一个小故事，在实际生活中，不管什么原因、什么理由，造假、抄袭都是不对的，我们都不能轻易对此姑息。

2. 直驳法

直驳法是指在说理时以确凿的事实或无可辩驳的道理作论据，以直接证明对方论点或论据的错误，从而驳倒对方的方法。例如：

IT业女强人、曾经的微软（中国）公司总经理吴士宏女士在早年进入IBM公司的面试时，就因直接反驳面试官而面试成功，开启了她的IT职业生涯。当时，面试官问她："你知道IBM是家怎样的公司吗？""很抱歉，我不清楚。"吴士宏实话实说。"那你怎么知道你有资格来IBM工作？""你不用我，又怎能知道我没有资格？"吴士宏脱口而出。这话自信十足。她接着继续用英语说，她以前的同事和领导都相信她有能力做更多的事，她能通过自学考试就是能力的证明，如果给她机会，她会证实她的能力和资格。IBM公司或别的公司如果用她一定不会后悔。就这样，她被录用了。"天生我材必有用"，吴士宏充满自信的言语给予主考官的，是一种信任和认同感。语言明快简捷，流畅洒脱。

直驳法说理成功的关键在于抓住对方主要论点和论据的漏洞，有的放矢地用事实加以批驳、揭露，使对方不能立足。

3．举例法

举例法是一种列举事例以说明道理的方法。它通过对事例进行阐释分析，归纳总结，用事实及其蕴含的真理来证明自己论证的正确性。这种举例说理的方式有理有据，能产生无可辩驳的说服力量。例如：

中国加入世界贸易组织谈判的首席谈判代表、原国家外经贸部副部长龙永图先生，在谈到加入世界贸易组织需要建立规则意识的时候说："我们很多同志都感觉外国人的规则意识非常强。一次在瑞士，我和几个朋友去公园散步，上厕所时，听到隔壁的卫生间里'砰砰'地响，我有点纳闷，进去打开厕所门，看到一个七八岁小孩正在修抽水马桶，怎么弄都冲不出水来，急得满头大汗。那个小孩觉得他上厕所不冲水是犯了规则。这就是一种社会责任感，一种遵守规则的习惯，这样的品质非常可贵。我们的企业如果不形成这样的规则意识、这样的社会责任感，我们的市场经济体制就很难建立起来。"

龙永图先生这段话为了说明"外国人的规则意识非常强"，举了"小男孩为冲厕所修马桶"的事例，成功地证明了自己的观点，并由此说明了中国的企业也十分有必要形成这种规则意识。

再如：对拒绝接受手术治疗的患者的劝说就可以正反举例，晓以利害，让患者能主动克服恐惧接受治疗。

运用举例法需要注意以下几点：一是举例要真实，如果例子虚假就失去说理的基础；二是举例要恰当，即所举事例及其包含的意义与观点要对口；三是举例要典型，所引事例要反映事物的本质，具有代表性和说服力；四是要分析事例，从事例中揭示启人心智的道理以证明观点。

4．类比法

类比法是利用事物的相同属性或相似点，进行比较、对照，由此及彼、阐明道理的说理方法。类比说理要注意所比之事所包含的道理一定要与自己的观点相吻合、相贴切。不能牵强附会，也不能搞机械类比，强词夺理。

相关链接

龙永图妙喻"入世"

"WTO与两人打架"：中国加入WTO的一个好处是有利于解决贸易摩擦和纠纷。由于目前我国经济实力与美国等西方国家相比较弱，面对面解决，我们处于不利的地位，所以便希望把问题拿到WTO多边机制去解决。

龙永图生动地说:"这个道理很简单,一个大个子和小个子发生矛盾时,大个子最喜欢两个人面对面解决,把小个子拉到阴暗的角落里单挑,狠揍一顿。小个子则希望把冲突拿到人多的地方去,希望有人来主持公道,请大家来讲讲道理。"

"WTO 与篮球比赛":龙永图说,要参加奥运会篮球赛首先必须承诺遵守篮球赛的规则,而不能一进球场就说:"篮筐太高,是按照西方人的标准设定的,对西方大个子很合适,对我们不合适,得把那篮筐降下几厘米来适应我们,否则就是不公平竞争。"这是不可能的。只能面对这个事实,想办法发挥自身的优势,灵活机动地和大个子较量。所以,如果想进入世界主流之列,首先就得遵守国际通行的规则,然后才能谈改变规则的问题。

(摘自《南方周末》)

龙永图先生用"两人打架"的例子生动地说明了中国加入 WTO 的好处:那就是相对弱势的国家与相对强势的国家间处理贸易摩擦和纠纷的时候,WTO 可以保障其公平、公正。用"篮球比赛"说明了我们先要适应国际规则然后谈改变规则。这些类比生动有趣,说服力强。

5. 喻证法

喻证法是指采用打比方的方法,把抽象的、枯燥的道理说得深入浅出、生动有趣。例如,新东方教育创始人俞敏洪先生是运用喻证法的高手。他的演讲中有许多精彩的语段值得我们学习:

"要像树一样活着":人的生活方式有两种,第一种方式是像草一样活着,你尽管活着,每年还在成长,但是你毕竟是一棵草,你吸收雨露阳光,但是长不大。人们可以踩过你,但是人们不会因为你的痛苦,而产生痛苦;人们不会因为你被踩了,而来怜悯你,因为人们本身就没有看到你。所以我们每个人,都应该像树一样地成长,即使我们现在什么都不是,但是只要你有树的种子,即使你被踩到泥土里,你依然能够吸收泥土的养分,自己成长起来。当你长成参天大树以后,人们在遥远的地方就能看到你;走近你,你能给人一片绿色。活着是美丽的风景,死了依然是栋梁之材,活着死了都有用。这就是我们每一个同学做人的标准和成长的标准。

"要有水的精神":每一条河流都有自己不同的生命曲线,但是每一条河流都有自己的梦想——那就是奔向大海。我们的生命,有的时候会是泥沙。你可能慢慢地就会像泥沙一样,沉淀下去了。一旦你沉淀下去,也许你不用再为了前进而努力,但是你永远见不到阳光了。所以我建议大家,不管你现在的生命是怎么样的,一定要有水的精神。像水一样不断地积蓄自己的力量,不断地冲破障碍。当你发现时机不到的时候,把自己的厚度积累起来,当有一天时机来临的时候,你就能够奔腾入海,成就自己的生命。

俞敏洪先生的这几段话用我们日常生活中常见的树、草、水本身具备的特征,生动、形象地告诉了年轻人应该要有什么样的人生态度。整个说理既优美又浅显,很有感染力、说服力。

(三)说理的注意事项

1. 用事实说话

事实胜于雄辩,说理不能空洞,要善于摆事实讲道理。如《人民日报》2021 年 2 月 26

日发表题为《我国经济总量首次突破 100 万亿元 发展跃上新台阶》的文章中，为证明"'十三五'时期，我国经济保持较快增长速度"，摆出了以下事实：2016 年至 2018 年，我国经济总量相继突破 70 万亿元、80 万亿元、90 万亿元大关，2020 年我国成为全球唯一实现经济正增长的主要经济体，国内生产总值历史上首次突破 100 万亿元……

2. 与听众利益挂钩

从听众利益角度权衡利弊，晓以利害，这样很容易达到说理目的。例如，领导告诫年轻员工们要用心工作，不能得过且过，便说："今天工作不努力，明天努力找工作。"

3. 制造一个强烈氛围

人是感性的。强烈的氛围往往能深深打动人心，为你的说理打下坚实的感情基础。马丁·路德·金《我有一个梦想》的演讲就是制造强烈氛围的典范之作。

4. 把抽象的道理具体化

善于使用事例、打比方等方法使道理具体化、通俗化，强化听众的感受，进而使听众认同和接受。例如，电影《我的1919》中顾维钧的演讲寓理于事，情理交融，被称赞为"中国观点最卓越的表述"；新东方总裁俞敏洪先生演讲中的比喻也是将抽象道理具体化的典范。

实践训练

1. 案例分析

（1）阅读下面的案例，试分析姜坤可能提出哪四个理由来说服郑小娟出演邓颖超（提示：试从多角度分析郑小娟拒绝出演邓颖超的原因，加强说理的针对性）。

"邓颖超"是怎样被说服的

电影《周恩来》中邓颖超的扮演者是从未上过镜头的湖南画家郑小娟，尽管她初次上银幕，但塑造出的人物形象光彩照人，给广大观众留下了十分深刻的印象。郑是一次偶然的机会，被导演看中的。当导演邀请她拍片时，她以身体不好为由，一口谢绝，且斩钉截铁，没有商量的余地。后来，影片筹备等工作就绪，就要开拍了，可"邓颖超"仍然没有着落。于是，导演丁荫楠再次上门动员。这天恰好郑小娟的丈夫姜坤在美国办完个人画展后刚刚回家，听了丁导演的来意，他一口应承下来。郑小娟回家后，听丈夫一说，十分不悦，怪他自作主张。姜坤笑着说："我代你应下演邓颖超有四个理由：＿＿＿＿＿＿＿＿。

（2）慈善家发动他的朋友去募捐，修建教堂。募捐的情形很困难，他的一个朋友准备放弃，并引用了"十扣柴扉九不开"来说明募捐的困难。慈善家该怎样说服他的朋友呢？

2. 现场操作

（1）试说一个观点，并争取让人认同。
（2）刚才同学们说理时都使用了哪些方法？请试做口头小结。

第三单元　修　辞

情景案例

1. 某位教授家，聚会。一个哲学研究所的负责人向教授打听他的一个学生是否合适担任哲学研究工作。教授略思片刻说："他英语不错，已经达到能同外籍专家交谈的水平。最近还开始自修德语和日语，还经常参加有关英语方面的学术会议。"该负责人没有再问下去，事后也没有录用那位教授的学生。

2. 在2006年5月举办的第12届CCTV青年歌手大奖赛中，一位选手竟然把新西兰国旗"猜"作是中国国旗。著名学者和作家余秋雨，对歌手综合素质测试的点评："我们青歌赛的知识考核，有的知识不妨知道；有的知识必须知道；还有极少数的知识，如果选手答错了，会使评委、观众都很痛苦！"

3. 也有一些点评专家是这样的，某专家评一歌手时说："有的人唱歌偶然走调，而你唱歌却是偶然不走调！"某名人评一位参赛者时说："看了你跳的舞，我会做噩梦的！"

项目任务

1. 阅读情景案例1，请回答：教授对他的学生并没有一个字的贬损，为什么那个负责人打消了录用的念头？
2. 阅读情景案例2和3，试做对比分析。

任务分析

情景案例1，朋友打听自己的学生是否有能力胜任某项工作，教授不想说假话使不适合这份工作的学生去这个工作岗位，这样既会耽误朋友的事情，也会耽误学生的青春，但教授也不愿贬损自己的学生。于是教授顾左右而言他，夸赞自己的弟子其他方面的才能，听者也就懂了教授的意思——该学生学习勤奋、在外国语言研究方面颇有造诣，但志向不在哲学研究上。教授的说话方式是值得学习的，他一方面准确传达了自己的观点：该生不适合哲学研究工作，一方面又肯定了自己学生在其他方面的成绩，保留了大家对该学生的良好印象，可谓一举两得。

情景案例2，余秋雨先生的点评，语言精练、韵味十足、富于美感，得益于排比修辞的运用。他对选手的点评既批评得很到位，又不那么露骨，显示了良好的个人修养，这得益于委婉的说话艺术。

情景案例3，点评专家虽然也运用了对比、夸张等修辞手法，但没有考虑到听者的感受，语言直白，伤害到听话人的自尊心，是我们说话时应该避免的方式。

相关知识

（一）概念

修辞，"修"是修饰的意思，"辞"的本来意思是辩论的言辞，后引申为一切言辞。修辞的本义就是修饰言论，是一种运用各种巧妙而有效的方法，把言谈话语修饰得情真意切、理透言明的表达技巧。

修辞要运用各种修辞格。修辞格有很多种，并且还在不断出现新的修辞格。这里我们仅介绍在口语表达中最常用的几种。

（二）口头表达中常用的修辞技巧

1. 比喻

比喻就是打比方，找出两个事物间的相似点，有相似点才能构成比喻。具体来说就是在述说一个抽象、深奥、生疏的事物时，听众难以理解意会，于是讲话者便使用一个具体、浅显、熟知的事物去说明或者描述它，使所述之事更生动、更形象。比如，毛泽东说有些人写文章长而空洞，就像"懒婆娘的裹脚布，又长又臭"。这个比喻说透了长而空洞的文章是多么令人反感，让人记忆深刻。

运用比喻技巧时，要注意比喻必须具备两个条件：一是本体和喻体应当是不同的东西，两者应当有质的差异，否则就成了类比；二是两者之间又要有某种相似点。

比喻这种修辞技巧的主要功用在于：它能使话语通俗易懂、形象生动、话半功倍、启发想象等。

2. 比拟

比拟，就是根据一定的想象，把物当作人或把人当作物，或把此物当作彼物来表达的一种修辞技巧。比拟基于联想，富于启发性，便于表达感情，容易引起读者的共鸣。比拟可分为拟人和拟物两大类：

拟人：把物当作人来写，使物人格化，赋予物以人的言行或思想感情，这是最常见的比拟形式。例如，……听，海哭的声音。

拟物：把人当作物来写，使人具有物的状态或动作，或者把甲事物当作乙事物来写。

把人写作物的，例如，那宽大肥厚的荷叶下面，有一个人的脸，下半截身子长在水里。

把甲事物写成乙事物的，例如，两个人都没有说话，有滋有味地咀嚼着一秒一秒流来的时间。

在口语表达中运用比拟技巧的作用在于：它既可以增强话语的形象性和生动感，又可以更好地抒发感情，烘托气氛，使听话的人饶有趣味，增加表达者的诙谐和幽默感。

3. 夸张

夸张，就是根据一定的目的，在客观现实的基础上，夸大或缩小事物的形象、特征、程度、数量、作用等，以加深人们的印象，增强表达效果。

  例如，干这么多活儿，累死我了！
    天气热啊，我都要融化了！
    公交车怎么还没来呢？我等得花儿都谢了……

  夸张用于口语表达，其作用主要在于：一是可以突出强调事物的某一特征，给人以鲜明的印象，以引起听者的共鸣；二是可以唤起听话人的想象，给别人留下无穷的余味；三是可以使被夸张的对象更加生动传神，强化它在整个谈话中的地位和作用。

  口语表达中运用夸张技巧时，讲话者要注意两点：一是夸张要有一定的生活依据，做到不似真实又胜似真实。夸张虽然有些"言过其实"，但不等于浮夸，它必须以客观事实为基础，必须反映客观事物的本质特征。比如：你可以说"燕山雪花大如席"，却不能说"广州雪花大如席"，因为燕山在北方，是有雪花的，而广州难得有雪花，如何"大如席"呢？所以，说"广州雪花大如席"，那就是虚妄的。二是夸张不可以随时使用，要区分话题内容、听话对象和讲话场合。例如，汇报工作、介绍经验、推销产品、学术发言、法庭辩护等，就不宜用夸张；而在聊天、讲故事、谈一些带有文学色彩的话题和比较随意的场合，则可以使用夸张。

4．双关

  双关是指在一定的语言环境中，利用语音或语意而获得表里双重意义的修辞技巧。其特点是利用汉语词语的多义性或谐音，让一句话包含两种可能的解释，即表面的意思和暗含的意思；而暗含的意思才是说话者所要表达的真正意思。运用双关技巧，既可以使话语含蓄委婉、蕴含弦外之音；又可以借题发挥，及物述怀，让话语幽默风趣；还可以在论辩中使语锋辛辣犀利，既应对巧妙又语出深邃。

  例如，家里，妈妈做的饭菜上桌，有西红柿鸡蛋汤。爸爸喝汤，赞叹：好一碗蛋（淡）汤！女儿见状也品尝，又赞：真的是好蛋（淡）汤哎！妈妈随后也喝一口，一边说果真是淡（蛋）汤，一边笑吟吟地把汤端回厨房加盐去了。

  这一场家庭的对话幽默风趣，充满温馨和智慧。这就得益于谐音双关技巧的运用。

  双关除谐音双关之外，还有意义双关和对象双关。例如：

  相传唐明皇的太师杨国忠有一次独自骑马去春游，迷路后问路边一老农："喂，这条路怎么走？"老农见问路人一不下马，二不称呼，十分无礼，便随口答道："路怎么会走？路是不会动的呀！"杨国忠急了，大声说："我是说进城走哪条路，有多远？"老农说："不晓得，我从来没有量过，也顾不得。东村有匹马下了一头牛，我要去看看。"杨国忠甚感稀罕便问："马下了头牛？为什么不下马呀？"老农望了望坐在马上的杨国忠说："说的是呀，谁知道这个畜生为什么不下马呢？"

  这个故事用的就是意义双关，它是利用词语的多义性构成双关效果的。

5．析字

  析字，就是根据字的形、音、义，进行化形、谐音、衍义等的修辞手法。最常用的"化形"，也就是拼拆汉字形体的技巧，常见于对联中，也被人们活用在口头表达中。

  有个传说，康熙求才若渴，一旦发现，便不拘一格地重用。一天，康熙听说一位和尚很有学问，便请他来宫中下棋。康熙连输三盘，出上联试和尚："山石岩下古木枯，此木为柴。"此联析"岩""枯""柴"三个字而成，文字连贯。不料，和尚随口而出："白水泉边女子好，少女更妙。"康熙一听，和尚妙析"泉""好""妙"三个字，对得无懈可击，心中十分高兴，便委以重任。

又如另一传说，咸丰年间，有一位知府叫卜昌，他小有才气，但傲气十足。有一天，他来到一家学馆，见两个学童正在读书，便想卖弄文墨，于是同两个学童对句。卜昌道："两火为炎，既然不是盐酱之盐，为何加水变淡？"一个学童笑着对道："两土为圭，既然不是乌龟之龟，为何加卜成卦？"卜昌一听骂他是乌龟，气得满脸通红。另一个学童见卜昌丑态，也对道："两日为昌，既然不是娼妓之娼，为何加口便唱？"卜昌一听气坏了，可两个学童对得文韵俱佳，也无可奈何。

其他口语表达中的析字，例如，朱自清说"贤"，甲骨文字体上半部分左边是一只眼，右边是一只手，重要的是这只手是捂向这只眼的，字的下半部分是"贝"字，贝者，古代之货币也，它合起来的意思是，以手掩目不看金钱。朱自清以此呼吁国人应该传承优秀文化传统，依古训，做贤人。

又如，袁隆平院士答记者问，"您这一生希望有多少资产？"袁隆平答："一个小棚子，下面一头小猪，足矣。"众人纳闷，袁隆平解释道："这是个'家'嘛，这个棚子就是上面的宝盖头，下面这个'豕'字，古代讲不就是'猪'吗？"这样的回答风趣幽默，成功调节了访谈的气氛。

6. 引用

引用是指在交际中引用名言警句、熟语、典故等，来证明事物、阐述道理，也有人称之为借语。

例如，知名足球评论员黄健翔在解说足球时就很擅长用流行歌曲的歌词来表达他的意思。他说米兰队前球星范·巴斯藤，"巴斯藤——你知道我在等你吗"；说马拉多纳吸毒，"马拉多纳——我终于失去了你"；说中国足球，"有多少人下过多少次狠心，再也不看中国队的比赛，但最终还是忍不住回头看，说到底是心太软""虽然比赛失利，我们还是要对中国足球队说一声：'慢慢地陪着你走，慢慢地知道结果'"。

又如，著名节目主持人杨澜回答记者提问时的回答也是典型的借语。

（问）"你认为哪会儿的你更美？是将有小宝宝的时候还是其他时候？"

（答）"我挺喜欢一句话：女人三十岁以前的相貌是父母给的，三十岁以后的相貌是自己给的，还有个说法是你如果要看一个女人美不美，应该看她在 50 岁的时候是什么样子的，那可是她一辈子修行得来的。至于我，希望我到 50 岁的时候是一个漂亮的老太太。"

再如，当劝诫人要敢于自我推销、争取应有的崭露头角的机会时，可以这么说：伯乐常有，千里马也常有。伯乐要"三顾茅庐"，千里马要"毛遂自荐"。

7. 对偶与排比

对偶是用结构相同或相近，字数相等的一对短语或句子对称排列起来表达相对或相近的意思；排比是由三个或三个以上结构相同或相似、内容密切相关、语气一致的词组和语句排列而成的，用以表达同一范围、同一性质的事物。这两种修辞的主要作用是：可增加节奏感，使语句或抑扬顿挫或气势磅礴，增强表达效果。

例如，……他们有的肩软，不敢担重担；有的耳软，听风就是雨；有的嘴软，该讲的不敢讲；有的手软，该抓的不敢抓；有的脚软，该调查的不敢调查……

8. 熟语

熟语包括成语、惯用语、谚语、格言、歇后语等，或言简意赅，或具体通俗，或形象生动，或幽默风趣，能使语言更具表现力。

例如，我们真正的作为还在后面，现在还只是黄鼠狼掀门帘——露一小手罢了。

又如，搞改革要创新、实干，否则也是免不了外甥打灯笼——照旧（舅）的下场。

9. 对比

对比是指将两种不同事物或同一事物的两个不同方面放在一起相互比较，并通过比较使事物的性质、状态、特征等更加鲜明突出的一种修辞方法。对比修辞在口语表达中经常使用，其主要功用在于：通过对比可把事理说得更透彻、全面和鲜明。

例如，她买了一件衣服很漂亮，她做了一件事情十分愚蠢。

（三）其他修辞技巧

1. 委婉

委婉是口头表达中为了避免不良的情感刺激，在不便于直说的情况下使用的一种曲折含蓄的表达方式，是一种既委婉曲折又能清晰明确地表达思想意义的技巧。这种表达方式，要求说话人态度谦虚和顺，内容曲折婉转，表达含蓄、有回味，既让人深省，又容易被对方接受。

常用的技巧如下。

（1）适当避讳。避讳法是指用一些既定的、普遍认同的委婉词语去替代另一个需回避的名称或说法。例如，"去世、过世"替代"死了"，"去洗手间、上厕所"替代"拉屎、撒尿"等。

（2）化重为轻。一是在批评、否定的词语前，加上"可能""也许""似乎""恐怕"之类的副词，如"这样恐怕行不通""你这次可能需要向他道歉"；二是在批评或表示贬义的词语前加上淡化程度的词语，如"有点""有些""稍微"等，例如，"你的文章稍微有点长，再将内容精简一下吧"。

（3）以褒代贬。要表示否定评价时，不直接说贬义的词语，而是换一个方法，在褒扬、肯定的词语前加表示程度低的词语，如"不太""不够""不怎么""欠""不大"等。例如，"不太认真""不够刻苦""不怎么理想""欠认真""不大仔细"等。

（4）先扬后抑。批评别人时，先肯定优点，然后用"但是""不过"来指出缺点或者错误。例如，公司召开员工大会整顿劳动纪律。会上领导说："近一段时间，我们公司的纪律总的来说还不错，有员工还主动要求加班，但也有个别同志表现较差，有的迟到早退，有的上班时间玩QQ……"

（5）寓批评于希望。向对方提出批评意见时，把批评意见暗含于对他的希望中。例如，你对公司的工作积极热心，希望今后注意改进工作方式，希望你今后多听听同事们的意见。

（6）句末语气词。在交际过程中，句末语气词能较好地缓冲语气，使话语显得委婉和谐，便于接受。试比较下列各组例句：

A：你要向老总说清楚。
B：你要向老总说清楚啊。
A：这是怎么回事，快说！
B：这是怎么回事，快说呀！

委婉的方法还有很多种，有待我们在与人交往的过程中去总结并悉心体会。与人交谈过程中说话委婉不冲口，是尊重对方的表现，常常会为你赢得更好的人际关系。

2. 幽默

幽默就是用有趣、好笑且意味深长的言辞造成特殊的表达效果。通过影射、讽喻等修辞手法去揭示生活的哲理，让人们得到某些启迪，最显著的特征就是笑。它可以达到吸引听众，消除对抗心理和明理服人的功效，但不适当、不自然的幽默也会给听众"耍贫嘴"或"插科打诨"的印象，达不到预期效果。莎士比亚说"幽默和风趣是智慧的闪现"，高尔基说"幽默是生活中的盐"。可见幽默运用得好能为口语表达增色不少。

常用的技巧如下。

（1）自我解嘲。自嘲不简单等于自轻自贱，它更能显示说话者的率真和超脱。例如，冯巩有一次与凌峰、赵本山共同主持晚会，三个人互相调侃。临到冯巩时，他说："我知道我长得丑，属于'困难户''重灾区'，但是跟你们两位相比，我可以自豪地宣布我'脱贫致富'了！不客气地讲，我一看到他们二位，就想起了万恶的旧社会。"

（2）制造悬念，形成落差。悬念法是幽默表达的一个重要技巧，它一般包括四个基本环节：制造悬念、着意渲染、出现反转、产生突变。但并非这四个环节都要一应俱全，有时会直接从悬念到突变。例如，有这样一个故事：

一天，一位口吃者来到大酒店吃饭。刚吃没多久就见一位推销酒的姑娘走过来推销酒。"请问先生要开瓶酒喝喝吗？"姑娘问道。

"多少……少一瓶？"

"200块。"

口吃者紧张地回答道："开……开……"

话还没说完，只见那姑娘"嘭"的一声把酒打开了。酒是开了，可口吃者还在说："开……开……开……开玩笑，那么贵。"

（3）故意曲解。有一说一，有二说二，没有任何曲折变化，永远出现不了幽默。而制造不协调的和反常规的东西往往能生成幽默。所谓"理儿不歪，笑话不来"。例如，交警示意压黄线违规驾车的司机停车并出示罚单。司机："为什么？"交警："你压线了。"司机："又没有压坏！"

（4）偷换概念。偷换概念与故意曲解有异曲同工之妙。例如，女士埋怨："今天不该出来玩，这么大的太阳，晒得我头都晕了。"男士一本正经地答道："真的吗？今天的太阳比昨天的大吗？"该例中，女士说的"这么大的太阳"是说太阳光线强烈，男士所说的"今天的太阳比昨天的大吗"，是说太阳的形状。男士就是用偷换概念的方法，产成了幽默。

（5）戏谑幽默。看似玩笑，实则用轻松的方式说一个严肃的事情，让人没有抵抗情绪地接受说话人的观点。例如，有个人喜欢贪杯，酒醉后经常误事，妻子多次劝他，他总也听不进去。一天，他儿子对他说："爸爸，我送你一个指南针。"爸爸说："我用不着它，你留着玩吧。"儿子说:"你从酒吧出来,不是常常迷路吗?"

除此之外还有很多能产成幽默的小方法,如顾左右而言他、相映成趣、戏说名人、大词小用、巧妙运用修辞等,都会有不错的效果。生活中不妨多多体会。

相关链接

彭祖的脸太难看了

传说汉武帝晚年时,很希望自己长生不老。一天,他对侍臣说:"相书上说,一个人鼻子下面的'人中'越长,命越长,'人中'长一寸,能多活一百岁。不知是真是假?"东方朔觉得皇帝的长生不老梦很可笑,脸上不觉露出嘲讽的笑容。汉武帝看出他的讥讽之色,不高兴地喝问道:"你怎么敢笑话我?"东方朔脱下帽子,恭恭敬敬地说:"我怎么敢笑话皇上呢?我是笑彭祖的脸太难看了。"汉武帝问:"为什么呢?"东方朔说:"据说彭祖活了八百岁,如果真如皇上刚才所说的,'人中'就有八寸长,那么他的脸不是就有丈把长吗?"汉武帝听完也大笑起来。

方便

一个小男孩去面包店买了一个两便士的面包,发现面包比平时要小得多,就问老板:"你不觉得这个面包比平时小吗?""哦,那不要紧,这样你拿起来就方便了。"老板显然在诡辩了。对此,小男孩没有争辩,只给了一个便士就要离开面包店。老板赶紧大声喝住他:"嗨!你面包没给足钱啊!""哦,不要紧,"孩子不慌不忙地说,"这样,你数起钱来就方便多了。"

花样繁多

旅客在饭店吃饭,发现饭不熟,事后对服务员说:"你们饭店的米饭真不错,花样繁多。"服务员很意外:"不就一种吗?"顾客接着说:"不,有生的,有熟的,还有半生不熟的。"

实践训练

1. 实际操作

(1)有意识地训练自己说话生动形象、婉转风趣,杜绝说话冲口伤害谈话方。

(2)有意识地找机会实践幽默说话,尽量做到每天至少幽默一次。如果到晚上就寝还没完成任务,就请在心里默默地幽默自己一次来完成任务。

2. 情景实训

(1)请用简单的俗语概括以下句子的含义:
① 说话爱罗列现象;
② 脾气坏,常吵架;
③ 领导不齐心;
④ 说话不能兑现;

⑤ 身边极危险的人物；

⑥ 想到哪儿说到哪儿。

（2）请用委婉幽默的方式完成下面的对话。

① 电影院里，一对情侣叽叽喳喳说个不停，影响了你看电影，于是你说：_____。

② 请问，到警察局/医院怎么走？答：_____。

③ 士兵向将军敬酒，不小心把酒洒在了正要站起身的将军的光秃秃的头上，手足无措之际，将军说：_____。

④ 男：请问有没有《女人是男人的奴仆》这本书？

女：那是一本幻想小说。

男：你读过？太好了，请借我一读。

女：_____。

第四单元 综合训练

运用说理技巧，解决生活中的难题。

1．训练目标

训练叙事、说理等口头表达能力；

训练诙谐表达、风趣表达的能力，提高人际交往能力。

2．训练模式

1）步骤

（1）在学生中征集情景案例，小组内先做探讨。

（2）将案例进行小组间交换。

（3）学生进行情景模拟，解决案例中主人公的各种困惑，训练学生的说理技能。

（4）案例提供者点评说话效果。

2）案例编写示例

示例1：

自己最好的朋友自卑、胆小、缺乏自信，在大学中因某些事情不如意，就一味沉沦下去。我该怎么劝说他？

示例2：

有个学生干部合作性不强，与别人合作不好，常闹情绪，最后干脆离开了学生会，并发短信给学生会负责人：我觉得我的决定是正确的。该怎样回复他，让他知道他现在及平时的所作所为有待改进呢？

3．提示与要求

（1）训练过程中，接受案例方和案例提供方须进入角色，还原真实情景，努力实践口头表达基本技巧，力争较好处理案例中的问题。

（2）训练展开前，案例接受方可找案例提供方充分沟通，了解情况，以便针对性解决问题。

4. 成绩评定

根据学生在模拟中的实际表现，结合测评目标，给出优、良、合格、不合格四个成绩等级。

5. 测评目标

（1）能准确把握案例的核心问题并尝试说服案例当事人。（20分）

（2）在解决问题过程中能针对性叙事，说理深入人心。（40分）

（3）恰当使用修辞，用风趣幽默的语言解决案例中的问题。（40分）

应用篇

- 模块六　听话理解及话语传递训练
- 模块七　人际沟通训练
- 模块八　日常事务处理口才训练

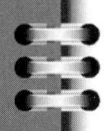

模块六 听话理解及话语传递训练

习训目标

知识学习目标	能力培养目标
● 了解倾听、话语理解、话语传递的基本知识	能准确把握交谈对方的谈话要点、主干,正确理解说话者的真实意图,使交际活动达到效果

第一单元　倾　听

情景案例

1. 某家政公司接到一位顾客的投诉电话,说派去的钟点工服务态度不好,并在电话里大骂这个钟点工。不仅如此,她还拒绝缴纳这次的服务费用。公司只好再次派一位钟点工前往,不料这个钟点工也被骂了回来。一连派去几个,顾客都不满意。而钟点工也是抱怨连连,说与那家女主人根本无法沟通。公司行政主管陈春晖想了解一下详情,试图找出工作人员到底哪里出了问题,于是扮作钟点工亲自出马。没过多久,陈春晖完成任务回来了。

员工们都很奇怪,不知主管采用了什么方法,居然被那个脾气暴躁的女主人接受并把工钱拿了回来。陈春晖说:"其实她要干的活不多,我所做的工作,主要是安静地坐在那,专心倾听她把满腹牢骚发出来。"

2. 故事:

主持人问:"小朋友,你长大了做什么?"

小朋友答:"飞机驾驶员。"

主持人问:"如果飞机快没有油了,飞机上有很多旅客,但只有一个降落伞,你怎么办?"

小朋友答:"旅客系好安全带,我背着降落伞跳下去。"观众哄堂大笑。

节目后,小孩子伤心地哭了。

……

项目任务

1. 以情景案例 1 为话题谈谈你的感想。
2. 情景案例 2 中小朋友为什么会哭？请揣摩原因。

任务分析

口才的基本目的是交流思想、沟通信息、解决问题。因此，口才最基本的特征之一就是双向交流性。这就要求一个人在运用口才时不仅要会说话，还要会听话。口才能力并不一定以能够随时随地就任何话题都可以滔滔不绝地长篇大论为上乘，它同时还要求人们，在应当成为听众时，努力使自己成为一名优秀的、受人欢迎的听众。情景案例 1 中的女主人是一个爱挑剔的人，但行政主管陈春晖却能很好地与她沟通，得到她的认可，顺利完成任务。不难看出其中的关键就是主管能"安静地坐在那，专心倾听她把满腹牢骚发出来"。

情景案例 2 中小朋友哭的原因是他的话还没说完，大人们却打断了他，并按自己的思维方式误解了小朋友的意思。如果把故事续下去，小朋友应该会说："我本来是想先跳下去，去取油，再来救大家，可你们……"由此可见，在口语交际中"听"与"说"同样重要。想学好口才，就应该做到该说的时候好好说，该听的时候耐心听。

相关知识

在工作和生活中，很多情况下人们都需要积极倾听，比如：为了获得更多的信息、收集正确的信息时；当有问题需要解决，你需要更多的事实时；你不能肯定来访者的意思时；当发生冲突，你需要进行协调时；当你与讲话者争论或提意见时；显示你接受对方的说法时；在情绪化的场合，为了平息不安、气愤时；当讲话者谈论他们的感情或情绪时；等等。所谓倾听，狭义是指聆听某人讲话，而广义则是指悉心听取意见。要求听的时候认真、专注，积极对说话人做出反应。善于倾听是谈话艺术中一项重要的条件。

（一）倾听的意义

1. 倾听是交谈的重要组成部分

交谈是两个或两个以上的人之间发生的言语交际行为，在该行为过程中，必然是有人在说，有人在听。"说"是为了"听"，因为有人"听"才"说"；"听"是因为有人"说"，也是为了"听"后"说"，这就构成了交谈。

2. 倾听是搞好人际关系的需要

倾听是褒奖对方谈话的一种方式，你用心倾听对方的谈话，就等于告诉对方，你是一个值得我倾听的人。这样就能使对方感到被尊重，从而加深彼此的感情。当周围的人意识到你能耐心倾听他们的意见时，会自然向你靠近。另外，倾听还可以消除误解，维护人际关系。在很多情况下，人与人之间的误会都是因为没有机会申述或彼此没有认真倾听而造成的，学会倾听，就能消除一些不必要的误会。

3. 倾听是捕捉信息、处理信息和反馈信息的需要

谈话是在传递信息，倾听别人谈话是在接收信息，对别人的话做出反应就是在处理和反馈信息了。一个好的倾听者，应该善于从一大堆谈话中捕捉有用的信息，从别人无意的谈话中捕捉有益的信息，并以参与谈话的方式做出积极的反应。说话者也才能根据你的反馈信息确定是继续还是改变或是停止他的谈话。

（二）倾听的障碍

在日常工作与生活中我们发现，大多数人不会倾听，他们只是在等着发言。诸多障碍影响了我们更好地倾听。

1. 分心

客观上，各种噪声、频频而起的电话铃声、接连不断的人员进出等，主观上如另有急事在身，而心不在焉、情绪激动等，都会使人分心，不能将注意力集中在谈话人及其谈话上。

2. 急着发言

因为要急着发言，于是经常打断对方的讲话，迫不及待地发表自己的意见，而实际上却没把对方的意见听完、听懂。

3. 固执己见

拒绝倾听不同意见的人，注意力就不可能集中在讲逆耳之言的人身上，也不大可能和别人交谈得愉快。

4. 偏见作怪

对自己不喜欢的人、看不上的人，对其讲话也持同样不喜欢、看不上的态度，没有兴趣去聆听他讲话，哪怕他讲得很精彩。

所以，我们常常会找到很多借口来解释为什么我们没有认真倾听。比如：
① 我们认为有许多更重要的事要做；
② 没有说明我们为什么要倾听；
③ 他们所讲的我们已经知道了；
④ 有太多的分心事干扰，使得很难集中精力倾听；
⑤ 不喜欢讲话者或讲话内容；
⑥ 我们只想听那些想听的内容；
⑦ 我们只需要结论；
⑧ 我们更喜欢交谈，这样更加活跃，更能控制。

可见，我们的心是关闭的。

但是，倾听对我们是那么重要。美国作家、演讲家戴尔·卡耐基（1888—1955年）说过："比起你总试图让别人对你感兴趣，如果你变得对别人感兴趣，你可以在两个月内交到比两年内更多的朋友。"我们经常要与各式各样的人打交道，认真倾听交往对象说话，对他们及其谈话表现出兴趣，我们才能在交往中轻松自如地理解对方并被对方理解，从而达到我们期望达到的交往目的。

（三）倾听的层次及技巧

我们该怎样倾听？古代造字"听"为"聽"，即"听"不仅要用耳，还要有心和头脑的参与。耳朵只能听语音，了解表层意思，而用心和头脑倾听则能由音及意，由表及里，理解说话者话语之外更丰富的含义。据此，我们可把倾听划分为五个层次：一是听而不闻，二是假装听，三是选择听，四是专心听，五是设身处地地听。"听而不闻"是连耳朵都不带的，是最糟糕的听。"设身处地地听"则是站在对方的立场来倾听对方、理解对方，是倾听的最高层次，是我们提倡的倾听方式。

♡ **小技法**

设身处地地听

1. 专注地看着对方

眼睛注视说话人，把注意力集中在说话的内容上。

2. 点头微笑回应，鼓励表达

和对方谈话时稍稍前倾身子，表示对对方所说的话题感兴趣，听得很仔细。赞成对方所说的话，可以轻轻地点一点头。对他们所说的话感兴趣时，要展露一下笑容。利用肢体语言——头部、臂部的摆动表达意见，可以使对方感到愉快。总之，要向对方表示，你关心他说话的内容。

3. 不要中途随意打断对方说话

与人交谈时要尽量控制自己，不要打断对方。即便是对方所言或者偏离了主题，或者对方对你无所裨益，或者你不爱听，但由于对对方的尊重，就要给人家说话的时间，让对方充分表达自己的思想，无拘无束地把话说完，自己绝不能有任何不耐烦的神色和举动。这种尊重他人、甘当听者的耐心既是秘书在谈话中应具备的品质，也是在社交中应该体现的度量。

4. 适当的提问与复述对方的意思

对方说完话时，你可以重复他说的某一个部分。这不仅证明你在注意他所讲的话，还可以表明你同意他的意见。比如："正如你提出的意见一样，我认为……""原来是这样，您能详细谈谈其中的原因吗？"等。这样能让对方知道，你在很仔细地听他说话。而且人们喜欢被引出话题，以便能借机展示自己的价值。

5. 说话之前先暂停3到5秒

人们交谈的目的是沟通信息、交流思想、联络感情，而不是智力测验、辩论或演讲比赛，大可不必去争话、抢答。在听人讲话时应持虚心的态度，尽可能避免听话时"先入为主"；对别人的话做出评论时要持谨慎的态度，避免对别人的讲话急于下结论，或者立即接过话茬给予反驳，这些偏激做法都不可取。

> 6. 不仅要倾听内容，还要"倾听"感觉
>
> "听话听声，锣鼓听音"，在聆听别人讲话时，应能细心地体会讲话人的"话外音""弦外音"，仔细观察其他非言语信息，注意讲话人词汇的运用和选择，细细品味讲话人的奥妙情感和难言之隐，弄清讲话人的真正意图，听出说话者的喜、忧、哀等各种感觉并对此做出相应的反应。这种察言观色细心地听对秘书尤为重要，没有这种细心，秘书就难以领会领导的真正意图。
>
> 7. 听到不同意见时不要屏蔽信息
>
> 要学会控制自己的感情，以防曲解对方的话语。保持客观理智的感情，有助于你获取正确信息。尤其是当你听到不同意见或令人不愉快的消息时，要先理智地接收信息，仔细核查事实，不能凭自己的喜好对这些信息听而不闻。因为当我们把听到的话加入自己的感情色彩时，我们就会失去正确理解别人话语的能力。

（四）倾听的反馈

听人讲话，不仅是在被动地接收，还应主动地予以反馈，并适时做出会心的呼应。这种呼应既可以是语言表达，也可以通过表情、姿态等非语言方式显示。适当的反馈表明你不但在注意倾听，而且很感兴趣，是对对方谈话的鼓励。倾听中常见的反馈方式如表6-1所示。

表6-1 倾听中常见的反馈方式

反馈方式		具 体 做 法
语言方式	插话	真有意思、讲得真好
	提问	宜用开放式提问，如"我们什么时候到达北京呢？""今年绿漆的价格为什么压得这么低呢？您能谈谈其中的原因吗？" 不宜用封闭式提问，如"我们可以准时到达北京吗？""今年绿漆的价格压得太低了，是吗？"
	陈述	你好像……你似乎……你的想法是……对你来说，那一定是…… ……那一定激怒你了……让我们小结一下…… ……你一定觉得…… ……如果我是你，我想我宁愿……
非语言方式	表情、姿态	点头、微笑、身体稍稍前倾、柔和地注视说话人、随着说话人的姿势而不断调整自己的姿势以鼓励对方谈话

相关链接

五种积极倾听技巧

1. 用你自己的词汇解释讲话者所讲的内容，从而检查你的理解

讲者：我觉得很压抑，我自愿加班加点，尽了最大努力，按时完成了项目，但是好像人人都不赞同我。

听者的反应：看上去你很失望，你没有得到足够的支持。

讲者：是的，正是这样，并且……

2. 当有人表达某种情感或感觉显得很情绪化时，传递你的理解

讲者：我真是厌烦极了。这项预算非常不精确，他们希望我严格管理。我花费了大量的时间来熟悉它们，发现错误，却耽误了我的工作。

听者的反应：是的，真是够烦的。

讲者：你别开玩笑，关键是还有许多事要做。我需要有人去做，我的大脑需要休息。

听者的反应：听起来你确实厌烦极了。

讲者：我建议……我宁愿……

讲者：这项增加销售的计划没有任何实质性的建议。

听者的反应：听起来你很不顺利。

讲者：是的，这个问题一直在谈论却没有行动。我们不该有个基本原则吗？我认为早就应该定下基本原则了。

3. 把讲话者所说的内容、事实简要概括

讲者：你不在时发生了许多事情。李撞了车，需要几天才能治好；王患了流感；张扭伤了脚腕。此外，我们必须有一份临时计划，不知谁故意把我们的主要文件弄丢了。你回来了我真高兴。

听者：听起来你做了大量的工作，而且一直忙到现在，对吗？

讲者：我要说的是，如果由我自己来做，我会把一切管理得井井有条，并且我已经在做了。

4. 综合讲者的几种想法为一种想法

讲者：第一件事主要是政策改变，没有人能够预言；第二件事是我们最好的一个技术员辞职了；第三件事是这个项目的最后期限到了，我建议检查一下，看看我们应该做些什么！

听者：你的意思是有一系列的障碍使得我们这个项目的完成更加困难了。

讲者：你别开玩笑，我认为最关键的是政策的变化，如果政策不变，我们会有机会。

听者：好像你觉得一切都失去了。

讲者：不是所有都失去，而是我们肯定还会有机会。

5. 从讲话者的角度大胆地设想

讲者：我真不知道该如何选择，每项活动都有赞成和反对两种意见而且反应都相当强烈。

听者：如果我处在你的位置上，我想我宁愿慢些做出决定，以免得罪某一方。

讲者：是的，……我想我需要更多的信息，或许应该再收集一些意见，向有这方面经验的人请教。

（资料来源：怎样说话才能打动人）

实践训练

1. 讨论分享

回想你的人际圈里，哪些人是善于听别人说话的人？为什么你这么认为？列出你想到的他的优点，讲给大家听听，并试着与他建立联系，创造交谈的机会，向他学习。

> **重要提示**
> ● 重视每个在听你说话时给你留下深刻印象的人,记录下来,并且模仿他的良好表现。
> ● 与人争吵时,试着去容忍对方讲出与你相反的意见。

2. 现场操作

在教学班里组织一次谈心活动。

步骤:

(1) 每班先按每组 8~10 个人分好小组,谈心在组内进行。

(2) 谈心结束后,每个小组推荐同学上台做总结发言,内容可涉及小组成员的表现、感受、收获等。

(3) 教师小结。

要求:

(1) 谈心时每位同学都需畅所欲言。

(2) 有人发言时,其他同学都要实践倾听的技巧,真正做一个优秀的倾听者。

相关链接

你的倾听能力如何?不妨根据下表做一番自测。请在表中适合你的空格里打"√"。

听的方法与态度	一贯	多数情况下	偶尔	几乎从来没有
1. 力求听对方讲话的实质而不是只听字面意思				
2. 以全身的姿势表达出你在入神地听对方说话				
3. 跟人讲话时不急于插话,不打断对方的话				
4. 不一边听对方说话一边考虑自己的事				
5. 听到批评意见时不激动,耐心地听人家把话讲完				
6. 即使对别人的话不感兴趣,也耐心地听人家把话讲完				
7. 不因为对讲话者有偏见而拒绝听他讲的内容				
8. 即使对方地位低,也要对他持称赞态度,认真听他讲话				
9. 因某事而情绪激动或心情不好时,避免把自己的情绪发泄在他人身上				
10. 听不懂对方的意思时,利用提问来核实他的意思				
11. 利用总结归纳法来证明你正确理解了对方的意思				
12. 伴以期待眼神的适当沉默,鼓励对方表达他自己的意思				
13. 引用对方原话,以免曲解和漏掉对方说出的信息				
14. 避免只听你想听的部分,注意对方的全部思想				
15. 以适当的姿势鼓励对方把心里话都说出来				
16. 与对方保持适度的目光接触				
17. 既听对方的口头信息,也注意对方所表达的情感				

续表

听的方法与态度	一贯	多数情况下	偶尔	几乎从来没有
18. 与对方交谈时选用最合适的位置，使对方感到舒适				
19. 能观察出对方的言语和内心思想是否一致				
20. 注意对方的非口头语言所表达的意思				
21. 不匆忙下结论，不轻易判断或批评对方的话				
22. 听话时把周围的干扰因素排除到最低限度				
23. 对方表达能力差时不急躁，积极引导对方把思想准确表达出来				
24. 不向讲话者提太多问题，避免对方产生防御心理				
25. 在必要情况下边听边记录				
26. 对方讲话速度慢时，抓住空隙整理出对方的主要思想				
27. 不指手画脚地替讲话者出主意				
28. 向讲话者表达出你理解他的情感				
29. 不伪装认真听人家讲话				
30. 经常训练自己专心倾听的能力				

上表中所列30项，对每项而言，如果是"一贯"得4分，"多数情况下"得3分，"偶尔"得2分，"几乎从来没有"得1分。请你填完后，把所有打"√"的格内应得的分数加在一起，即为你所得的分数。

总分105~120，倾听能力为优，89~104分为良，73~88分为一般，72分以下为劣。

第二单元 话语理解

情景案例

背景：国际非暴力沟通中心创始人马歇尔·卢森堡与其工作对象——一对结婚39年的老夫妻之间的对话。目的是解决这对夫妻之间关于谁掌管金钱的矛盾。

马歇尔：女士，你能告诉我您的丈夫在这个问题上的需要是什么吗？

女士：很明显，马歇尔，他不想让我花任何钱。

男士：这太荒谬了！

马歇尔：女士，正如我们前面聊过的一样，我们认为人类都有同样的需要，请你在这些需要中去找找，什么是你丈夫在这个问题上的需要。你能再试试吗？你认为他的需要是什么？

女士：马歇尔，我解释一下，他就跟他爸一个德行！……

马歇尔：等一下，你是在给我分析他为什么会这样。我想你告诉我的仅仅是，在这种情况下他的需要是什么，而你给我的是他的生活经历的理性分析。

马歇尔：既然妻子不知道你的需要，那不如你自己告诉她吧。自己掌管支票本，你的什么需要得到了满足？

男士：马歇尔，她是一位出色的妻子和母亲，但是一说到钱，她就完全不负责任！

马歇尔：这个回答并没有说出你的需要。你只是做出了对妻子的判断。我想让你说说在这个问题上，你的需要是什么？

男士：……

马歇尔：在这种情况下，你是不是觉得害怕，因为你需要在经济上保护这个家庭？

男士：这正是我要说的。

马歇尔：你能告诉我，你刚才听到你丈夫在这个问题下有什么需要？

女士：嗯，结婚后我有两次透支了账本并不代表我会一直那样啊。

马歇尔：我想告诉你，我听见你丈夫刚才说什么了。我希望你重述一遍。我听到你丈夫说，他需要保护这个家庭。他很害怕，因为他真的想确保这个家庭是安全的。

……

马歇尔：我感到你觉得很伤心，需要被人信任，这样你才能从过去的经历中学习。

女士：正是这样。

女士：他不信任我。他觉得我很愚蠢，不会有长进。我觉得这不公平。我是说，我偶尔有错并不代表我会一直犯错啊。

马歇尔：听起来好像你很需要被人信任，你很想别人认可你可以从经历中学习。

……

在马歇尔的帮助下，夫妻双方终于听到并相互理解了对方的需要，夫妻矛盾得到解决。

（资料来源：马歇尔·卢森堡著．非暴力沟通实践篇）

项目任务

你碰到过与情景案例类似的谈话情景吗？如果有，请与大家分享。你碰到过别人不能很好地理解你的话语的情况吗？如果有，请与大家分享。

任务分析

从情景案例来看，这对夫妻都沉浸在自己的判断和痛苦中，对对方感到痛苦的根源并不能正确认识，甚至连自己痛苦的根源也不能恰当表述。马歇尔根据这对夫妻对彼此的评判性言语中做出判断：夫妻彼此相爱，问题就出在双方听不到对方在"谁管金钱"这个问题上真正的心理需求。这次咨询的目的就是学习非暴力沟通方式，解决夫妻间关于谁管金钱的矛盾，于是马歇尔努力做到：当这对夫妻的发言偏离了对自己需要的表述和对对方需要的复述时，就及时止住他们发牢骚式的发言，把他们拉回到客观表达自己的需要或者复述对方的需要的语言表达方式上来，并引导夫妻双方理解自己和对方内心负面情绪的来源——某种需要没有得到满足。所以要找到这种需要，然后才能彼此找到方法满足这种需要。马歇尔做到了。这对夫妻在马歇尔的帮助下，也终于听懂了对方的需要，解决了困扰他们多年的纷争。

试想，如果马歇尔在听话的过程中不能迅速抓住丈夫评判妻子时"不负责任"，以及妻子陈述事实时说的"我透支过两次账本并不代表我会一直那样啊"这个关键语言，并以此为突破口，找到双方话语背后的真正心理需要，即丈夫保障家庭安全的需要，妻子被信任和接纳的需要，恐怕这场谈话就难以达到预期效果。可见，谈话中怎样快速准确的理解对方的主要观点和真实意图，对于成功交谈是十分重要的。

相关知识

前一单元所述"倾听",是强调在口语交际中,要时刻不忘尊重交际对象,心中时时保留说话者应有的地位,强调"听"的态度的重要性,并介绍用什么方式可以把这种态度付诸实施。本单元要强调"听"中的另一个重要方面:话语理解。即对所听到的话语能准确分析、准确理解、准确判断和准确处理。

(一)把握话语要点

或许我们会碰到这样的情况:一群人准备开会讨论某个主题,但一段时间过去了,最后发现,他们正在谈的内容,与开会的主题早已"风马牛不相及"。为什么会如此?其实就是,开会时有人发言偏离了主题,而另外的人在应对接话时又漫不经心,接过其中的非主要话题开始发挥,一来二去,你接过这个冗余话题说上一句,我再接过另一个冗余话题说上一句,就出现了远离会议主题、"东拉西扯"的现象。要杜绝此类现象的发生,会议组织者就应该善于及时听出发言人讲的哪些是与主题有关的话,哪些是与主题无关的话。并及时提醒与会者放弃对与主题无关的讨论,保证会议按照原定主题向前推进。这样,会议组织者的听话理解能力就显得相当重要。

口语表达中应该遵循"节省"原则。只要能够达到同样目的,能用一句话说明白,就不要用两三句,甚至更多的话来表达。这样不仅对说话方有省事省力的效用,也有助于听话方更为准确地把握说话人的话语意图,因而更有助于口语交际的成功。

但是,节省原则并不是人人都可以做到,更不是时时处处都可以做到的。在绝大部分情况下,日常对话都没有事先准备,对话的双方常常是以一种"边想边说",或者"边说边想"的方式来投入对话的。这就使得双方,或者其中一方的话语由于种种原因,而常常难免出现啰唆、重复、不着正题、东拉西扯等现象。在口语交际过程中,既无法杜绝说话人出现这种现象,又不能因此放弃获得交际成功的机会,因而听话人就必须注意训练自己对于夹杂冗余信息的话语进行筛选、过滤,以提取与口语交际的目标密切相关的诸要点的能力。也就是在听话过程中,应当时时注意对对方的话语进行散乱观点的整理,进而努力把握其中心要点。

(二)把握话语主干

人们在口语交际过程中的"东拉西扯"现象,不仅表现为观点散乱,有时还表现为有多个头绪、几条线索,或者一条线索中各个阶段有诸多发挥、枝枝蔓蔓。在这种情况下,要真正理解说话者的意图,需要听话者在听话过程中,时时注意对对方话语的主干或主线的把握,而将可能妨碍理解的旁枝末节暂时放在一旁,不予过多的关注。

当然,这些旁枝末节也不能完全去除,随着口语交际话题的深入,或者随着事态的发展,某些原先未曾加以关注的旁枝末节或许会逐步变得重要起来。当这种变化发生时,我们再开始关注这些内容。这样循序渐进,步步深入,必能准确把握说话者的意图。

一般来说,在人们谈话的内容中,哪些是主干或主线呢,如表6-2所示。

表6-2　谈话内容分类及话语主干

谈话的内容分类	各类别话语的主干
叙事	事件的起因、过程、结局是主干
抒情	情绪的发展、起伏、跌宕等波动曲线是主干
议论	总论点与分论点间的内在联系是主干

（三）提炼话语中心

在听话过程中应该时时对对方话语的意图进行总结提炼，同时明确其内在的纲目层次关系。

口语交际并不完全是以一句对一句的方式进行的，有时是一方长时间地听取另一方的话语表述，而在这种长时间的单方面表述中，说话人又有时在叙事，有时在议论，有时在抒情，这就需要听话人具有比较强的中心提炼能力，对听到的话语内容能进行归纳总结，并能整理出纲目层次。

中心提炼能力，从某种意义上讲，可以看成前两项内容的有机结合。也就是说，在听取对方的话语表述时，常常是一方面要及时提取对方的话语要点，筛除冗余信息，与此同时，还要能够把握对方话语的主干，虚化旁枝末节。并在逐一提取话语要点的同时，将这些散乱的要点予以串接，从听话人的角度，构建起既忠实于说话人的原意，又融入了听话人的独特理解的纲目层次。

在口语交际中，能够有效地运用这种方法去听取对方的谈话，就说明你已经掌握了口语交际中听话的基本要求。

（四）辨析话外之意

在口语交际过程中，常常需要对对方话语同时进行话内意思和话外意思的分析。

话内意思就是指话语的表面意义。理解话内意思也就是就事论事、就话论话，话语是怎么说的，听话人就按照话语表面来理解。话外意思就是话语表面意思之外的，虽然比较隐蔽，却是客观存在的另外一层意思。理解话外意思就是对话语的表面意思进行理解的同时，还应当结合口语交际的场合、交际双方的关系等因素，更进一步准确把握说话人的真正目的。

第一类：说话人话中有话。

在口语交际中，说话人出于某种原因，觉得自己的真实意图难以直言相告，于是就欲盖弥彰地、或顾左右而言他地以话中有话的方式说出来；或者由于某种原因，觉得如果直言相告，不足以有效地刺激对方，于是就以含沙射影或声东击西的方式把话绕一个圈子说出来。这就要求听话时能辨析其真正的意图和目的究竟是什么。如果说话人明明是话中有话，而且希望听话人能够听出来，但听话人没有能够听出这话中话，口语交际就不能成功。但是，如果听话人听出了话中话，但对这话中话做出反应可能对自己不利，有时也可以采取只按话语表面意思理解的方式来予以回避。

有时，说话人其实原本话外无话，但是听话人听出了话外有话，并对此话外之话按照自己的理解做出应答，或者碍于情面、身份、场合、时机，虽然没有当即做出应答，却在心里留下了不好的印象或疙瘩，此时，就难免会出现违背交际初衷的情况。我们应该积极培养自己对别人的话语进行内外辨析的能力，尽量避免这种情况的出现。

第二类：说话人正话反说与反话正说。

口语交际的目的，从内容角度来看其实可以大致分为两类，一是信息交流，二是情感交流。信息交流的话语要求含义明确、准确，以有助于对方做出判断、决断。而作为情感交流的话语则有所不同，在表现形式上具有多样化的特点，有时候，尤其是在交际双方原本有着较深的感情基础上，当人们觉得正话正说、反话反说不足以充分表达自己的情感时，就会出现正话反说、反话正说的现象。正话反说有调侃逗趣的目的，反话正说有讽刺嘲弄的意思。如果听话人不懂得辨析，则不能正确理解说话人的意图，达不到交流的目的。

第三类：说话人说违心话。

为了某种目的或为了面子、身份，或者为了达到更好的语言交际效果，人们常常会有意识地说一些与自己的真实意思相违背的话。

除此之外，在口语交际过程中，人们对话语的选择使用，不仅会因人、因事而异，而且还会因为双方的情感深浅而呈现出多样化的色彩。同样的一个意思，有的人无所顾忌，直言不讳，有的人则反复思量，谨慎措辞，有的人拐弯抹角，兜着圈子说出来，还有的人则是牢骚怪话随口而出。这些都需要在口语交际过程中做好辨析，而不能做简单的推断。

相关链接

不要仅仅按照话语表面的意思去解释上司所讲的话。例如，上司说："好冷啊！"这句话不见得只是为了告诉你天气的状况，也许还有"一起去喝一杯如何"的意思或是请你"打开空调"的意思。这时如果下属说："是的。不过，根据天气预报，明天天气晴，气温会升高。"这样上司就会感觉扫兴，本来想去喝一杯的兴致就没有了。秘书也就失去了一次与上司交流的好机会，还会给上司留下"不解人情世故"的印象。

一般来说，当人说一些"话里有话"的话语时，常常会有字面意思之外的暗示。这些暗示包括说话时的语气、表情、情绪等主体因素；还包括说话时的特定时间、地点、听众等场合因素。所以我们在听人说话时，不仅要用耳朵去听，还要用眼睛观察，用头脑判断。

（资料来源：徐平华，孙竹. 你的职场口才价值百万）

评析：有许多上司总是喜欢说一些让下属摸不着头脑的话，他们总是话里有话。秘书如果不仔细揣摩，就很难准确理解上司的真实意图，这无疑会阻碍秘书与上司的沟通和交流，秘书也难以得到上司的赏识。

实践训练

1. 案例分析

下面的材料都是有关如何倾听别人说话的内容，请分析并总结出"倾听"的要点，回答下面问题。

（1）从前有个店铺的小伙计特别馋，整天想着吃。一天掌柜对他说："你去买点竹竿回来，我要……"话还未完，小伙计早拿过钱跑了。他到肉铺买了些猪肝，又私自买了点熟猪耳朵藏在口袋里，准备留给自己偷着吃。回去交差时掌柜气得大骂："你没听见我说买啥吗？你的耳朵呢？"小伙计没听懂掌柜的意思，还以为自己的小算盘被他发现了，吓得赶忙掏出猪耳朵说："耳朵在这儿。"

请问，小伙计的错出在哪里呢？

（2）你能听出下列案例的话外之意吗？

① 阿凡提与皇帝一起洗澡，皇帝："凭我这模样到奴隶市场能卖几个元宝？"阿凡提说："10个元宝。"皇帝火了："胡说！光我那条绣花围巾就值10个元宝！"阿凡提说："正是呀，高贵的陛下！"

② 某商店为配合夜市，准备让职工晚间在路边设摊推销商品，开会请大家发表意见，献计献策。一位中年女职工这样说："我建议，可以到寺庙请一批和尚来担任夜市营业员。"

③ 一位厨师做的烤鸭深得顾客喜爱，但他的老板从来没有称赞过他，这让他闷闷不乐。有一次，老板的一位贵客来了，席间最重要的一道菜就是烤鸭。可是烤鸭上来之后，大家惊异地发现，鸭子只有一条腿。老板向厨师询问原因，厨师告诉老板，饭店的鸭子本来就是只有一条腿。饭后老板随厨师去察看，时值夜晚，鸭子都在睡觉，鸭笼中的每只鸭子确实都只露出了一条腿。精明的老板大声拍手，惊醒了鸭子，所有鸭子都露出了两条腿。面对老板的质问，厨师镇定地回答："对呀，你必须要鼓掌拍手，才能看到两条腿呀。况且鼓掌，并不需要花费你很大的劲呀。"

2．现场操作

话语要点提取训练。

【方法】

（1）第一步：根据以下材料，教师模仿说话者，口述材料内容，学生不看材料，听教师口述，然后复述其要点。

（2）第二步：加大难度。教师事先选好其他合适的语言材料（如会议录音或记录、影视资料中的工作任务布置等），按学号逐一要求学生听后复述要点。

【要求】

学生在听口述时不得笔录。

【材料】

时间：某年某月某日；地点：广东人民广播电台新闻专线。

主：您好！请问怎么称呼您？

客：我姓杨。

主：杨先生是吧？你有什么法律方面的问题要咨询一下我们的钟律师？

客：唉，我就是在太和打工差不多一年多了拿不到钱，我们都到，我到法院去，劳动局搞那个仲裁，劳动局啊，我们现在是没有合同。没有那个合同。他停工的时候给我开了一个结账单，结账单，那个劳动局说没有用。劳动局（说）没有用。我就说……他说要我到法院里去起诉。法院不受理，我现在很困惑，不知道究竟该怎么办？

（资料来源：钱冠连．汉语文化语用学）

3. 情景实训

（1）秘书王琪开车到机场接一位重要客户。在返回公司的途中，王琪一直陪客户说话。一段时间后客户说"今天真够热的"，如果你是王琪，请将谈话续接下去。

（2）秘书王琪喜爱音乐。这天，王琪像往常一样送文件给总经理，与总经理有了一段对话。如果你是王琪，该怎么应对总经理的话呢？请试说。

总经理：小王，听说你对音乐很内行是吗？

王琪：_____。

总经理：大明音乐厅今天晚上有一场贝多芬音乐晚会知道吗？

王琪：_____。

总经理：好啊，顺便多买两张票，我让我太太和女儿也去凑凑热闹。

王琪：_____。

第三单元 话语传递

情景案例

张劲松，原恒达商业集团（简称恒达）商场部营销经理。此人踏实肯干，能吃苦耐劳，负责某方面工作时，执行力度强，工作到位，但自视甚高，极爱面子，不善沟通。被聘到恒达后，因在营销策略上与商场部总经理罗万象有分歧，探讨时竟一气之下拂袖而去。半年后传来消息，张在一家新开的商场供职，出任副总经理。事隔一年，传来消息说他又与新商场总经理不和而辞职。碰巧，张是恒达商业集团公司大客户浙江富强丝织品公司总经理宋忠辉的妹夫，宋总很为张某的工作问题伤脑筋。罗万象了解这一情况后，考虑到张确有过人之处，决定用张之长而避其短，顺便给宋总一个人情，以加强两个公司今后的合作。

因张劲松在恒达任职时与行政助理黄杰同住一个公寓，两人挺熟，罗总便令其与张联系、传递对张的正面评价的任务交给了黄杰。

罗："黄助理，听说张劲松又失业了，在找工作，你和他有联系吗？"

黄："和他联系不多。但他的事也听说了些，好像找工作不太顺利。"

罗："他这个人太自负，不把任何人放在眼里，不改变恐怕没人愿意与他长期合作。"

黄："也是。看他这次能不能吃一堑，长一智。"

罗："不过他优势还是蛮突出的。踏实肯干，做事执行力强。（稍停）这样，你找个时间去和他谈谈，（又稍停）让他知道我有想法再让他到我这儿来做。"

（黄杰接受了任务，密切关注张某的动向。一段时间过去了，张劲松多方找工作均不能如愿。黄杰便主动约了他出来喝茶，双方一阵寒暄。）

黄："这段时间罗总可焦头烂额了！商场部你走了之后一直没进人，罗总管了东头，没顾上西头，没少出乱子。"

（张很是疑惑。）问："为什么没进人呢？"

黄："来过几个实习生，罗总不太满意，没留下。"

（张没有说话。）

黄："前一阵子罗总还提到你呢。"
（张望了望黄杰。）
黄："你知道他是怎么评价你的吗？"
张："一定是说茅坑里的石头——又臭又硬。他以前是就这么说我的。"
黄："哈哈，你还挺记仇的啊。"
（张不置可否。）
黄："罗总说你是一个缺点很突出，优点也很突出的人。还说要是你能安心在一个地方做下去，必定能干一番事业呢。"
（张有些动容。）举起杯子："黄兄，喝茶，别说了。"
两人又聊了些别的，之后各自回家了。

过了三天，罗万象找到张某，说："你都不知道我现在忙成什么样子了。做事也不顺，老挨上面的批。想当初你在的时候我们干得多红火啊。听说你现在在找工作？我说啊，你能不能回来？要不帮我一阵也好啊。再说你也喜欢做商场这个行当。"

张劲松本来就后悔当初太冲动，又听说罗总其实挺看重自己的，现在罗总又亲自请他回去，他大有要报答罗总的知遇之恩的感觉，爽快地答应回恒达了。

后记：张劲松回恒达后再次出任商场部营销经理，做起事来雷厉风行，对罗万象更是特别尊重，成了罗的得力干将。更值得一提的是，他刚愎自用的缺点也改变了，懂得了凡事要好言好语与人沟通。

项目任务

情景案例中黄杰向张劲松传递罗万象的意图成功吗？罗万象对张劲松说的几句话有什么高妙之处？试进行评价。

任务分析

无论是在工作中还是生活中，我们常常会遇到向各方面口头传递各种信息的情况，或是代人传话，或是表达自己的意图。在情景案例中，行政助理黄杰与张劲松的谈话，其目的就是完成总经理交代的传话任务，为张顺利回到恒达做好铺垫。黄杰非常出色地完成了这一任务。仔细分析案例不难发现，黄杰那些似乎是家长里短的话语，实际上是大见传话功力的。例如，他选择了合适的时机——"张劲松多方找工作均不能如愿"，受挫的张才会放下傲气，静下心来听黄说话，并思考黄的话；对传递内容做了积极取舍——传"罗总说你是一个缺点很突出，优点也很突出的人"，不传"他这个人太自负，不把任何人放在眼里，不改变恐怕没人愿意与他长期合作"，这样有利于张再与罗总合作；利用了看人说话的技巧——"还说要是你能安心在一个地方做下去，必定能干一番事业呢"，激励起对方找个合适的岗位稳扎稳打、干一番事业的热情。

黄杰准确理解了罗万象的意思，并将罗万象的意思准确巧妙地传递给了张劲松，为罗下一步找张谈话，直接邀请他重回恒达做了成功的铺垫，事情最后的结果也就都在罗万象的掌控之中了。可见，怎样传话也是大有学问的。

相关知识

（一）他人话语的传递

1. 他人话语传递的基本要求

进入职场，日常工作中少不了要上传下达，沟通左右，在领导与职能部门间、领导与群众间、领导成员间，代为通报情况、商议事情等。当我们传递他人话语时，最基本的要求就是要准确无误、不失真。不允许粗心大意错传、漏传信息，更不允许在传话过程中随意添枝加叶或掐头去尾。

2. 他人话语传递的技巧

口头传递信息，除了要传得准确，还应该传得巧妙，以利于增进团结和协调一致地工作。这就要求掌握以下话语传递技巧。

（1）分析传话内容，只传那些应该传的话。即从搞好团结和工作的意愿出发，对领导交代的传话内容进行分析，当好参谋，对那些不该传的话，要向领导提出建议。如领导间的批评意见，宜由他们个别交谈；需要集体讨论才能解决的重大问题，建议开会讨论；内容不正确、不周密、容易引起误解的话，要巧妙地请求传话方进行修正。

（2）抓住传话要点，确保受话方获得准确信息。为此，在听取领导口头交代时，应有集中的注意力、灵敏的反应力、牢固的记忆力、机智的组合力；在传话内容较多时，应能去粗取精、理出头绪、抓住要点。切实弄清传话的中心意思，记住领导反复强调的话，没听清楚的内容可向领导提问，重要的问题还可将记录向领导复述一遍。传话时，不要妄加评论和加进自己的观点，不说含糊不清或可能引起误解的话。

（3）选择传话时机，使同事特别是领导有一个良好的受话环境。一般说，在领导心情不佳时、与群众聚会时、与外单位领导交谈时、领导家庭成员在场时，都不宜传话。因为，无论传话内容如何，领导都需要有个能冷静思考的环境，否则，有可能会使领导把考虑不周的意见拿出来，这样也容易令领导迁怒于秘书。

（4）适度讲究礼节性言辞，融洽同事之间的感情。代人传话时，不仅要把礼节性言辞表达出来，还应适度渲染。如代主管领导向副职领导传话，可突出商议、信任、称赞的言辞；代主管领导向同级领导传话，可突出协商、帮助、支持的言辞。运用渲染性礼节言辞，要态度诚恳、渲染适度，还应掌握人们的心理性格特点。对好胜心强的人，可稍加赞扬；对喜欢直来直去的人，最好不加渲染。

（5）在叙述中显出评价，激励受话方奋发向上。这是传话人的精明之举，如向某部门经理传达另一部门经理对某工作的布置或处理意见时，可在陈述中不露声色地强调其为工作着想的意图，激励受话者干好工作；当某同事的意见有见地时，可在传话时用叙述的方法做出评价，使另一位同事产生超过对方的冲动感，释放出最大的能量；当某同事意见不够周全时，传话中可用叙述的方法给予恰当的评价，促使其他同事产生补缺的行为动机。

（6）舍弃某些言辞，防止产生矛盾。如几个同事在一起讨论工作，可能涉及某位不在场同事的是非，传话人绝不能在传话时犯自由主义错误。同事间有些意见不一致是正常的，我们不能进行录音式的传话。正确的做法应是把不利于团结的言语舍去，把过头的话删去，只讲对工作、对团结有利的话。

（二）自己意图的传递

工作中经常要传递他人的话语，而更经常的是表达自己的意图，因此，清楚而正确地表达自己的意图无疑也是非常重要的。但这不是一件容易的事情。在生活中，我们常常会有这样的感受：话一出口，就觉得说错了。例如，你原本是担心自己没讲清楚，脱口而出的却是"你听明白了吗？"这句问话暗含的意思是你担心对方没有理解或是没有能力理解你所讲的内容，这与你原本的意思是不一样的。准确地传递自己的意图可从如下几个方面去注意。

1. 选用正确的句式

不同的句式包含的感情色彩是不同的。有的句式是客观的，能得到听话人的积极回应；而有的句式则是以先入为主的方式，暗含着说话人的先期判断，往往容易引起听话人的不快，有时，有些句子还会包含对别人的否定态度，更加会让人形成情感上的抵触，不容易得到听话人的积极回应。比如：询问同事的工作任务是否完成，应该说："你做完了吗？"不应该说："你还没做完吗？"；想提醒同事下午约定的开会时间要准时到会，应该说："下午2：30开会，请大家按时到。"不应该说："下午2：30开会，别又迟到了。"；等等。

2. 选用正确的语气

初入职场，或许我们面临的工作琐碎繁杂、头绪万千。往往你正在做甲项工作，就又有人来要求你做乙项工作。这时你就需要给对方一个回复，告知对方你对完成各项工作的时间安排。而此时最容易出现的情况是因为忙碌、压力而情绪易于波动，随意使用不易被人接受的语气说话。正确的处理方式应该是客观说话，不带不良情绪。比如：老板临时外出，办公室内，你正忙着为老板准备外出的文件袋；一两个同事相继到办公室，询问其他事情，你的回应应该是心平气和的告知："请稍等，刘总正等这几份文件，我先拿过去，回头谈你这件事。"不应该满脸不耐烦地说："等一下不行吗？没看见刘总正催我拿文件吗？"

3. 选用积极的语言方式

无论是工作中还是生活中，我们都有可能碰到不容易解决的难题。当我们有了困难，需要共同探讨、寻求解决问题的方法时，表达自己意见的语言方式就变得非常重要了。冷静分析，提供解决问题的建议，是积极的语言方式；埋怨不断、牢骚满腹，则是消极的语言方式。积极的语言方式不仅能提供解决问题的建议，还能够激励团队成员，集中集体的智慧，共同战胜困难。而消极的语言方式不仅不能提供有效建议，还会打击团队成员的热情和信心，甚至会造成互相埋怨、推卸责任等局面，不利于问题的解决。

相关链接

以提问代替命令

最近，我很荣幸地与美国优秀的传记作家伊达·塔贝尔共进晚餐。当我提到正在写这本书时，我们开始讨论起了如何与人相处这个问题。她告诉我，在她写《欧文·杨传》的时候，曾拜访过一位与杨先生共事3年的人。那位先生说，他从来没有听见杨指示别人——他只是建议，不是命令。例如，欧文·杨不会说"去干这个，干那个"或"别这么做，别那么做"，他会说"你可以考虑这样"或"你觉得那样有用吗"……他常常在口述一封信后说："你觉得这样如何？"在接过助手写的信之后，他会说："也许这样写比较好。"他不教助手做什么，而让他们自己去做，让他们自己在错误中学习。

像这样的办法，容易使人改正错误；像这样的办法，保全了他人的尊严，给人一种重要感，所以，他会与你合作，而不是抵抗。无礼的命令只会导致长久的积怨——即使能改正他人明显的错误。

（资料来源：戴尔·卡耐基. 商务人员口才训练）

评析：戴尔·卡耐基倡导"以提问代替命令"，从中我们可以领悟：与人交流时，选用正确的语言方式表达自己的意见是聪明之举，是营造和谐人际交往氛围、成功推进工作的诀窍之一。

实践训练

1. 现场操作

1）准确传达文件精神

训练方式：从校办公室借几份内容合适的文件，内容涉及新政策的更好。将学生分成若干组，每组拿一份文件，指定学生扮演"领导人"向组内成员宣读文件，重点可重复，但不解释；听者进行笔录，当听不懂时，可以小声交头接耳，不宜当场向"领导人"发问；事后再问亦可。

然后，听众传达刚才的文件精神，考查他人话语传递是否准确。小组内进行评议，达到互相启发、共同提高的目的。

2）"拷贝不走样"小组竞赛

一个小组同学以耳语的方式提供材料给另一个组的第一位同学，再由这位同学以耳语的方式传给第二位，依次往下，最后一位同学公布答案。提供材料的同学检查其答案的完整性。

2. 情景实训

（1）办公室，同事们合作整理一份材料，由其中一位负责统稿后交领导审核。一稿时，其他同事交稿拖沓，耽误了时间，致使领导来参加讨论时，还在统稿中。布置二稿写作时，为避免再次出现交稿拖沓的情况，该统稿负责人要提醒其他同事，请试表达。

（2）秘书代表领导到下级单位去调查了解情况（下级单位没有完成工作任务，提出了很多理由），请说开场白。

第四单元 综合训练

模拟相关工作交谈过程。

1. 训练目标

（1）训练听话理解及迅速应对的能力。
（2）正确传达和表述己方意图，训练口头交涉能力。

2. 训练模式

（1）教师公布训练项目，要求学生每2～3个人一组，共同商定一个话题，并明确各自身份。如话题为"退货请求"，则模拟学生一方为要求退货的客户，另一方为售货方代表。
（2）可选话题：退货请求、上访请求、推销请求、协调矛盾等。

3. 提示与要求

（1）在训练过程中，请求方要设法使对方不得不受理请求，而受理方则想方设法推卸责任。
（2）在训练展开前，双方各自按已设定的立场准备理由，互不通气。
（3）理由和某些程序可以虚构。例如，在上访时，接待人员提出明天再来，请求方则可立即将情景虚构为第二天。虚构理由和情景一旦说出，全部都视为真实。
（4）请求方可因请求一再被拒绝而有过激言行，而受理方则无论对方态度如何，都只能和颜悦色、婉言拒绝。

4. 成绩评定

根据学生在模拟中的实际表现，结合测评目标，给出优、良、合格、不合格四个成绩等级。

5. 测评目标

（1）能正确使用倾听技巧，在倾听过程中，能恰当反馈。（10分）
（2）能准确把握交谈方的谈话要点、主干，提炼其中心，正确理解说话者的真实意图，使交际活动达到效果。（30分）
（3）准确、巧妙地传递他人话语，高效完成上传下达的工作任务。（30分）
（4）准确、清晰地传递自己的意图，高效完成沟通左右的工作任务。（30分）

模块七 人际沟通训练

习训目标

知识学习目标	能力培养目标
● 了解人际沟通口才的相关知识 ● 掌握与特定的对象如领导、同事、下属及客户沟通的技巧 ● 了解非暴力沟通	● 能正确使用沟通技巧，与领导、同事、下属及客户等进行有效沟通

第一单元　人际沟通概述

情景案例

《红楼梦》中有这么一节：贾母问刘姥姥大观园"好不好"，刘姥姥念了一声"阿弥陀佛"，然后道："我们乡下人到了年下，都上城来买画儿，时常闲了，大家都说，怎么也得到画儿上去逛逛。想着那画儿也不过是假的，哪里真有这个地方呢？谁知我今儿进这园里一瞧，竟比那画儿强十倍，怎么得有人也照着这个园子画一张，我带了家去，给他们见见，死了也得好处。"贾母听了十分高兴。

项目任务

刘姥姥赞美大观园的一段话很值得学习，请以此为内容评价刘姥姥的说话艺术。

任务分析

当今社会，人们常常会把夸赞和奉承画上等号，并不屑于在人际交往过程中使用赞美。其实不然，适当的夸赞不仅能拉近双方的距离，还能产生一种认同感。案例中贾母的发问，刘姥姥没有直接回答，而是用农家的家常闲话来叙述她的感觉：过年才会贴的画儿好看，农家人希望画中的美景变为现实，但又觉得这只是痴人说梦。但是，现在这个大观园竟然比那个年画儿里的景色还美十倍！如此说话，让人觉得直率自然，内容丰富，生动风趣，夸赞也是水到渠成，贾母一众人等当然也听得十分欢喜，刘姥姥也因此得到了大观园里一干人等的认同和喜欢。

相关知识

据悉，哈佛大学就业小组对500名被解雇者进行了调查，结果显示其中83%的被解雇者是因为沟通不良，这让人想起"沟通的漏斗"的说法。所谓"沟通的漏斗"如下所示：

我所知道的	100%
我所想说的	90%
我所说的	70%
他所想听的	60%
他所听到的	50%
他所理解的	40%
他所接受的	35%
他所记住的	10%～30%

可见，人与人之间的沟通是不易的。我们需要有意识地重视沟通，掌握沟通相关的技巧才能成为一个沟通顺畅的人。

世界知名企业家松下幸之助说："企业的活动过去是沟通，现在是沟通，未来还是沟通。"可以说管理就是沟通，有人认为管理者70%的时间是用在与人沟通上。由此看来，沟通的品质决定工作的品质。想在工作中取得成绩，先要解决与人沟通的问题。

（一）沟通的概念

沟通就是人与人之间通过语言、文字、符号或其他的表达形式，进行信息传递和交换的过程。成功的沟通应该包含三个维度：信息的传递、情绪的转移、感觉的互动。只有这三个维度都做好了，沟通才能达到效果。

值得强调的是沟通是双向的，有说就有听，有听才有说。所以优秀的沟通：说对方想听的，听对方想说的。"听"的能力我们在前一章有讲解，本单元将侧重讲解沟通中的"说"。

（二）沟通的策略

沟通的对象是人。要弄清楚沟通的策略，需先认识人。人是千差万别的，但人又有很多共性：人首先对自己感兴趣；都有虚荣心；都爱面子；都是情绪的动物；都希望被重视被认可；都希望成为有价值的人……人们很难摆脱以上共性。那么以人为对象的沟通，自然就应该照顾到沟通对方的这些心理，言谈话语不要去触碰这些底线。懂得并能做到这些，就会成为一个受人欢迎的沟通者。由此，我们很容易找到行之有效的沟通策略。

1. 微笑

微笑是与人交往的润滑剂。微笑最重要的功效就是对人表示友好，让人感受到你交谈的善意和热忱。

微笑需要眉眼嘴唇及整个面容的自然配合。"面带笑意"是可以训练的。我们可以对镜自己练习，找到镜中自己最美、最自然的那个微笑，记住它并经常使用，就会形成良好的笑脸迎人的习惯。

微笑是要发自内心的、真诚的，它应该是内心交往诚意的自然外化。虚情假意、皮笑肉不笑是很容易被对方识破的。虚情假意的微笑也达不到良好的沟通效果。

2. 赞美

赞美的本质是对人表示喜爱与尊重、给人以鼓励，拉近交往双方的距离。

（1）赞美的种类。

一是直接赞美。直接赞美就是当面对对方进行夸赞。直接赞美需要注意夸赞要具体、有新意。例如，夸"真是一个好人"，不如说"他是个热心肠的人，谁要是有困难找他帮忙，只要他能办到，没有不帮的"。从内容上来讲，可以赞美别人得意的地方，或者指出别人的变化，让人感受惊喜，从方式上来讲可以表现得特别信任，如"这件工作只有交给你我才放心"，或者用看似否定实则肯定的方式表示夸赞，如"你真是太不讲究了，工作是重要，但不管怎样还是需要适当休息的……"另外，主动与别人打招呼就是一种赞美。

二是间接赞美。间接赞美就是在第三者面前夸赞，或者传达第三者的夸赞。由于间接赞美没有溜须拍马的嫌疑，常常能收到很好的交际效果。

（2）赞美的原则。

一是赞美需要真诚。有一些人不习惯赞美别人，认为开口夸赞别人是虚伪的表现。其实这是一种误解。人都有优点，没有人是只有缺点没有优点的。我们应当善于发现别人的优点，并对这些名副其实的优点毫不吝啬地给予赞美，这是我们为人的善意。这种善意能给别人带来快乐和信心，也能给自己带来快乐和好人缘。

二是赞美需要适度。赞美来不得虚假。夸大其词或者对别人的优点存心隐藏，都会使被赞美者不自在，甚至产生反感，结果就会适得其反。

三是赞美要有根据。赞美别人的优点，这个优点必须是真实的，与这个优点相关的事件必须是有理有据的。随意捏造事实也就违背了"真诚"的原则，不易被人接受。

（3）赞美的层次。

一是赞美外在的东西，如外表、衣着、发式等。最好能找出别人不易发现的细节，如女士为追求心理愉悦而做的头发的细微变化、小饰物的点缀等。

二是赞美行为。如他做的某件事，或者一个小动作显示出来的修养。

三是赞美性格。如脾气禀性中的优点，气质上独特的地方。

四是赞美潜能、潜质。发现他某些没被他个人认识到的潜力，给予点拨，促其成功。

3. 避免与人争论

与人交往的目的就是在生活、工作中共同合作，一起达到理想的生活状态或工作状态。而相互的争论常常会与我们交往的目标南辕北辙。

为避免与人争论，我们应该注意交谈中使用的言辞。例如，在表达不同意见时，我们应该学会保留对方立场，以下是可以参考的句式：

① 我同意您的观点，同时……
② 我理解您的想法，同时……
③ 我感谢您的建议，同时……
④ 我尊重您的意见，同时……

除上述策略外，还有用心倾听、换位思考等沟通策略。

相关链接

马歇尔·卢森堡的《非暴力沟通》

马歇尔·卢森堡（1934—2015 年），国际非暴力沟通中心创始人，全球首位非暴力沟通专家。著有许多关于非暴力沟通的书，其中 2003 年出版的《非暴力沟通》至今畅销不衰，该书中文版已入选香港大学推荐的 50 本必读书籍。

非暴力沟通是 Nonviolent Communication（简写 NVC）一词的中译，又称爱的语言、长颈鹿语言等。

马歇尔·卢森堡博士发现了一种沟通方式，依照它来谈话和聆听，能使人们情意相通、和谐相处，这就是"非暴力沟通"。通过非暴力沟通，世界各地无数的人们获得了爱、和谐和幸福。

当我们褪去隐蔽的精神暴力，爱将自然流露。

NVC 相信，人的天性是友善的，暴力的方式是后天习得的。NVC 还认为，我们所有人有共同的、基本的需要，人的行为是满足一种或多种需要的策略。

NVC 的目的是通过建立联系，使我们能够理解并看重彼此的需要，然后一起寻求方法满足双方的需要。换言之，NVC 提供具体的技巧帮助我们建立联系，使友爱互助成为现实。

（资料来源：百度百科）

NVC 理念

NVC 实践基于以下关键假设。许多传统也有这些假设。NVC 为如何将这些假设付诸实践提供了具体的方法。

1. 所有人都有共同的需要。
2. 我们的世界提供了足够的资源满足所有人的基本需要。
3. 所有的行为都是满足需要的尝试。
4. 情感反映了需要是否得到满足。
5. 所有人都拥有爱的能力。
6. 人类乐于给予。
7. 人类通过互助的关系来满足许多需要。
8. 选择是内在的（Choice is internal）。
9. 自我联系是通向平静的最直接途径。

当我们的生活基于这些假设，自我联系及和他人的联系的可能性将会增加并变得容易。

NVC 技巧

这些技巧服务的目的是使人友爱互助。它们的使用是基于以下的意识：a. 人与人是相互依存的（Interdependence）；b. 与人协作（Power with）而不强迫（Power over）。

它们包括：

1. 区分观察和评论，能够不带预设地仔细观察正在发生的事情，并具体指出正影响我们的行为和事物；

2. 区分感受（Feeling）和想法，能够识别和表达内在的身体感觉和情感状态，而不包含评判、指责等；

3. 体会与正发生的事情和感觉相关的需要——所有人共通的需要（如食物、信任、理解等）——是否得到满足；

4. 提出具体、明确的请求（要什么，而不是不要什么），而且确实是请求而非要求（希望对方的行为是出于由衷的关心（Compassionate giving），而不是出于恐惧、内疚、惭愧、责任等）。

NVC 技巧强调我们对自身的感受、行为及对他人做出反应时的选择负责，以及如何致力于建立协作性的人际关系。

NVC 认为，当我们专注于澄清彼此的观察、感受、需要和请求，而不是分析和评判，我们将发现自己内在的慈悲；通过强调深入的倾听——倾听我们自己及他人，NVC 有助于促进相互尊重、关注和理解，进而引发双方互助的愿望。

（资料来源：百度百科）

实践训练

1. 案例分析

美国近代有名的女作家玛格利特·米切尔，有一次参加世界笔会。一位匈牙利作家不知这位衣着朴素、态度谦虚的女士是谁。他以居高临下的态度问道："小姐，你是一位职业作家？""是的，先生！""那么，有些什么大作，可否告知一两部？""谈不上什么大作，我只是偶尔写写小说而已。""噢，你也写小说。那么，我们可以算是真正的同行了，我已出版了 339 本小说，那就是……，你写过多少部呢，小姐？""我只写过一部，它的名字叫《飘》。"那位自命不凡的匈牙利人目瞪口呆。

这个案例说明什么？

2. 实际操作

（1）指定一位同学，全班同学对他（她）进行优点轰炸。被赞美的同学谈谈刚才的感受。

（2）赞美你旁边的同学，要求：

① 至少三条；

② 要诚心诚意；

③ 双方相互赞美；

④ 至少赞美三个人。

第二单元　与领导沟通

情景案例

下面是恒达商业集团公司行政助理任诗怡与总经理李明的一次对话。

任诗怡："总经理，有三件事向您汇报：第一件事是关于公司营销经理招聘一事。人力资源部做了前期工作，共有150个人应聘，通过第一轮笔试、面试，淘汰了70个人，第二轮面试结果已经出来，挑选了15个人，交由公司董事会裁决，这是15个人的求职资料，您看是不是放在董事会例会上进行讨论。第二件事是商太公司总经理汪卫函的消息。按您的要求，我们已经打听到，他正在长沙与精亚公司洽谈一项业务。预计后天上午飞回深圳，您与对方接洽的时间最好定在明天晚上，接洽的有关资料已按您的吩咐准备好了，现在放在您的桌上，请您过目。第三件事是关于北京总部视察的消息。我们刚接到通知，视察工作需要顺延，视察时间会另行通知。"

李明："公司营销经理人选要抓紧落实，你去通知各位董事，今天下午开会讨论这件事情。另外与商场部林总联系，明天晚上我不能赴他的生日宴了，我要见汪卫函。"

任诗怡："好的，我这就去办。"

项目任务

1. 如果你是李明，你满意任诗怡的工作汇报吗，为什么？
2. 培养与领导沟通的能力。

任务分析

行政助理任诗怡口头向总经理汇报工作，她将汇报内容归纳为三项，在汇报每项具体内容的时候，又采取"先总说、后分说"的方式进行，其汇报语言简洁平实、清晰流畅，给人留下思路清楚、便于记忆的良好印象。汇报是与领导打交道的一种经常性方式，它直接关系到下属与领导沟通的质量和效率，是工作人员职业活动中的核心行为之一。

相关知识

（一）与领导沟通的原则

与领导进行沟通，不是难在有礼，而是难在得体。因此，必须掌握以下几点原则。

1. 了解领导，适应领导

面对陌生的领导，大多数人都有一种本能的隔膜感、畏惧感和提防警戒心理。因此，新任秘书或是秘书在与新任领导沟通前，应该对领导的社会背景、性格特点、事业目标、工作作风、个人好恶和语言习惯等有比较清楚的了解。这样，说话才会有针对性，才易于被领导接受。

例如，有的领导待人随和、平易近人，下属从心理上易于接受此类领导，谈话自然不会很拘谨，但切忌以为领导"好说话"，言行上就"掉以轻心"，以致超越了与领导谈话的界限和范围。又如，有的领导面相严肃，说话时不苟言笑，下属与之沟通时往往小心翼翼、谨慎交谈，但切不可因为紧张而遗漏一些重要事项，从而给领导留下办事不牢的印象。再如，有的领导属于"曹操"型，猜忌多疑，对于下属说到的一些事情往往会想了又想，哪怕是一些在下属看来很不起眼的事情。与这种领导说话必须曲直相宜，该曲则曲，当直则直。对于没有把握的事情，尤其是涉及人际关系的事情，一定要慎之又慎，以免引起是非。再如，有的领导属于"冲动"型，情绪容易波动，了解了领导的脾气、性格后，与领导沟通时应"见机行事"。

总之，一个精明的领导总是欣赏那些了解他的脾性并能根据他的心境和意愿行事的下属。

相关链接

领导者的类型

1. 老虎型的领导者

充满自信、竞争心强、主动且企图心强烈，是个有决断力的领导者。一般而言，这一类型的领导者胸怀大志，勇于冒险，看问题能够直指核心，并对目标全力以赴。在领导风格及决策上，强调权威与果断，一切均以目标和实质性的成果为导向，擅长危机处理，适合开创性与改革性的工作。

2. 孔雀型的领导者

人际关系能力极强，擅长口语表达，很会沟通激励并带动气氛，是宣扬理念、塑造愿景的能手。喜欢与人互动，重视群体的归属感，善于透过人的关系发挥影响力。富有同情心并乐于分享，具有鼓舞性和带动性，善于交际。

3. 考拉型的领导者

平易近人、敦厚可靠、强调和谐合作、避免冲突与不具批判性。在行为上表现出冷静自持的态度。注重稳定与中长期规划，常会反思自省，即使面对困境，亦能泰然自若，从容应付。决策方面需要较充足的时间，意志坚定、步调稳健。

4. 猫头鹰型的领导者

稳重，行为中规中矩，很有责任感，行事条理分明，一切根据制度与规定，重视承诺与纪律，有完美主义的倾向，让人非常信赖。重视是非对错，追求精益求精。分析力强、要求标准高、不能容忍错误且自律甚严。

5. 变色龙型的领导者

适应力及弹性都相当强，对内擅长协调，对外擅长整合资源，以合理化及中庸之道来待人处事。没有预设立场，不走极端，柔软性高，擅长谈判斡旋，手腕圆滑。

2. 不卑不亢，有礼有节

与领导相处，首先要做到谦逊有礼，有些话应该尽量避免在领导面前说，例如，"随便，都可以""这事你不知道""这事你不懂""不行是不是"等，这些都是对领导不敬的语言，但这也绝不是要下属在领导面前低三下四。唯唯诺诺的人绝不会是领导欣赏和重用的人。下属应该在保持独立人格的前提下，采取不卑不亢的态度。

3. 有问必答，分寸得当

领导常常会就有关工作与秘书进行谈话交流。此时，下属应冷静思考，有问必答，言之有物，言而有序，并且一定要注意仅答其所问，而不随意发挥。遇到难以回答的问题，不要躲避，不要推诿，应该大方地如实说明情况或虚心向领导请教。

4. 维护领导的形象

没有哪个领导不看重形象，并且往往把它看成衡量下属对自己是否尊重、自己是否具有权威的标志。如果下属不懂得这一点，轻者会受到批评，重者会被暗中压制，不得重用。

维护领导的形象是与领导相处时应该特别注意的方面。例如，当领导讲话出现差错时，不要立即指出并予以纠正，否则，领导会觉得有失脸面，降低威信。

【案例】 恒达商业集团公司行政部召开会议，学习公司最近一段时间制定的规章制度。行政部主任黄磊亲自宣读有关条款。当读到"上班时间严禁酗酒"时，他将酗（xù）读成了（xiōng）。文字秘书周尚打断黄磊说："主任，您刚才有个词念错了，不是xiōng酒，是xù酒。"黄磊讪讪地笑了两声："哦，好的。"任诗怡赶紧扯扯周尚的衣角，悄声说："快别讲了，主任脸都红了。"

另外，巧妙地拒绝上司的意见也是维护领导形象的关键点。

❤ **小技法**

拒绝领导的意见不能硬来

在工作中我们常会碰到一些来自领导的要求，如果你确实力不能及而不得不表示拒绝时，千万不要马上表示不可接受，而应先谢谢他对你的信任和看重，然后诚恳地以充足的理由表明自己为什么不能接受，同时与领导共商对策，提出合理的变通方法，这样就能得到领导的理解，而不是失去领导对你的信任。

（二）接受领导指示的技巧

当我们被领导叫去接受指令时，爽快地回答"yes"是非常重要的。当你用明朗的态度回答"好的，我一定完成任务！"或"我会尽最大努力去做！"时，领导的心里就会有一种满意感、放心感和信任感。

1. 认真听取指示，不打断不插话

领导在交代工作时已经想好了交代的顺序，如果在领导交代工作过程中突然打断他，提出自己的疑问，就很容易影响领导说话的思路，这样做是很不礼貌的。所以，应当先让领导把话讲完，然后再提出疑问和意见。

2. 清楚表示自己明了指示内容

在领导发布指令时，下属要用点头或轻声应答"嗯""好的"等态势语言来及时表示已经清楚、明了工作的内容和要求。此时，切记不能神情木讷、毫无表示，否则领导根本就无从了解你是否已经明白他的意图。

3. 委婉阐述自己的意见和建议

当下属对领导的指示有自己的看法或有更好的办法时，可以坦率地阐述自己的意见，但一定要注意说话的技巧，如："经理，您的想法我很理解，我会按您的要求去做的。同时，关于××环节，您看可不可以这样安排……"。

（三）向领导汇报的技巧

1. 口头汇报的原则

在我们的日常工作中，经常会遇到"5W1H"的情形，汇报也不例外。所谓"5W1H"是指：

Who——何人（人）

When——何时（时间、时期）

Where——何地（场所、位置）

What——何事（对象、理由）

Why——何因（目的、理由）

How——怎样发生的（方法、顺序）

汇报工作几乎是秘书天天遇到的，如能掌握汇报的技巧，在汇报工作时说话既清楚简练，又分寸得当、逻辑性强、令人信服，领导一听就会明白，则容易产生心理上的共鸣；否则，漫无边际、逻辑混乱，让人不知所云，领导就会反感。下属在向领导进行口头汇报时，只要按照"5W1H"的原则进行，一般都能收到良好的汇报效果。

> **小技法**
>
> 如果你与领导关系密切，汇报工作可能变得简单；如果你是新手或与领导关系一般，就一定要注意汇报工作的时机和方式。
>
> 通常要先在汇报前准备相关资料，把汇报的主题及相关情况掌握清楚了，相关资料准备齐全了再找领导。

2. 口头汇报的类型

（1）告知性汇报。汇报内容为应该让领导知道或掌握的情况，如综合情况、专题情况、工作动态、活动安排及突发性事件的汇报等。对于这类汇报，秘书要运用逻辑性较强的语言进行客观表述，将时间、地点、人物、事件、原因、背景、开始、发展、结果及利害关系等，实事求是、原原本本地汇报清楚，让领导一听就明白。

切记：一是不要含糊其词，表意不清，"据说""估计""也许""可能"之类的模糊语言要避免；二是不要烘托渲染，不要在汇报中添加任何感情色彩和描绘成分；三是不要妄加评论，更不能将自己的分析猜想作为事实汇报，要谨防出现"我认为""我考虑""我想"等字眼；四是不要遗漏重点，要讲究一定的逻辑层次，不可"眉毛胡子一把抓"，讲到哪儿算哪儿。

（2）请示性汇报。下属经常要就工作中的问题向领导请示，它与告知性汇报的区别在于：不仅要领导掌握情况，还要领导给予明确的答复。因此这类汇报要注意：一是陈述要全面，让领导通晓情况便于决策；二是陈述与请示二者要有因果关系；三是请示要具体、简洁，请示的问题不宜太笼统、范围不宜太大，宜简短、精练。

（3）建议性汇报。在日常工作中，领导有时会就下属所汇报的事情征求下属的意见和看法，这时下属可以视情况而动。有把握时，可以直截了当地将自己的建议和意见一条条地罗列出来，供领导参考，但一定要注意用语如"您看这样行不行、可不可以、好不好""是不是这样办"等设问句；没有把握时，可以对领导说"我对这事不是很清楚，所以我说的意见不一定正确……"。

措辞得当，用语稳妥，谨防出现偏激的用语，是给领导提建议的关键。在提意见时，最忌讳的用语就是"你应该……""你必须……"。

3. 口头汇报的技巧

口头汇报的技巧如表7-1所示。

表7-1　口头汇报的技巧

技　巧	具 体 做 法	效　果
明确目标 有的放矢	1. 弄清为什么汇报 2. 弄清汇报什么	使汇报目的明确
先总后分 巧分层次	1. 事先总结汇报的内容 2. 将汇报内容归纳为三大项 3. 区分汇报内容的层次，加深领导印象 4. 加入专业名词，使汇报内容凸显深度	使汇报内容层次清晰
巧用素材 精确数字	1. 善于把第一手材料融入口头汇报中 2. 巧用数字，如果需要的话，精确到个位数，提高汇报内容的可信度	使汇报内容可信度高
抓住中心 用例典型	1. 运用第一手材料 2. 选用典型事例或材料	使汇报内容重点突出
用语朴实 态度乐观	1. 一般不用修辞，不讲究声情并茂 2. 注重客观真实，言简意赅，态度立场明确 3. 措辞得体，角度适当	使汇报语言得体，角度适当
多种形态 能简能详	1. 可视情况使用多媒体、纸质材料等不同形态辅助口头汇报 2. 定详略两套汇报方案，视具体情况决定汇报的详略	使汇报内容更具体可感，并增强灵活性

> **重要提示**
> （1）要留意汇报的现场反应：人的心理过程具有外显性（通过语言、姿态、脸色、眼神等流露出来），汇报者应分析对方的心理、情绪，调整语音、语调，调整汇报内容或语言，或长话短说，或转移话题。
> （2）汇报时禁用不紧不慢、节奏单调呆板、没有变化的语音和语调；禁用口头禅"这个""那个""然后""嘛"；更不能说话啰唆，颠来倒去。
> （3）汇报时应该精神饱满，语言连贯流畅，节奏适当。

（四）向领导进谏的技巧

一个优秀的下属，不仅表现为对领导言听计从、努力完成领导交办的工作任务，还表现为善于给领导出主意、想办法。尤其是当领导者的决策、指示不符合客观实际甚至出现错误时，能够通过努力，使领导改变初衷，这是非常可贵的。善于进谏是改变领导初衷的方法之一。一般来讲，领导对下属的进谏是持欢迎态度的，下属如果能讲究进谏的技巧，领导会更加乐于接受谏言。

想给领导提建议，就要举出一些能证明你的建议是正确的事实，并将这些事实以一种能清楚地表达出你的思想的方式提出来，最后的结论则由领导自己去定。需要注意的是，提出一种特定的政策或行动步骤，还不如得出几种可行性的方案，充分说明其利弊得失，然后请领导决定取舍。

当你准备给领导进谏时，一定要注意方式和方法，尤其要注意以下两点。

一是要分清场合，说话得体。领导都很注重自己的威信，因此在提出不同意见时，要注意场合，一般不能在领导心情不愉快或公众场合给领导提意见。话不能说得太绝对、太肯定，要留有余地。例如，"主任，您刚才说的观点完全错了，我认为事情应当这样处理……"，这样的语言会让领导十分尴尬。

二是要语气平和，方式巧妙。人人都有自尊心，尤其是领导，因此在提意见时语气应平和，方式要巧妙。

> **小技法**
> 1. 善于将意见变通为问题。抓问题不是越多越好，而是越精越好，最好是"抓住一点，不及其余"，在最要害的问题上做文章。
> 2. 学会提几个方案给领导选择，将各种方案的优缺点陈述得越充分、越透彻，领导采纳你的意见和建议的可能性就越大。
> 3. 客观而婉转地向领导提供"因其决策不当而带来负面效应"的信息，促使领导重新认识原决策，进而修正原决策或做出新决策。
> 4. 随时给领导改变决策"留面子""下台阶"，千万不可把领导的改变归功于自己的进谏，要让领导改变决策顺理成章、水到渠成。
> 5. 多用数据及事例，增强说服力；说话简明扼要，重点突出。
> 6. 预测上司的质疑，先做应对准备。在谈话过程中要面带微笑，充满自信。

实践训练

1. 讨论分享

比较下面几段话，你认为哪些说得好，为什么？

A1："员工工资收入提高了，听说涨得最多的有1000多块钱，涨得少的也有100多块钱。"

A2："员工工资收入增加了，整体上涨幅度是10%，人均增长工资额是300元，涨幅最大的是技术骨干人员，他们最少也增加300元，最多增加了1100元。"

B1："我们走访了几家同类型的公司，发现……"

B2："我们走访了三家同类型的公司，分别是A、B和C，发现……"

2. 案例分析

【案例1】　恒达商业集团公司总经理李明最近心情比较郁闷，原因是上半年公司营销业绩出现了滑坡，在上一周的半年工作总结汇报会上，董事会对此表示了明显的不满。

这天，他一上班就把财务总监王伟叫到办公室，想听听公司本月的经营状况，结果公司本月的进账情况又不乐观，并且供货商好像商量好了似的一窝蜂地来催款，气得他将王伟大骂了一顿。人力资源部总监张宏民这时急匆匆地来到李明办公室，欲敲门进去。行政助理任诗怡马上叫住他："张总，您有急事吗？"张宏民说："我准备汇报营销经理招聘一事。"任诗怡轻轻地说："有好的进展吗？您要是不急的话，改天再来吧。李总正在气头上呢！您要是现在进去没有好消息告诉他，说不定他也会跟你急呢。""哦，谢谢你，那我过两天再来吧。"

你认为案例中任诗怡做得好吗？好在哪里？

【案例2】　恒达商业集团公司召开总经理办公会议，专题讨论营销经理的流失问题。任诗怡作为记录人员参加了会议。散会后，见会议室只有李明总经理在，任诗怡决定向李明总经理进谏。

任诗怡："李总，关于营销经理流失这个问题，我个人有个想法，不知道说出来行不行？"

李明："哦，没问题，你说吧。"

任诗怡："刚才大家商量的对策我觉得很好，应该会给防止营销经理流失带来良好的效果。这里，我还想提两点建议：一是建议公司对营销经理的流失原因及流失方向再进行深入的调查。据原来和我同宿舍的姚莉透露，她是被我们的同行有意挖走的，并且她在现在的公司已经升为主管了。因此我个人认为，营销经理的流失原因可能不单纯是待遇低这么简单。二是建议我们公司在人员聘用合同上增加保密条款，这样可以在一定程度上限制营销人员随意离职，我有一位同学，他们公司就是这么做的。当然，这些只是我个人片面的所闻所想，请李总参考。"

李明："你提供的信息和建议很好，我会叫人力资源部再进一步落实的。谢谢你对公司的关心！"

从秘书进谏角度分析李明会不会采纳任诗怡的建议及原因。

3. 情景实训

（1）就"讨论分享"中A1、A2两句涉及的情景，假定该公司工资调整的初衷是市场营销人员普遍对工资收入不满意，则汇报内容应如何调整？请试说。

（2）接受指示的实训：

上午10点，总经理一到办公室就交代秘书：通知公司所有副总，10分钟后到小会议室开会；通知公司所有中层干部，半个小时后到大会议室开会，上级部门会来人宣布重要事项。

背景：小会议室正在开工程审查会；公司有副总4人，陈副总有事外出。

训练方法：每两人一组，一人任领导，另一人为秘书，领导向秘书交代事情，秘书接受领导指示。

训练要求：进入角色，认真体会秘书接受指示时应该使用的技巧；换角色再训练一次；互相交换训练的体会。

（3）口头汇报的实训：

① 总经理，今天上午9:00左右，研发部李齐政外出办事，开走了公司的一辆黑色奥迪，车牌号是……，车子在芙蓉南路神龙大酒店附近发生了一起车祸，当时的情况是这样的……"

如果是你，会怎样汇报？请试说。

② "对于这一问题，一种意见最后形成的方案是……；另一种意见最后形成的方案是……"

如果是你，会怎样汇报？请试说。

（4）行政部接到总部的电话通知，总部领导一行10人将于三天后到公司来视察。总经理李明指示："这次视察，涉及公司的发展战略，意义非同一般，总部来的领导职位高且人数较多，一定要高规格接待，且不能有任何疏忽。请行政部全方位做好接待工作。两天后，我要听取这次接待工作的专题汇报。"

如果你是行政部主任，你将如何向李总做一个全面的接待工作汇报？

（提示：遵循"5W1H"原则，从车辆、住宿、就餐、开会、视察五个方面进行汇报。）

4．现场操作

根据自己的情况，选取"干部同学的工作汇报""顶岗实习的情况汇报""一学期来自己在校综合情况汇报""校外兼职情况汇报"等话题，按"5W1H"的方法做好相应准备，参加课堂实训。

第三单元　与同事沟通

情景案例

1. 李华与王明都在公司工作三年了。李华在总经理办公室当秘书，王明在营销部跑销售，两个人在各自的岗位上都干得很出色，特别是李华，总经理对他非常认可。

最近，两个人都提交了配备手提电脑的请示。李华的理由是出差在外办公不方便，王明的理由是需要将公司简介、产品图片等营销资料储存于手提电脑中，便于随时向客户生动地展示公司产品。结果总经理只同意给李华一人配置，理由是营销部已经有几台手提电脑了，王明可以和其他销售人员共用。事后李华逢人便说："赵总对我可好了，他只帮我配了手提电脑，这样以后我跟他一块出差要写文件就方便多了。"这话传到了王明的耳中，王明非常不舒服，他气呼呼地说："有什么了不起，不就是领导面前一个跑腿的吗？"

2. 王姐是一家工厂的机要秘书，平时主要负责厂部机要档案和行政公章的管理。这天，行政办的李主任拿来一份文件请王姐盖章，文件内容是向上级部门请示集资筹建职工宿舍楼。李主任叮嘱王姐："此事刚刚开始运作，厂里缺房的困难户很多，千万不要对外讲。"

李姐是王姐的好朋友，正为缺房发愁，于是王姐就将此事当成好消息悄悄地告诉李姐了。殊不知李姐平时就是"小广播"，此事一下就在厂里传遍了。于是，很多缺房户三天两头往厂长办公室、行政办公室跑，严重影响了领导正常工作的运行。这下厂长恼火了，当查清消息传播源头后，王姐被调到成品库房工作了。

项目任务

1. 在情景案例1中，如果李华这样对王明说："我也是没办法，总经理做事雷厉风行，你们都是知道的。每次随他去基层开会，他都要求当天就把会议纪要写出来并迅速传到各有关部门。上次和他去××分公司，就因为分公司电脑出故障了，会议纪要没有当天写出来，他很不高兴，批评我说要提高执行力。其实有了这个手提电脑，我的事情会更多了！"你认为效果会怎样呢？你认为这两种说话方式最大的不同点是什么？

2. 在情景案例2中，是李姐失误了，还是王姐失误了呢？厂长的做法你能认同吗？为什么？

任务分析

在情景案例1中，秘书李华与同事王明很有可能是有点私交的同事关系，如果李华能够很好地经营他们之间的友谊，人生路上也许会收获更多。但是，遗憾的是，自从两人同时向公司申请笔记本电脑而独有李华如愿以偿一事之后，李华炫耀性的言谈举止也许就封闭了这扇友谊之门。谨慎、低调、缜密应该成为职场工作者的工作作风，甚至是语言习惯。这也是与同事沟通的语言艺术的基本要求。

在情景案例2中，机要秘书王姐在好友李姐面前无法保守住一个暂不宜公开的信息，她对于机要秘书的职业操守——保密性要求都无法恪守的话，只能是落得换岗这样一个结局。案例启发我们：任何情况下我们都应该保持自己的职业操守，做一个合格的职业人。

相关知识

在生活中，人们与同事每天相处和见面的时间最长，由于处在同一个利益共同体中，又因为各自经历不同、脾气性格不同，相互间少不了会有摩擦。因此，我们不仅要改善自身与同事的交际环境，更要促进整个共事环境的和谐融洽。

（一）平级之间沟通与合作的理念

（1）将其他部门视为内部客。保持对其他部门的尊重、礼貌，避免因为熟悉而忘记应有的礼节。

（2）通过良好的沟通方式达成工作。心中随时牢记人际沟通概念中信息的传递、情感的交流、感觉的互动这三个维度，牢记微笑、赞美、聆听、避免与人争论等沟通策略，并在与同事交往中实践。

（3）尽可能和其他合作部门建立良好的个人关系。良好的个人关系能使你在工作中争取到更多的支持，极大地促进自身工作，提高工作效率。

（4）以公司的总体目标来处理出现的问题。工作中出现的问题，处理时心中要从公司整体利益出发，不偏不倚，秉公处理，才能让所有人心服口服，减少异议，尽快把事情处理完毕。

（二）平级之间沟通与合作的原则

（1）彼此信任互相鼓励。与同事相处共事，最忌讳相互猜忌，彼此拆台。应该彼此信任、相互鼓励，营造良好的同事相处氛围，有助于大家轻松愉悦地完成工作任务。

（2）互相尊重，遇事要有协作精神。在公司中我们承担的工作往往不是独立的，各位同事的工作有着千丝万缕的联系，需要各部门配合才能完成。任何一个环节受阻，工作都不能顺利展开。在工作中团队协作意识非常重要，只有相互尊重，彼此协作，才会有优秀的工作成效。但因大家工作都很忙，配合不及时，有时会无意间造成了你工作的被动，这种情况在单位日常事务中经常出现。面对这类情况，说话就要特别注意，言辞不要过于生硬或激烈。应该冷静分析主要问题出在哪里，向同事委婉地提出自己的意见和建议，共同商量如何解决问题。如果看到同事流露出不高兴的情绪，应马上反省自己是否说话不得体，并及时向对方道歉，如"我刚才说话过激了点，请原谅！"或"我不是存心跟你急的，请不要在意！"

（3）为他人的事情保密，诚心以待。把好口风，不随意透露重要信息，真诚为他人保守秘密，做一个可靠的人。

（4）发现问题要及时、诚恳地提醒。善意提醒，帮助同事减少工作中的负面结果，能赢得同事的尊重与友谊。

（5）对他人所托之事，言既出，行必果。养成慎重许诺，不说空话的良好习惯。

（6）不要对其他同事谈及自己对领导的看法。老练稳重的人懂得"祸从口出"。说话要讲究分寸，思考什么话能说，什么话不能说，要谨言、慎行、多思。

（7）请求他人帮助时要表示感谢。不要把别人对你的帮助视作理所当然，得到了帮助应该记得感谢施以援手的人。

（三）如何与不同性格的同事进行沟通

1. 活泼型

这种性格的特点可以用三个词概括：外向、参与者、乐观。拥有活泼型个性的人通常是天真的、情绪化的。对外界保持好奇心，爱寻找新鲜事物，有创造性，常常不假思索地闪电式开始。他们健谈，注重外表，动作、神态、言语表现夸张，对他人有一定吸引力。热爱别人，喜欢赞扬，很快道歉，不怀恨，容易交朋友，被孩子喜欢。

这种性格的优势就是快乐。他们拥有讨人喜欢的性格，大多数活泼型的人都爱说话，是滔滔不绝的故事大王，并且多才多艺，往往是晚会的灵魂、舞台上的高手。与活泼型的人相处，更容易收获快乐。

这种性格的劣势是缺乏统筹。做事缺乏条理，常常没有跟进事情；情绪变化无常，不成熟；容易以自我为中心，说得太多落实太少，容易打断别人讲话，容易忘记朋友。

2. 完美型

这种性格的特点可以用三个词概括：内向、思考者、悲观。拥有完美型个性的人通常目标明确，能深思熟虑，对人、对事都会有高标准，严肃认真、责任心强，能自我牺牲。做事都会预先计划，有条理，善于发现问题，原则性强。爱整洁，交友谨慎，忠诚可靠，注重细节，善始善终，会聆听抱怨，情感丰富。

这种性格的优势就是善于统筹。他们有深度、爱思考、善于分析，严肃认真、目标明确，喜欢清单、表格、数据和图表，有秩序、在乎细节、干净、整洁、节俭。对人有深深的关心与同情，对同伴要求较高。

这种性格的劣势是容易抑郁，做事拖拉，对别人要求过高，花太多时间做计划，没自信、没有安全感。

3. 力量型

这种性格的特点可以用三个词概括：外向、行动者、乐观。拥有力量型个性的人通常有领导者的气质。他们精力充沛、意志坚决、果断、自信，对事情总是知道答案。他们是目标主导型，能纵观全局，善于管理，善于应变，越挫越强。

这种性格的优势是有很强的行动力。他们是天生的领袖，对改变具有内在的迫切需要。他们有坚强的意志和决策能力，目标主导、组织极佳，通常是对的。

这种性格的劣势是不善于处理人际关系。给人的感觉就是"没错先生"、强迫型工作者，不会安排娱乐活动，小看追随者，喜欢支配别人，不会道歉。

4. 和平型

这种性格的特点可以用三个词概括：内向、旁观者、悲观。拥有这种性格的人通常性格低调，容易相处，非情绪化，仁慈善良，乐知天命，不急不躁。他们具有宽容的美好品质，熟悉可靠，有行政能力，善于面对压力，有很多朋友，有同情心，愿意关心别人。

这种性格的优势是生活轻松。他们具备很好的行政能力，为人低调随和，有耐心，遇事冷静、镇定，善于缓和纷争，容易相处，是个好听众，朋友多。

这种性格的劣势是惰性较强。往往拒绝改变，显得懒惰，没有激情；不愿表达自己的感受，不会拒绝，缺乏主见。

世界上的人千差万别，就像世界上没有两片完全相同的树叶一样，世界上也没有两个完全相同的人。而各不相同的人都有其优缺点。在与同事相处时应该允许别人有自己的特点，不以个人的好恶去要求别人、评价别人。

有一句话应该牢记：没有完美的个人，只有完美的团队。在团队中别人不是完美的，你也不是完美的。但团队成员如果能优劣互补，让性格特点各不相同的同事各得其所、各显其能，那么这个团队整体就可以是完美的、无往不胜的。

小技法

巧妙劝说同事

在工作中同事间经常需要相互配合完成任务，而有时需配合完成工作的双方或多方的想法并不完全一致，这时我们就需要协调与同事之间的关系。难免要劝说同事改变立场、观点、态度和行为等，得体、巧妙的说话方式才能取得成效。

1. 设身处地，将心比心

俗话说："人同此心，心同此理。"许多说服工作遇到困难，并不是没把道理讲清楚，而是由于劝说者与被劝者固执地据守本位。如果换位思考，把被劝者放在自己的位置上陈述苦衷，或者抓住被劝者的关注点，被劝者也许就不会"拒绝"劝说者的好意。

2. 求同存异，缩短差距

与同事之间多少都会存在"共同意识"。应该敏锐地把握这种共同意识，以便求同存异，缩短与被劝者之间的心理差距。这样，就有了解释自己观点进而攻入同事之心的机会，进而达到说服的目的。

3. 推心置腹，动之以情

古人云："感人心者，莫先乎情。"说服工作在很大程度上可以说是情感的征服。只有善于运用情感技巧，推心置腹、动之以情，讲明利害关系，使同事感到你的劝说并不抱有任何个人目的，没有丝毫不良企图，而是真心实意地维护他的切身利益。这样，劝说目的自然就能达成。

4. 克己忍让，以柔克刚

克己忍让，对对方礼让三分；以柔克刚，让事实来"说话"。这样必然会激起同事的羞愧之心和敬佩之意，使他无形中接受规劝。这种容忍的风范和"四两拨千斤"的说服技巧，常常会为自己赢得真诚的同事关系。

5. 为人置梯，保人脸面

若想改变同事公开宣布的立场，则先要做的就是尽量顾全他的面子，使他不至于背负出尔反尔的包袱。如果是在一开始没有掌握全部事实情况下发生的分歧，也可以给同事铺台阶，如"当然，我完全理解你为什么会这样做，因为你不清楚实际情况"，或者说"最初我也是这样想的，但后来当我了解全部情况后，我就知道自己错了"。为人置梯可以把被劝者从尴尬中解救出来。另外，最好采取单独面谈的方式，让同事避开公众的压力，这样劝说的效果会更好。

相关链接

如何劝说同事不要占用办公室电话接打私人电话

有同事经常占用办公室的电话接打私人电话，影响了公司的工作，领导让我去说服他。

我想了两套方案，试图劝服他。

【方案一】

第一，在同事手机没电或没带的情况下，主动借出自己的手机给同事使用。

第二，在不是上述情况下，则采用半开玩笑的口吻："我提醒你哦，等下领导看到要扣工资的哦！"如果是分线电话就说："谈什么情呢，领导听着呢。"

第三，在确有公务或急事的情况下，提醒正在通话的同事，请其让出电话。如果是分线，则提醒说，领导马上要用电话。

【方案二】

第一，办公室管理制度中包含电话机的使用规定。

第二，在办公室人员工作会议中，强调办公室管理制度，列举办公室管理中存在的问题（包括占用办公室电话接打私人电话的现象），同时提醒办公室人员注意。这位同事如果是个聪明人，就应该会明白。这样做既顾全了同事的脸面，又能把事情解决。

评析："我"想制止同事占用办公室电话接打私人电话，两套方案都切实可行，最好配合着使用。这样，既能达到劝服的目的，又能保全同事的脸面。可见，与同事的相处，是需要进行艺术处理的。

小技法

与同事相处的语言艺术

用幽默的语言与同事分享快乐；与同事聊天时不信口开河；在工作中尽量避免无谓的闲聊；遭遇同事的冷言冷语时理智对待；对同事的缺点委婉地提出建议。

实践训练

【案例1】 12月15日，办公室给各部门发通知，请各部门将年度总结于12月25日前交到办公室，以便编写公司的年度工作报告。26日，除了工程部，其他部门的总结都到了文字秘书小孙的手上，于是小孙催促工程部尽快将总结交到办公室。可到了29日，工程部的总结还没交过来，原因是工程部主任一直在工地检查，没时间写，就将此事交给部门新来的小赵，可小赵对工程情况知之甚少，根本无法完成这项任务。小孙急了，公司1月3日就要召开年度总结大会了，工程情况是公司的重点工作之一，届时拿不出完整的年度工作报告，总经理肯定是要怪罪的。于是，他气呼呼地对小赵说："我要去告诉办公室黄主任你们工程部一点也不配合我们的工作！"

你认为小孙的做法对吗？如果你是小孙，你该如何做？

【案例2】 一天，黄主任走进办公室，意外地发现文字秘书小孙在哭鼻子。"怎么了？"黄主任关心地问。这一问不打紧，小孙哭得更厉害了。待小孙平静下来，终于道出原委：今天崔总经理办公室的桶装纯净水喝完了，他打电话让办公室给他送桶水去。正好小孙有事，她要去做会议记录，于是她一边站起来准备去会议室，一边着急地对打字员张姐说："张姐，崔总办公室没水了，你给他送桶水去吧。"没想到张姐全然不顾办公室还有其他人在，当即说："你凭什么指挥我做事啊！论年龄我比你大一截，论资历我的工龄比你年龄还长，你才来几天，不过就是一个小秘书，居然指挥起我来了！"小孙觉得自己很委屈，她觉得张姐误会了。

你认为小孙的言语有不妥吗？如果你是小孙，你会如何对张姐说呢？

同样是办公室的一员，你认为张姐的话是不是有点"过"了？

如果你是黄主任，在这场"纠纷"中该如何协调呢？

第四单元　与下级及客户沟通

情景案例

7月是恒达商业集团公司的业务淡季。总经理李明每年都会趁这个清闲的时候到集团下属单位去调研。每次的调研都由行政部主任黄磊全程安排并陪同。

7月15日，李明决定去下属的A、B、C三个单位调研，其中A、B两个单位上年的绩效考核为优，C单位仅为合格。据说李明早就对C单位的经理不满意了，多次在半公开场合提出要更换C单位的负责人。

这次调研的陪同人员名单是李明亲定的，共5个人，分别是陈副总、财务总监、人力资源总监、技术总监和任诗怡。

项目任务

作为秘书工作人员，任诗怡需要做好总经理李明带团调研的前期接洽工作，又因为这次任诗怡也是调研随行人员，所以在调研实施过程中她也要履行好自己的职责。如果你是任诗怡，在完成上述工作时，从与人沟通的角度看该注意些什么？

任务分析

关于总经理李明调研一事，秘书任诗怡要做的工作可以分为两个阶段：一是调研前，要通知被调研单位调研活动的行程安排、人员配备等，以便被调研单位做好准备；二是在调研过程中，要及时与被调研单位衔接好调研活动。这两个阶段的工作，任诗怡都要与被调研单位——三个下属单位的责任人或其办公室进行及时的沟通。任诗怡在与下属单位的沟通中，言语要做到客观、清晰、毋庸置疑，同时，又不能摆架子、打官腔，以免下属单位心生抵触情绪而影响工作。

相关知识

（一）如何让下属心甘情愿地接受任务

主动工作和被动工作的效率是大不一样的。只有每个团队成员都能自觉自律、积极进取，主动工作不讲价钱，团队的工作氛围才能和谐，工作效率才能提高。团队的领导要擅长调节团队气氛，最大限度激发团队成员的工作热情。有一句时下流行的俏皮话是这样的："你关照我的心情，我就关照你的事情。"这句话很好地表达了员工希望领导关心爱护下属、设身处地为下属着想的心情。

作为领导，给下属布置工作任务时应该注意以下几点：
- 态度友善，用词礼貌，让下属放轻松；
- 让他觉得这个主意是他想到的；
- 让下属明白此件工作的重要性；
- 共同探讨状况，提出对策；
- 给下属更大的自主权；
- 让下属提出疑问；
- 布置工作要得到确认；
- 用我检查代替我希望；
- 经常对下属说："太重要了，我怎么没有想到，就按你说的办！"

（二）如何有艺术地批评下属

批评是团队管理中必不可少的管理手段。批评的目的是改进工作态度或工作方法，解决好问题，进一步干好工作，而不是否定、打击下属。批评需要遵循对事不对人的原则，不能搞人身攻击，切忌伤害下属的自信心和自尊心。在批评下属时让下属深刻认识到自身有关错误的同时又保全了其自尊心和工作积极性，是批评下属时要努力追求的效果。批评下属的注意事项如下：
- 选择恰当的环境；
- 先讲结果，后讲原因（对于工作汇报）；
- 先肯定，再建议，后鼓励；
- 不要伤害下属的自尊心与自信心；
- 对事不对人；
- 准确、具体描述事实；
- 讲清因其错误使团队遇到的困难和受到的损失；
- 明确指出如何改进；
- 让对方看到改进的好处；
- 友好地结束批评。

相关链接

批评的原则、策略和技巧

（1）批评的原则

用放大镜看待自己的错误，用显微镜看待别人的错误。

(2）批评的策略

欧美一些企业家主张使用"三明治策略"，即赞扬—批评—赞扬。也就是说，在批评别人时，先找出对方的长处赞美一番，然后再提出批评，而且力图使谈话在友好的气氛中结束，同时再使用一些赞扬的词语。

(3）批评的技巧

暗示式。例如，发现某位员工迟到了，就指着对方的手表问道："帮我看一下，现在几点了？"

模糊式。例如，为了整顿工作纪律，可以在会上说："最近一段时间，我们的纪律总的来说是好的，但也有个别员工表现较差，有的迟到早退，有的上班时间吹牛谈天……"这里就用了不少模糊语言，如"个别""有的"等。这样既照顾了一些人的面子，又指出了问题所在。

说服式。设身处地考虑对方的实际情况。需要注意的是，对象不同（如新员工和老员工），要求、标准不同。

请教式。例如，"如果按你这种想法，这个计划是不是都得重新制作？"这个时候，被批评者大多会自动修正自己的错误。

安慰式。这里可以用一个有趣的故事来说明。例如，一次，年轻的莫泊桑向著名作家布耶和福楼拜请教诗歌创作。两位大师一边听莫泊桑朗读诗作，一边喝香槟。布耶听完后说："你这首诗，句子虽然疙疙瘩瘩，像块牛蹄筋，不过我读过更坏的诗。这首诗就像这杯香槟，勉强还能吞下。"

（三）与下属沟通技巧

- 让下属知道你关心着他们；
- 先处理心情，再处理事情；
- 常对员工表达：我唯一可依靠的财产就是你们；
- 宽容大度，虚怀若谷。

（四）与下属沟通小结

- 多说小话，少说大话；
- 不急着说，先听听看；
- 不说长短，免伤和气；
- 广开言路，接纳意见；
- 部属有错，私下规劝；
- 态度和蔼，语气亲切。

（五）如何与客户沟通

一般来说，每个企业都设有专职营销的部门，由该部直接与客户进行沟通。但作为企业的综合协调部门，办公室也经常性地要跟随领导或代表企业与客户进行接触。在这种场合下，言行举止应该把握以下三点。

1. 营造良好的谈话氛围

在与客户沟通时，说话一定要视现场情形而定。一般而言，职场外交中的交谈，首先就是要设法营造一个轻松的谈话氛围，要善于周旋于客户与领导之间，将客户与领导的心理距离拉近。因此，在接待客户前，要尽可能地知晓客户各方面的情况，尤其是重要客户，应尽量了解其性格、爱好、语言习惯等，从细微之处很自然地把话题打开。说话时的气氛好，客户容易放下戒备心理，倾心畅谈。当然，此时还要注意自己的身份和地位，当有领导在场时，切记不可喧宾夺主，谈话只能"补位"而不能"越位"。

2. 全面介绍企业情况和产品情况

与客户交流，自然免不了要向对方介绍企业情况和产品情况，这两项内容是主宾双方的共同基本话题。对于企业的基本情况，应当全面掌握，而对于产品情况，也应当基本了解，当然越熟悉越好，这样你就能心中有底、有条不紊，给客户留下良好印象。

当客户问及上述情况时，如果什么也答不上来，这个谈话还能进行下去吗？客户会不会想："这个企业派一个什么都不懂的人来接待我，未免太不重视我们了！算了，我们换个厂家吧！"

> **♡ 小技法**
>
> 当只熟悉企业情况而确实不了解产品情况时，可以多向客户介绍企业的基本情况，包括企业的发展历程、近年来的业绩、经营理念、对客户的服务承诺、客户反馈的信息等，让客户对企业产生信任感、安全感。而后再将产品图册展示给客户，说："对不起，我确实不了解产品情况。这样吧，请先看看我们的产品介绍，待会儿营销经理会向您详细介绍，可以吗？"

诚实的待客比虚假的应付会让客户满意得多。

3. 防止泄露商业秘密

在介绍产品时，客户总会详细地打听有关产品的性能、特点、技术要领及价格等。企业内工作人员一般会对企业的商业秘密略知一二，这时一定要讲究分寸，最好是把话题引开，回避与客户谈及商务部分和核心技术部分，而不是采取生硬的口吻直接拒绝客户的提问。

> **♡ 小技法**
>
> 当客户追问时，可采取两种技巧来应对。一种是委婉技巧，你可以委婉地对客户说："价格方面我不熟悉，这样吧，营销经理比较清楚，具体请他们和您谈吧！"另一种是模糊技巧，你可以说："据我所知，这个价格非常实在了，我们很少是这个报价，只有对大客户和老客户才有这样的优惠！"

实践训练

春节快到了,一家大型企业来到快乐购超市准备采购一批春节物资发放给员工。行政科主管叶雨接待了他们。在听取客户的想法后,叶雨明白这是一笔大宗业务。他当即打电话给相关业务科的科长,请他们一起同客户商谈这笔生意。

训练方法:三名同学进行角色扮演,一人演客户,一人演叶雨,一人演科长。

训练要求:进入角色,体会在这场商务谈判中,叶雨作为中间人,与客户和下级之间的谈话艺术。

第五单元 综合训练

1. 背景描述

张洪应聘到通发电力建设工程公司总经理办公室秘书岗位工作不到三个月。20××年12月5日,他收到沙洲发电有限公司邀请函,内容大致是定于20××年12月18日上午10:18,举行沙洲发电厂工程开工典礼暨沙洲发电有限公司成立五周年庆典,邀请通发电力建设工程公司总经理徐明届时光临。

通发电力建设工程公司承建了沙洲发电有限公司投资的沙洲发电厂工程,并在该工程现场设有项目部。张洪接到邀请函的当天,办公室主任刘浩到上海参加培训去了,总经理徐明在家。

刘浩临走时嘱咐张洪遇事一定要先向他汇报。因此,张洪拨打了刘主任的手机,将这一事情向他做了汇报。刘主任在电话中告诉张洪办理两件事:一是与项目部联系,详细问清楚项目部配合业主即沙洲发电有限公司举行开工典礼的准备情况;二是将邀请函直接送到徐总手上,同时向徐总汇报项目部的准备情况。

按照刘主任的要求,张洪与项目部经理进行了电话联系,而后将邀请函送到徐总办公室。徐总看完邀请函后,指示张洪:一是准备一份在开工典礼上的贺词;二是准备一份礼品于18日前送到沙洲发电有限公司,并事先将送礼一事告知该公司庆典会务组。

2. 训练任务

如果你是张洪,收到邀请函后,你会如何向主任刘浩、总经理徐明汇报,会如何听从两位上司的指示,又会如何与项目部经理、沙洲发电有限公司庆典会务组沟通?

3. 训练要求

(1)实训形式

在角色扮演中完成项目任务,即分别由学生扮演秘书张洪、办公室主任刘浩、总经理徐明、项目部经理、沙洲发电有限公司庆典会务组联络人。

(2)实训内容

① 张洪与办公室主任刘浩之间的沟通。

② 张洪与总经理徐明之间的沟通。

③ 张洪与项目部经理的沟通。

④ 张洪与沙洲发电有限公司庆典会务组联络人的沟通。

（3）实训评价（见表 7-2）

表 7-2　实训评价表

评 价 内 容	评 价 标 准	分值/分
语言	清楚、流畅、简明、平实、得体	40
体态	端庄、稳重，符合人物身份地位	10
角色扮演	符合人物身份地位；符合模拟情境	20
沟通技巧	正确运用沟通技巧；实现了有效沟通	30

模块八
日常事务处理口才训练

习训目标

知识学习目标	能力培养目标
● 了解公务交际口才的相关知识 ● 掌握公务交际（拜访、接待、社交）、调研与访谈、主持会议及电话交流等日常工作口语表达技巧	● 能够熟练运用口语表达技巧顺利完成各项工作

第一单元 公务交际口才训练

情景案例

王强是合顺工程造价咨询公司综合部副主任兼秘书，因年轻能干颇得张总经理的信任。

4月28日，王强接到张总的电话指示："省工程造价咨询协会的龚秘书长胃出血住院了，我出国在外还要五天后才能回来，你代表我去医院看望一下龚秘书长。另外，'五一'节到了，因工作需要，公司有好几名员工需要留守在工地不能回家过节。你们综合部与工程部一起代表公司去工地慰问一线员工，具体由你来牵头安排。"

项目任务

1. 如果你是王强，代表公司去看望龚秘书长时，你会如何与之交谈？
2. 如果你是王强，你该如何与工程部联系？到工地慰问时，怎样才能表达公司对一线员工的关怀呢？

任务分析

王强出于工作需要，要代表公司老总去医院看望上级领导，并且还要与工程部一起，以公司名义去慰问节日期间留守工地的一线员工，这些活动都是工作中的日常事务。工作中的日常事务主要包括：拜访、接待、宴请、慰问、洽谈、社交等。在这些日常事务中，我们与交际对象只是简单接触，是一种偶然性、短暂性的交往，它比较讲究礼节和规格，有其相对固定的模式。要做好这些工作，就要熟悉这些公务交际的规矩，遵循必要的口才要求，以便在这些公务活动中驾轻就熟，游刃有余。

相关知识

公务交际是指出于工作的需要而与特定的对象相互交流信息的过程，如拜访、接待、洽商、谈判、慰问、宴请等。公务交际与以生活、娱乐为内容的私人交际有本质的区别，通过公务交际，可获取大量与工作相关的信息。

（一）公务交际的一般特征

1. 交际对象一般仅局限在表面接触

因为是出于工作的需要，在多数情况下，均为偶然性、短暂性和事务性的接触，而非感情的融合与心灵的沟通。

2. 以完成公务为己任，讲究实用目的性

公务交际的目标是尽快完成任务，因此公务交际比较讲究方式、规格和礼节，特别是与对象的交谈就显得尤其重要，它与松散、悠闲的私人交际有很大的区别。

（二）开展公务交际的注意事项

1. 自信

公务交际的对象以陌生人或了解不深的人为多，因此要克服自卑、羞怯等心理障碍，做到心绪平静、思维清晰，这样才能保证说话条理清楚、言行自若。

2. 平等

公务交际中的交流都是对等交流。要有高尚的品格，无论什么场合、什么时候，都不能忘记平等待人，绝不能把自己凌驾于他人之上。

3. 因人而异

在公务交际中要适应不同类型的人，对不同职业、不同年龄、不同性格、不同工作习惯的人，采用不同的对话方式。

（三）几种常见的公务交际及其表达技巧

1. 拜访

在日常工作中，经常要去拜访与单位有关联的外界人士。拜访有礼节性拜访、工作性拜访和公关性拜访3种形式。无论哪种拜访形式，都需要掌握一定的表达技巧。

拜访者的言谈举止是实现拜访目的的关键。在拜访过程中，秘书要注意做到"三不"。

一是寒暄不可少。拜访他人，特别是有求于人的拜访，不可直奔主题，开口就问，张嘴就求，而应当以一些融洽气氛的客套话作为铺垫，不妨先谈谈天气、新闻、大家关注的热点问题等，待气氛好了再引入正题，说明来意。

二是交谈时间不宜过长。主客寒暄几句后，要以言简意赅的语言说明来意。切记不要东扯西扯、没完没了，也不要高谈阔论，要控制好说话的音量与时间。

三是体态语言不可多。举止要文明，不可指手画脚、手舞足蹈。文明、礼貌、得体、适度是拜访成功的前提。

相关链接

如何做好电话拜访？

a. 不宜在上下班时间段做电话拜访；

b. 依不同行业调整电话拜访时间；

c. 若已知对方职称、职务，则应直接称呼对方职称、职务，使对方有被重视感；

d. 遇到滔滔不绝的受访者时，切记应尽快切入访谈重点，婉转暗示对方此次电话拜访的目的，并适时将电话结束；

e. 访问结束时，应表达感谢之意，并说声"对不起，耽误您不少时间"。

2. 接待

接待工作对工作者的能力素质要求很高。就口才来说，要接待什么人说什么话，善打圆场，善补漏洞，能即席发言，能脱稿讲话。

（1）常用的接待用语。接待用语是秘书表达感情的一种方式，是实现交往目标的润滑剂。接待用语要适应接待时的环境、条件、目的等，只要让人感到自然、亲切、热情即可，一般没有固定的模式。

常用的接待用语如下：

① 表示欢迎之意时，如"见到你很高兴""欢迎光临"。

② 表示谦虚之意时，如"招待不周，请多包涵""工作刚刚起步，请指教"。

③ 表示关心之意时，如"近来可好，工作忙吗""最近公司效益如何，业绩还好吧"。

④ 表示赞赏之意时，如"您的报告我听了，很精彩，很有思路""您最近越来越精神了，显得好年轻""好久不见，您越来越漂亮了"。

⑤ 表示了解之意时，如"我可是久闻大名了""我看过你的很多文章，很有见解"。

⑥ 表示理解、感激之意时，如"辛苦了，感谢你们的辛勤付出"。

⑦ 表示同情之意时，如"干工程真不容易，没年没节的"。

中国是礼仪之邦，古人为我们留下了很多宝贵的礼貌用语，如表 8-1 所示。这些常用敬语如能应用得当，对秘书的接待工作将大有裨益。

表 8-1　各种场合中的常用敬语

场　合	敬　语	场　合	敬　语
初次见面	久仰	很久不见	久违
请人批评	指教	请求原谅	包涵、见谅
请人帮忙	劳驾	请予方便	借光
麻烦别人	打扰	祝贺别人	恭喜
请人解答	请教	请人指点	赐教
托人办事	拜托	赞赏别人	高见
看望别人	拜访	接待宾客	光临
中途退场	失陪	等待客人	恭候
请人勿送	留步	注意身体	保重
欢迎购买	光顾	归还物品	奉还
囊中羞涩	惭愧	客人文章	大作
自己文章	拙作	请人收礼	笑纳
给人送礼	薄礼	领导讲话	指示

（2）接待的六个环节

① 迎接：当客人来访时，应立即从座位上站起来，很有礼貌地说："请进。"如是熟悉的客人，应先说："欢迎，请进！"如是陌生人，见面可用提示性语言："您是……"表示询问，让客人先自我介绍，然后表示欢迎，并可直接问明客人的来意。

② 引导：引导客人去办公室或接待室就座。在拐弯或上楼时，应说："请这边走。"并用手示意。若引导距离较长，应与客人边走边谈，活跃气氛。当把客人引导到领导办公室或接待室，要对客人说："这里就是。"

③ 介绍：客人与领导初次见面一般由接待人员介绍。介绍时，秘书除了礼貌地用手示意，还要介绍被介绍人的所在单位、职务、姓名，如"这位是××公司总经理×××先生"。介绍时应注意顺序，先把身份低、年纪轻、男性的人介绍给身份高、年纪大、女性的人。

④ 问候：向对方问好，以示友好和关心。在彼此不太熟悉或初次见面的人间，宜采用一般性问候，可以说"您好""一路辛苦了"；对于关系密切、比较熟悉的人，问候的内容可包括对方的健康、工作及家人，但也要注意分寸，以免产生不快或尴尬。

⑤ 交谈：交谈要因人而异。对前来研究问题、商量工作的客人，要用商量、征询的语气交谈。对前来求助的客人，要语气平和，给对方一种信任感，你可以说："这事只要有可能，我一定尽力而为。"对前来提供信息的客人，要说："谢谢您的费心！"交谈时要注意保持友好的气氛，避免不礼貌的言谈举止。自己有事外出时，要客气地对客人说："对不起，失陪一下，我有点急事需要处理，您坐，我马上就回。"

⑥ 送行：送客人要送到门外，并说些告别语，如"您走好，欢迎再来"等。送别客人不要急于回转，客人请主人"留步"后，主人要目送客人走远并招手"再见"后再回转。

3. 社交

社交有助于人们加强与社会各方面的联系，建立良好的人际关系，从而获得大量的信息。一般而言，企业的领导都很重视社交活动，工作人员都少不了在社交活动中充当重要的角色。在社交活动中，要注意以下五点。

（1）增强角色意识，不可喧宾夺主。如果角色意识不强，就会对自己所担当的角色认识不正确、不深入、不全面，以至于发生角色混淆的错误。

（2）热情大方而不失常态。为人处事、待人接物要讲究方式，注意礼节礼貌，对人对事都要热情大方，但要注意场合，不能因一时激动而失了常态。

（3）语言幽默而不轻浮庸俗。语言风趣幽默是智慧的表现，在社交中有奇特的效应。但应用这类语言艺术，要看时机，不能在严肃的场合、严肃的问题上"插科打诨"；要看对象，要让对方和周围的人能听懂、能理解才有幽默效应；要适可而止，否则易于轻浮。

（4）老练成熟而不轻易动怒。老练成熟是社交中上乘的修养，是不断进取追求的目标。轻易动怒既对动怒者不利，使人感觉其缺乏修养，也对动怒的对象不利，伤和气，损友情。老练成熟能摆正感情与理智的关系，既重感情，更靠理智行事，遇事冷静思考，多为对方着想，对人平和礼貌。

（5）选择合适话题，不犯社交忌讳。社交场合话题的选择很有讲究。一般来说，可选如下话题。

① 谈话双方都感兴趣的、有共同利益的话题，如共同的业务、合作意向、科学技术的成果和新发展等。

② 一般人喜闻乐见的话题，如天气情况、时事新闻、体育报道、娱乐电影、旅游度假等。

③ 显示地方或民族色彩的话题，如经济建设、风景名胜、风土人情、人文景观、地方风味等。

④ 比较高雅的话题，如古典音乐、书法、绘画、中外名著、展览会、新闻人物等。

⑤ 积极、健康的生活体验的话题，如风趣、幽默的小故事，无伤大雅的笑话。

应该回避的话题如下：

① 夸耀自己的话题。
② 以个人为中心的自我表现的话题。
③ 庸俗的、色情的话题。
④ 暴露自己低俗，引起别人厌恶的话题。
⑤ 保密的话题。
⑥ 工艺技术、资金运作、客户资料、流通渠道等有关商业机密的话题。
⑦ 上司正在考虑、讨论而未做定论、未公开宣布的内容的话题。
⑧ 上司隐私、疾病方面的话题。
⑨ 公司内发生的事故、人事争端、内部失窃、经济纠纷的话题。

相关链接

社交口才的注意事项

（1）注意适时。说在该说时，止在该止处。见面时及时问候；分手时及时告别；失礼时及时道歉；请教时及时解答；求助时及时答复……

（2）注意适量。适量既指说话的多少适当，也指说话的音量适宜。适量与否应以是否达到了说话目的为衡量标准。

请看下面几段话：

① 您看，这么晚了还来打搅您，真过意不去。您要休息了吧？真对不起，对不起……

② 我不同意这个意见！我明确表示不同意。不管你怎么看，我就是不同意。

③ 那不是我说的，我怎么会那么说呢？您想，我会那样说吗？那确实不是我说的。

上面的几段话，都是为了增强表达效果不得不说的"废话"，是有必要保留的语言的"冗余度"。第一段话表示道歉，重复几句显示了态度的诚恳；第二段话表示了说话人态度的坚决和不容置疑；第三段话则是说话人急于表白自己而采取的必要的重复。

（3）注意适度。适度主要是指根据不同对象把握言谈的深浅度，根据不同场合把握言谈的得体度，根据自己的身份把握言谈的分寸度。当然，体态语也要恰到好处。

实践训练

【案例1】 前段时间合顺工程造价咨询公司的好几名骨干人员集体跳槽，被同行通兴公司高薪挖走了。通兴公司吸纳了合顺公司的几名骨干人员后，很快就接下了好几个项目，而这几个项目正是合顺公司所关注的。合顺公司张总很恼火，特将此作为一次"事故"，召开专题会议进行讨论。

这天，助理王强陪同张总参加行业协会举办的新春酒会。席间，大家觥筹交错，酒意浓，言谈欢。这时，通兴公司的钱总过来敬酒了。钱总说："张总，敬您一杯，祝贵公司新年新气象！"张总说："谢谢，也祝你们新的一年有新进展！"也许是有了几分醉意，王强抢过张总的话说："得了，钱总，别装了，挖人家墙脚，还有没有职业道德？"张总马上制止王强："小王！怎么能这样说话，去拿杯酒来。钱总，小王年轻气盛，您不要放在心上，让小王敬您一杯赔个不是！"

【案例2】 省造价工程咨询协会龚秘书长等一行三人来合顺工程造价咨询有限公司调研，对该公司的造价咨询工作开展情况非常满意。调研结束时临近下班，张总盛情挽留龚秘书长一行共进晚餐。

在酒店包厢里，助理王强热情招呼大家入座。酒过三巡大家正喝得尽兴时，不知谁说一句"包厢光线太暗了，把灯打开吧"。王强笑着说："还用开灯吗，我们这里不是有光亮亮的一百瓦的白炽灯照着？"场内气氛顿时冷了下来，大家呵呵笑了几声随即把话题扯开了。原来随同龚秘书长来的一位老同志因脱发头顶光光的，听王强这么一说，当即脸上有点挂不住了。

试分析两个案例中秘书王强的话语有何不妥？你从中受到了什么启发？试与大家讨论交流。

第二单元　调研访谈口才训练

情景案例

××省电力公司工会组织总经理联络员的调研活动，旨在以最近的距离倾听员工心声，听取基层单位"反违章年"活动的开展情况，收集公司集体合同的执行情况，并征求一线员工的意见和建议，为公司党组的决策提供依据。

刘军是公司工会的办公室主任，理所当然应陪同工会主席张力一同前往基层单位调研。

项目任务

如果你是刘军，你会如何主持完成以下两项工作。
1. 主持召开座谈会，请基层单位领导、部门领导及一线员工参加。
2. 座谈会后，与抽取的个别基层单位领导、部门领导及一线员工交谈。

任务分析

刘军作为工会的办公室主任，要陪同工会主席一起到基层单位调研。调研活动的目的在于为领导层的正确决策提供现实的参考和依据。那么，这就要求调研活动从群众中来，到群众中去，要倾听民众的声音。因此，调研活动离不开调研员与民众的信息交流和沟通。这种交流和沟通主要是通过集体访谈和个别访谈的方式进行的。在访谈活动中，调研员所具有的沟通的艺术和技巧直接决定了调研结果的真实性和可靠性。

相关知识

调研的主要任务是从复杂的现象中分辨出相对明晰、相对确定的客观事物，搞清楚"是什么"；通过思维活动，探索出隐藏在现象背后的本质及其发展规律，回答"为什么"；在这个基础上提出办事的方法和措施，解决"怎么办"，用以指导工作，减少工作的盲目性，增加决策的科学性。

调研离不开访谈。访谈是调研工作的重要手段，认识访谈、讲究访谈的技巧，对于做好调研工作有着重要的意义。

（一）调研访谈的形式

调研中的访谈有两种形式：集体访谈法，集体访谈一般以座谈会的方式进行，参加会议的人不宜太多，三五个或七八个即可；个别访谈法，即调查者与被调查者进行面对面的交谈和讨论。

（二）调研访谈的技巧

1. 深入基层

真正高质量的调研，特别是事关全局的重大决策性调研，不亲临现场、耳闻目睹，很难做出科学的分析预测和准确全面的判断。只有做到亲自口问、耳听、心想、笔记，调研的成果才会切实可靠。

2. 掌握主动

访谈者要使整个访谈活动处在一个有序、可控和高效运转的状态，一要及早亮出谈话主题，引导对方围绕主题说话；二要随时变换角度，包括思维角度、认识角度、叙述角度，以求得对素材的全面了解，求得素材的最大价值；三要突出重点，既要引导对方畅所欲言，全面反映情况，又要注意引导被访者对关键环节和问题做出最充分的陈述。

3. 创造轻松气氛

在访谈中常会出现访谈对象迟迟不谈、场上沉闷的气氛，为此，要设法消除对方的心理障碍因素，点出一个具体话题，帮助对方理出头绪，或者就某一具体问题发问，指明一人发言，以此作为突破口，循序渐进。还可以讲些风趣幽默的话，活跃场上气氛，创造轻松的访谈氛围。

4. 巧妙启发诱导

有些被访者由于受性格特点、语言表达能力等局限，或者三言两语便无话可说，或者词不达意、颠三倒四、答非所问。这就需要访谈者巧妙、合理、恰当地启发诱导，通过一些提示，使被访者从纷繁的事物中找到头绪，并在其陈述时，随时引导，防止其离题。

（三）调研访谈的注意事项

访谈前要做好充分的准备，即设计好调查方案，拟定好调查提纲。访谈时应注意以下三点。

（1）举止要自然轻松，语言要通俗易懂，要营造良好融洽的交谈气氛，消除对方的拘束情绪。

（2）要用平实和善的语言取得对方的信任和理解，绝不能用凌驾于对方之上的言行，否则得不到对方的支持，也就得不到真实的调查材料。

（3）要清楚达到什么目的，准备提哪些问题，重点是什么，防止偏离调查提纲。提问时措辞要明确，注意问题的顺序及问题的前后衔接，要注意引导，避免漫无边际的闲谈。

相关链接

晤谈用语

1. 进门语

同主人见面后，要立即打招呼：

（1）如果是初访，一般需要作自我介绍；如果没有预约，一般要先表示歉意。可以说："一直想来拜访，今天如愿以偿了！""初次登门，就劳您久等，真不好意思！"

（2）如果是重访，一般只需简单地说一句"好久没来看你了"，或者说"我们又见面了，我上次来，是一个月以前吧？"

（3）回访大多出于礼仪或答谢，通常可以这样说："上次劳您跑了一趟，我今天登门拜谢来了。""您上次刚走，我们就想，无论如何要到府上再谢谢您！"

（4）礼仪性访晤大多与唁慰、祝贺、酬谢等有关，进门语要同有关的唁慰、祝贺、酬谢等内容联系起来，例如，可以说："一直没有机会登门，今天给您拜年来啦。"

2. 寒暄语

（1）语题应由双方都熟悉或有兴趣的事物自然引出。寒暄的内容常常是天气冷暖、工作忙闲、学习好坏、身体健恙、最近活动、朋友过往、亲属今昔等。但是，寒暄时具体谈什么，要有所选择。要善于从贴近处挑选双方均有兴趣或均有鲜明感受的话题。例如，天气特别冷，可从注意身体谈起；对方近日获奖，可从工作、学习谈起；身体有病，则从强身保健谈起。总之，话题需出于自然，包括墙上挂历、耳际音乐等，都可引起寒暄语。

（2）建立认同心理。多寻找共同语言，以求得对方在心理上的接近趋同。通过寒暄，构建起与对方沟通的桥梁，使谈话自然而然地深入下去。

请看下例：

甲：这幅画是你自己画的？画得真不错！

乙：你过奖了，我不过在业余艺校学了几天。

甲：你也进过业余艺校？

乙：怎么？听口气，你也不是外行。

甲：我在鲁迅业余艺校跟××老师学过画。

乙：真的？太好了，我们都是××老师的学生。

（3）创造和谐气氛。寒暄的目的，就是创造和谐气氛。访晤，如果缺乏一个和谐的气氛，就不是一次成功的访晤，甚至可以说失去了价值。所以，寒暄时，双方的语言要诚恳，而不可虚情假意；要坦率，而不可吞吞吐吐；要自然，而不可卖弄做作。特别是，要由衷地关注对方的苦乐，急人所急，爱人所爱，并以相应的语言表达自己的真实情感。这样，才有利于创造出越来越投机的和谐气氛。

3. 晤谈语

晤谈同一般性的交谈没有大的区别。值得注意的是，晤谈语要符合交谈双方的身份特点；交谈时的用语和口气，要顾及对方的辈分、地位等；内容要"扣题"，紧密围绕谈话背景和谈话目的展开；态度要热情亲切，不能给人敷衍的印象。如果访谈地点是在受访者的家里，说话就要"嘴下留神"，力避不宜被家属知晓的内容。

4. 辞别语

与进门语相照应，并且不要忘记再次表示唁慰、祝贺或谢忱，最后请主人"留步"。例如，可以说："今天初次拜访，十分感谢您为我花了这么多时间！""这件事就拜托你了，非常感谢！"

> **小技法**
>
> 个别访谈要掌握一定的技巧，即为克服交谈障碍所采取的策略、手段和方法。对于不愿吐露真情、守口如瓶的人，需要根据其身份和处境，研究设问策略：
> 一是提问因人而异；
> 二是提问可由近及远、由易到难、由表及里、由此及彼；
> 三是可正问、反问、侧问、设问、追问；
> 四是出其不意，提出对方非回答不可的问题。

实践训练

1. 现场操作

采访学校特等奖学金获得者。采访前先收集被访学生的综合情况，明确访谈的中心话题，确定想了解的几个问题。

2. 情景实训

周尚是恒达商业集团公司行政部的文字秘书。"五一"国际劳动节就要到了，行政部主任黄磊交给他一项任务，写一篇专题新闻报道，宣传公司获省五一劳动奖章的劳模范文化同志。接受任务后，周尚认真阅读了手头上的一些文字材料，他认为挖掘的深度还不够。于是，他决定：与范文化同志进行一次面对面的访谈。

方法与要求：学生两两一组，交替扮演周尚和范文化，练习访谈技巧。

第三单元　电话交流口才训练

情景案例

合顺工程造价咨询有限公司综合部王强正伏案赶写一篇客观反映公司员工爱岗敬业的报道。座机响了，是总经理打来的电话。总经理正在来公司的路上，他指示王强尽快给他订一张今晚去北京的机票，让王强先把航班班次弄清楚，他再确定具体乘坐哪趟航班。

座机又响了，是同事兼好友龙浩打来的。他问王强另一位同事的电话，然后在电话里问王强看了昨晚的中国篮球比赛没有，如何如何精彩……

王强正用座机向总经理汇报今晚去北京的航班情况，手机响了，来电显示是陈副总打来的电话。第一次没接，第二次也没接，第三次……王强想，陈副总可能是有急事，这下要接了……

项目任务

如果你是王强，你认为当务之急是哪几件事？你应该如何处理不断响起的电话？

任务分析

情景案例中王强虽然在写稿子，却处在频繁的电话接打过程中，这就是行政工作的真实一幕。工作头绪多、事情杂，他就像一个交换机一样，频繁地参与到电话交流中去。电话的交流和沟通，不同于现场的交流和沟通，它完全依赖于语言的艺术和技巧，必须遵循一定的电话交往模式，需要根据时间、对象和事务的不同酌情处理。

相关知识

打电话是与他人沟通的重要途径之一，电话用语极为重要，电话双方都是只闻其声不见其面，语言是双方表达内容和情感的唯一手段。能否给对方留下一个良好的印象，完全依赖于谈吐技巧，倘若欠缺这一技巧，就难以通过电话给对方留下比较深刻的印象。

因此打电话是展示口才的重要"窗口"，只要掌握了其中的技巧，就可以轻松地在不与对方见面的情况下，让自己的语言充满情感魅力。

1. 电话用语

电话用语包括语言、语气、语调，它是三者有机融合的统一体。打电话时，咬字要清楚，吐字比平时要略慢一些，语气要自然，话音不宜太大，也不宜过小，以对方能听清而又不影响同室其他人工作为宜。必要时，可把重要的话语重述一遍，交代时间、地点尤其要仔细。

当对方听不清楚发生询问时，要耐心回答，不可表现出丝毫的不耐烦，要始终给人以和蔼、亲切的感觉；当心情不好时，要格外注意打电话的语气和语调，要稳定自己的情绪，切不可把自己的不快传递给对方；当事情很急时，要控制好语气，越是急事，越要注意语调从容、叙事清楚、交代明确，切不可急得开口就噎人，让对方一听就窝火，把事情办糟了。

常用的电话用语对比如表 8-2 所示。

表 8-2　常用的电话用语对比

不妥用语	正确用语
喂	喂，您好
喂，找谁啊	喂，您好，请问找哪位

续表

不 妥 用 语	正 确 用 语
我找××	麻烦您帮我找一下××，好吗
等着	请稍等
他不在这上班	他在另一处办公，他的电话是
他不在	对不起，他不在，您有急事吗？要不要我转告他 请您过一会再打电话来，好吗
你是谁啊	请问您是哪位
有事吗	请问您有什么事
就这些吗	您还有其他事吗 您还有什么需要了解的吗
这样不行	对不起，这样恐怕不行
不会忘记的	请放心，我一定会照办的
没听清，再说一遍	对不起！刚才没听清，请您再说一遍好吗
说话大声点	对不起，我听不清，声音能大一点吗
听清楚了吗	刚才所说的听明白了吗？要不要再讲一遍
打错了	对不起，您打错电话了

> **小技法**
>
> 在工作中，无论接到什么人从哪里打来的电话，都不要大喊大叫，都要想着你现在是对着对方的耳朵说话。

2. 给上级打电话须知

在给上级打电话时，应持尊重的态度、请教的口吻、聆听的语气，对在职的上级领导称呼其所任职务，对离退休的上级领导可称原职务或×老，对话中一律称"您"。声音要柔和，语速要缓慢，不可过分拘谨、结结巴巴、词不达意，更不可生硬、傲慢。电话语言要比平时面对面谈话时的语言更简练，条理要更清楚，不要啰唆重复，最好是事先写个提纲或打个腹稿。

如果是请示汇报，要开门见山地说出请示汇报的内容，不可占用领导太多时间，对于电话中讲不清楚的事情不要硬讲，可找机会与领导面谈。如："张总，请问今天上午您还来公司吗？我有一件比较急的事情需向您汇报，是有关省建设厅领导来公司检查的事情。"结束谈话时，应表示按领导的要求去办，并主动说再见，如："好的，张总您放心，我会将您的意见转达给徐总的。再见！"直到听到对方挂机后自己再挂机。

3. 给下级打电话须知

给下级打电话应持谦和的态度、平等的口吻、亲切的语气，不可给下级一种高高在上、盛气凌人、官气十足的感觉。在日常工作中，秘书经常要给下级单位打电话通知某些事项，如是重要通知，最好有个稿子，通知完毕请对方复诵一遍。如："喂，您好！请问是李经理吗？我是公司综合部王强。今天下午三点在公司五楼会议室由张总亲自主持召开项目部管理体制研讨会，会议很重要，请你一定按时参加。……对，下午三点五楼会议室，注意别迟到了啊。好，下午见！"

4. 给同级打电话须知

给同级打电话应持商量的态度、试探的口吻、和善的语气，不可给对方丝毫的强迫、压抑的感觉。忌在电话中顶撞、骂人、吵架，此种行为将严重损害自己形象、伤害彼此感情。商量不通的问题，也要表示"麻烦你了，不好意思，谢谢"或"能否请你再考虑一下，晚点答复都行"。总之，给同级打电话，要处处体现客气，多说几个"您"，多道几声"请""谢谢"，给人留下亲切的印象。

5. 特殊电话的处理

（1）找单位领导的电话。首先问清楚对方的单位、姓名及身份，以委婉的语气回答"请稍等，我给您找一下"，既不能说"在，我给你找去"，也不能说"××领导不在"。如果要找的领导在并愿意接此电话，应跟对方说"××领导来了，请您跟他讲话"；如果要找的领导不在或不想、不便接此电话，可跟对方说"××领导不在，有什么事情可以让我转告吗"；如果对方愿意把事情告知，可以把事情记录下来，转达领导。如果对方不愿说，便客气地说一声"请再联系，再见"。

（2）询问事情的电话。对属于本职范围内的事项应予以适当的回答；对不属于本职范围内的事项而又确定知道该由哪一部门处理的，应礼貌地告诉来电人应询问的部门电话号码；对不了解或不便回答的事项，应明确而礼貌地予以回避，切不可随意回答。如当不熟悉的人询问单位领导的家庭住址、电话号码时，不能随便告之，应礼貌地婉言谢绝。如："对不起，公司有规定不能随便透露公司领导的住址。如果您和张总很熟的话，请拨打他的电话直接问他，好吗？"

（3）上访电话。一是耐心告诉其上访的渠道和办法，如："你的情况我听明白了，要解决这个问题，还得请你亲自去一趟信访部门，或者给信访部门打电话具体反映你的情况。"二是对纯属反映问题的来电，要认真听、记，并答复："你反映的意见我已经记好了，请放心，我一定会反映给领导的。请耐心等待答复。"三是如果来电者一定要××领导接听电话，而且你认为言之有理确需领导接听的，应马上请示领导，如领导认可，则由领导直接与其通话。

（4）告急电话。如果来电是反映发生了重大事故或突发性事件，要在尽可能短的时间内了解清楚事情的来龙去脉，是什么人、什么时候发生了什么事，严重程度如何，目前已采取了什么措施。如果是自己能决定的，应果断地提出几条防范措施或解决意见，并迅速呈报领导；如果自己不能决定，则要在第一时间向领导和有关部门汇报，协助他们果断处理。

相关链接

秘书与电话接听

合顺工程造价咨询公司综合部秘书王强接到北京来电："您好，我找总经理。"

王强：请问您是哪里？

北京：我是住房和城乡建设部××信息文化交流中心。

王强：请问您有什么事吗？（王强心想，从来没听说过这个机构，八成又是带商业营利性质的培训机构或广告商了。）

北京（口气很硬）：有一个培训项目，跟你一句两句说不清，找你们总经理，你请他接电话。

王强：我们总经理出差了。（王强心想，部里的领导从来都不会以这种口气说话，看样子十有八九是冒牌的了。）

北京：你把总经理的电话告诉我。

王强：对不起，我们领导的电话是不能随便对外公开的。

北京：我是住房和城乡建设部的，你们怎么这么不配合部里的工作呢？

王强：对不起，对于住房和城乡建设部组织的业务培训我公司是听从省住房和城乡建设厅的统一安排的。请您与省住房和城乡建设厅联系，好吗？

"啪！"北京的电话挂了。

评析：在实际工作中，有的单位经常会接到类似虚假业务的电话。王强凭借日常工作经验，以"彬彬有礼"的态度给了对方一个"软钉子"，较好地维护了公司的利益。

实践训练

周六，任诗怡在家中接到李明总经理的电话，要求她通知所有副总及部门负责人于周日上午 8:30 到公司会议室开会，没有特殊原因不得缺席。

训练要求：

（1）学生分别扮演任诗怡、公司副总、部门负责人等。

（2）可以设置一些场景：如在很热闹的街上接到电话、电话通信信号不好等。

（3）设想出现某些特殊情况：如家中有事已外出没在本地不能赶回参加、出差在外等。

第四单元　会议主持口才训练

情景案例

2021 年 1 月 10 日，恒达商业集团公司要召开年终总结表彰大会。领导商议，由新上任的行政助理陈萌主持会议。陈萌因第一次主持这样的大会，不免紧张，于是找出了公司多次大型会议的会议记录，仔细研究了会议主持人的发言，又向经常主持会议的罗万象总经理请教。罗经理说："小陈不用紧张，你只要注意主持时更多地关注参会的人和会议本身，而将自己忘掉，会议就会成功。"陈萌似有所悟。临会时，陈萌按罗经理的指点，密切注意发言人的发言，注意会议本身的进程、主题等，并在主持过程中恰到好处地对发言人的发言进行评价，用语言推动大会的进程，圆满地完成了这次主持会议的任务，得到了大家的好评。

项目任务

1. 你认为案例中罗经理给陈萌的建议有建设性吗？为什么？
2. 说说你印象最深的一次主持会议的经历，或亲历会议时其他主持人的表现，并试着归纳成功主持会议的窍门。

任务分析

情景案例中罗经理的话："要注意主持时更多地关注参会的人和会议本身，而将自己忘掉，会议就会成功。"这是不无道理的。他强调了会议的主体是参与者，将精力放在与会者身上才能更有效地把握会议的进程。如果秘书将注意力集中在自己身上，主持时总在注意自己所说的话，语气好不好、修辞是否恰当、下面还要说什么，等等，就是舍本逐末，会议就会因为没有强有力的控制和引导而不能达到效果。

相关知识

开会的目的自然是讨论的事项能通过会议获得有效的解决，一个无序、缺乏条理的会议只会浪费大家的时间与企业的资源成本。会议主持人是会议中的灵魂人物，他影响整个会议的运作与实质效益。因此掌握好会议的主持语言将有利于提高会议主持人的基本素质。

（一）会议主持人的职责

1. 说好会议的开场白

在会议开始时简要说明召开会议的目的、内容和要求，必要时应先介绍与会人员。一般是先按职位高低介绍领导，再介绍其他与会人员。如："请大家安静，会议现在开始。在正式开会之前我先给大家作个介绍。今天参加会议的有公司徐×副总经理……今天召开本次会议的目的是……，讨论的内容有三个方面，一是……二是……三是……"

2. 创造良好的会议气氛

许多会议存在的问题是与会者呆板拘谨，发言不积极。这时主持人应尽量打消与会者的疑虑和顾忌，鼓励与会者互相启发、互相补充、互相对话。如："就上述三个方面的内容请大家畅所欲言，充分发表意见。大家不要有什么顾虑，请大胆直言，陈总今天来到工地亲临我们的会议就是想充分听取基层的意见，所以有意见就尽管提，有问题就尽管问。"

3．推动会议的进程，控制好会议的时间

会议过程中尽量不要拖延；发现会议讨论离题或进程有些拖延时，主持人应立即设法将其调整到正常的议程中来；当会议讨论得差不多时，可征求参会领导的意见，准备结束会议。如轻声问："徐总，时间也差不多了，您看是不是讨论暂就到此。还请您做个总结发言吧。"

4．做总结发言

会议结束时，主持人应就本次会议做个简单的小结，如："今天的会议开得很成功，大家提出了很多好的意见和建议，我都详细做了记录，回公司后我们一定组织相关部门认真讨论研究，制定相关的制度和措施。刚才陈总的讲话精神请大家一定认真地领会、思考，并贯彻到今后的实际工作中去。因时间关系，今天的会议到此结束，谢谢大家！"

5．要善于对各种发言进行鉴别、综合和分析

当发言人结束讲话时，主持人要用简明的语言说出此位发言人的发言要点并进行适当评点。如："刚才翟工就一线员工的心理状态做了较实际的发言，谈出了大家的一些真实感受，说得很好。希望大家不要有顾忌，想到什么就说什么。"

6．发现会议中的亮点

当主持人意识到参加会议的领导对某个话题比较关注时，主持人可就该话题进行深入的提问，以便较全面地掌握情况。如："你刚才谈到的人性化管理，一直是公司领导所倡导的，就此你能不能谈得再深入一些？例如，作为一线员工你认为公司的哪些政策或措施需要改进，如何改进才能体现人性化管理？"

（二）机智处理会议上的意外情况

1．应对发言离题万里

当发言者离题时，主持人可插话提示，但应注意提示方式，不能因此而挫伤发言者的积极性。如："关于刚才发言的这位同志谈到的人员待遇问题，我们过段时间将召开专题会议来研究，今天会上就不展开讨论了。"

2．应对会议冷场

冷场是会议中常见而又使主持人颇感难办的事。冷场的原因不同，处理的方式也就不同。

（1）与会者无思想准备，一时难以发言。这时主持人应鼓励大家谈不成熟意见，边讨论边完善。

（2）与会者对所讨论的议题不理解、不明白，无从开口。这时主持人应详细、明确地交代议题，对与会者进行启发。

（3）会议议题直接涉及与会者多数人的利益，因为顾虑而冷场。主持人应先鼓励与其利益关系不太大的人，或大家公认比较正直、公道的人先发言，然后逐步深入。

（4）会议议题有一定的难度和复杂性，一时不易提出明确意见。主持人可启发大家开动脑筋，由浅入深，逐步接触问题实质，也可选择分析能力强的同志先发言，打开突破口以引导大家发言。

3. 应对会中的窃窃私语和争论不休

以下方法可应对窃窃私语：用眼神阻止；停下发言让他们先安静下来；对私语者说，"请把你们的意见大声说出来，好让每个人都能从你们的讨论中获益"；直接要求私语者就某个问题发言。

以下方法可应对争论不休：重复争论者的意见，显得你已经接受了它们；把争论者的观点大声念出来，包括其中的谬误，然后交给大家讨论；直接批评是不可取的。

（三）会议总结的语言技巧

会议总结是主持人对会议情况的归纳性陈述，是对会议的画龙点睛。会议总结发言的方式一般有以下几种。

1. 穿珠式

在与会人员的发言中有很多有价值的东西，但由于各人掌握的情况有限，这些思想的火花也只是散落在发言人的其他话语中。主持人应该站在更高的层面，用发展的眼光将这些零星的观点串起来，形成有价值的会议总结。

2. 归纳式

与会者列举了许多互相有联系的事实，但对这些事实还只是停留在感性认识阶段，主持人可用归纳法，从中找出规律性的内容。

3. 升华式

与会人员各自表达自己的思想观点，或许对有些问题能涉及一二，但不能认清问题的本质和核心。主持人需要对大家的观点进行提炼，给予升华，将与会者想到但没有明确表达的意思总结出来，使大家的认识水平提高一个层次。

重要提示

在主持会议时，应声音洪亮，有一定感染力。同时还要注意在会上不要炫耀自己，不要以与众不同的姿态和语调讲话，忌各种语病，忌语无伦次、缺乏自信。

实践训练

1. 讨论分享

关注近期参与的会议，注意记录会议主持人的表现，并做出评价，与同学们一起分享。

2. 情景实训

以小组为单位模拟召开会议。

要求：每组有多少个组员就准备多少个会议主题（最好与小组成员密切相关），每个主题只用一次；小组成员轮流做主持人。

第五单元　综 合 训 练

1. 背景描述

湖南银发水电施工公司是全国水电施工企业协会的会员单位之一，该公司总经理办公室秘书王劲是协会的联络员。2021年9月25日，王劲接到全国水电施工企业协会秘书长李军的电话通知：2021年的年会定于10月10日在长沙召开，请湖南银发水电施工公司协办，承担具体会务工作。会议筹备具体细节要会务负责人和他联系时再详谈。接完电话，王劲马上去了总经理办公室主任赵明的办公室，向赵主任做了汇报。

公司徐总经理在上海出差，要过两天才能回来。所以听完王劲汇报后，赵明向徐总电话汇报了此事并请求指示。赵明在电话中陈述了自己考虑到的几个方面的内容：一是参会人员级别。根据以往惯例，估计协会孙会长、李秘书长都会来参会，其他会员单位一般会是正职领导及相关部门主任参会。二是会议规模较大，估计有60多家会员单位、100人左右来参会。三是会议时间，10月10号正是十一长假之后，会议筹备时间紧迫。

听完电话汇报，徐总指示李明回复协会秘书长李军，完全接受协会的安排，并指示会务工作由总经理办公室负责，赵明牵头，人手不够的话从其他部门调人来协助。要尽全力把会务工作做好。

与徐总通完话后，赵明电话联系了李秘书长，就会务筹备相关事宜做了沟通，明确了孙会长和李秘书长均来参会，会议承办具体要求的书面意见已发到王劲的电子邮箱。

放下电话，赵明把王劲和新来的接待秘书孙怡请到办公室，开会商议会务组筹建工作，明确王劲负责对外的联络工作，孙怡来配合。拟请其他部门派员协助，成立会务组后再进行具体分工。

按照大家商量的意见，赵明来到财务部刘主任办公室，请他安排出纳小杨专门负责收会务费。刘主任告知赵明，小杨过完国庆节就要去江西催款，这也是徐总亲自安排的。

于是赵明向徐总请示可否由财务小杨来负责这次会议收取会务费的工作，另外派人做催款工作，获得批准。赵明还提醒徐总经理，按对等接待的原则，协会孙会长来参会应该由集团公司廖总出面陪同。徐总表示会亲自向廖总汇报此事。

9月28日，孙怡接到河北某一水电施工单位的电话，询问本次会议是否安排接站，孙怡回复不接站。对方追问平时开会都安排接站，为何本次没有。孙怡语气生硬地说按通知办事。王劲刚好进办公室，听到了孙怡的回复，赶紧接过电话，在一番问候后，解释道："本来也是要安排接站的，是协会秘书处考虑到会议规模太大，接站接机要增加很多成本，就特意交代我们要选交通方便的接待酒店。这次定的酒店离机场和火车站都很近，从机场打车去酒店只要三十多分钟，从火车站打车到酒店只要五分钟就到了，很方便。接待不周请多多谅解啊。"王劲的解释妥善地解决了这起矛盾。

2. 实训要求

（1）根据上述资料完成会议筹备工作。

（2）根据上述资料完成会议接待工作。

（3）在会议间隙，就本单位所关注的某一问题（具体问题可由教师根据本校学生实际情况灵活安排）做一次访谈。

1）实训形式

学生分组实训，在角色扮演中完成项目任务。由学生分别扮演秘书王劲、总经理办公室主任赵明、徐总经理、财务刘主任、秘书孙怡、河北某水电施工单位宋秘书、协会孙会长、李秘书长、参会的各会员单位正职领导及相关部门主任等。

2）实训内容

（1）电话交流口才训练。

（2）会议主持口才训练（年会的筹备会议）。

（3）公务交际口才训练。

（4）调研访谈口才训练。

3）实训评价

评价内容	评价标准	分值/分
有声语言	清楚、流畅、简明、平实、得体	30
态势语言	端正、稳重，符合人物身份地位	10
角色扮演	符合人物身份地位；符合模拟情境	20
公务处理技巧	正确运用各种公务处理的语言技巧；高效完成工作	40

提高篇

- 模块九　演讲口才训练
- 模块十　辩论口才训练

模块九 演讲口才训练

习训目标

知识学习目标	能力培养目标
● 认识演讲这一口语表达方式 ● 了解各类演讲的适用情况和相关知识	● 能很好地准备演讲稿，有效登台演讲 ● 能快速找到合适的话题，并将话题连缀成句，进行得体的即兴演讲

第一单元 备稿演讲

情景案例

王琪被录用为巴陵石油化工总厂总部行政部秘书。到任不久，就遇上了厂里的安全生产月，总部决定举行一次全厂范围内以安全生产为主题的演讲比赛，要求每个部门都派员工参加，厂行政部派王琪为代表参加比赛。王琪不好推脱，勉强参赛。赛后王琪说，她都不知道自己在说些什么，觉得自己就是在背稿件，完全没有演讲的愉快感。结果比赛失利，无功而返，王琪十分不安。主任意识到了自己的失误，诚恳地安慰王琪说："你在学校是学中文的，以前从没接触过化工生产，对化工生产不了解；再说你才来厂不久，对工厂安全生产的意义也没多少认识，所以演讲比赛失利不能全怪你，是我安排人选时考虑不周。"

项目任务

1. 你怎么看王琪演讲失利？你觉得主任的话有道理吗？
2. 你觉得做一次演讲应该注意什么事项？做哪些准备？

任务分析

王琪登台演讲不能获得理想效果几乎是可以肯定的。一般来说，演讲是演讲者对一具体事物有比较深刻的体验和比较全面的了解之后的有感而发。如果对某事不懂或一知半解，是讲不好的。因为这些事你没有经历过，不会真正体会到其中的酸甜苦辣。所以，为了演讲成功，在选择演讲主题时应该考虑演讲者本身的能力，要讲演讲者喜欢的、熟悉的、能讲好的问题，讲演讲者有深刻体验和全面了解的事情。这样才能打动听众、激发听众的热情，让听众在演讲主题上与演讲者产生共鸣，从而达到理想的演讲效果。王琪不熟悉她的演讲主题，也因此不自信，于是登台演讲时就可能产生连锁反应：临场紧张、声音发颤、体态语困窘等，这样的演讲不可能获得好的效果。

相关知识

（一）什么是演讲

1. 演讲的含义及类型

在口才艺术中，演讲是一种高级的口语表达形式，是一种人们喜闻乐见的宣传鼓动手段。它是人们在人数众多的场合，运用口语，借助表情手势，比较郑重地、系统地表述自己的见解和主张，以感召群众的一种方式，是一种公开的、群众性的社会交际活动，又称为演说或讲演。"讲"是用有声语言说明道理，阐述观点，作用于人们的听觉。"演"是用体态语言帮助说话，以协调的动作表情达意，作用于人们的视觉。讲为主，演为辅，演是讲的延伸。

演讲作为一门艺术，虽然是以"讲"为主，但是这种"讲"还要体现"演"。它不仅要把事和理讲清楚，让人听明白，而且还要通过在现场上的直观性态势表达把事物和道理讲得生动、形象、感人，既有情感的激发力，又有声情并茂的审美感染力。演讲中的"演"主要表现在有声语言和态势语言两个方面，如修辞、节奏、声调、动作、表情、风度等，这都是演讲要讲究、要追求的艺术性所在。演讲的表现方法是一个复杂的综合系统，只有各种表现方法相互配合、相互作用、和谐一致，才能使演讲获得成功。

演讲有很多类型，按内容划分有政治演讲、经济演讲、学术演讲、礼仪演讲等；按表达形式划分有备稿演讲、即兴演讲等；按场合划分有聚会演讲、课堂演讲、法庭演讲、电视演讲等；按风格划分有激昂型演讲、深沉型演讲、严谨型演讲、活泼型演讲等。

2. 演讲的特点

演讲是一种言语表现，但并非所有言语表现都是演讲，演讲有其特点。

（1）时代性。演讲是一种针对性很强的社会实践活动，它直接诉诸听众的视听感觉。这就要求演讲应具有强烈的时代色彩。

现实中，古今中外的演讲，无不切合时代的脉搏，为时代呐喊。时代气息浓厚，感染力才强。例如，我们熟悉的许多著名演讲中的语句，马丁·路德·金的"我有一个梦想"和约翰·肯尼迪的"别问你的国家能为你做什么"等，这些话语如此出名、经久不衰的原因就在于，它们代表了在那个时代最正义的呼唤，是当时的时代强音。

（2）鼓动性。演讲活动是进行宣传教育、政治斗争的有力武器，人们通过演讲来宣传真理，统一思想，赢得支持，从而引导他人的行为。没有鼓动性，就不能成为演讲。如：1775年，美国政治活动家、演说家帕特里克·亨利发表了为独立而战的《在弗吉尼亚州会上的演说》。该演说就极具鼓动性。据历史记载,当他讲完后,整个会议厅鸦雀无声,直到几分钟后,会议的一部分成员才从座位上跳起来,兴奋地喊出:"拿起武器!"接着,大厅像刮起旋风一般,"拿起武器"的吼声此起彼伏,人们眼里闪烁着爱国热情的火花。他的演讲很快传遍全美各英殖民地,成为美国人民反击英殖民主义的战斗动员令和争取独立与自由的宣言书,使千百万人觉醒起来,掀起了一场为独立与自由而战的伟大斗争。

演讲会有如此大的鼓动性,原因有三点。

① 演讲者态度鲜明,或褒或贬、或赞扬或批评,泾渭分明,毫不含糊。所讲内容又切合听众的需要,启迪了听众的思维,自然能引起共鸣,激励和鼓舞听众。

② 演讲者演讲时总是饱含激情,以自己炽烈的感情去引发听众的感情火花,容易达到影响听众的目的。

③ 演讲是演讲者与听众面对面的直接交流,这种直观性也极易感染和打动听众。

(3)适应性。演讲的内容包罗万象,社会生活事无巨细,古今中外纵横千里,它适合于男女老幼,不同背景、文化层次、职业、身份、种族、阅历的所有人;同时,它不受时空、设备等限制,可以随时随地进行。

3. 演讲的作用

演讲之所以从古到今发展得越来越兴旺,是因为它有着不可估量的社会作用和社会价值。

(1)祛邪扶正,倡导正确的舆论。人类社会的文明史、发展史,一定程度上就是真善美与假恶丑的斗争史,而古今中外一切正义的演讲都要宣传真理、捍卫真理,并唤醒民众,推动社会进步。我国商代盘庚为了迁都所做演讲,使民众深刻认识到了迁都的意义而欣然接受,实现了迁都的伟大壮举。美国独立战争时期,演讲家帕特里克·亨利在弗吉尼亚州会议上发表了激励人心的抗英演讲,迅速地唤起了千百万人民坚定地投身到伟大的独立斗争中。他的"不自由,毋宁死"的名言,至今仍教育着广大民众为自由而战。可见,正义的演讲可以启人心智、宣传真理、祛邪扶正,把人类社会推向理想境界。

(2)进行道德教化,培养高尚的道德情感。演讲者在演讲时,总是用正确的道德情感来感染和影响听众,诸如爱国主义情感、国际主义情感、集体主义情感、革命英雄主义情感等。近代教育家蔡元培先生在1917年就任北京大学校长时发表的就职演讲中,以言简意赅、令人回味的语言勉励学生尊敬师长、团结友爱,以天下为己任,以身作则,担当起历史使命。

(3)激发热情,催人奋进。一次成功的演讲,其最终的目的就是要点燃听众的热情,催促听众行动起来,投身于改造世界的实践活动中去。我国伟大的新民主主义革命先行者孙中山先生在致力于民主革命40年间,始终以演讲为武器,启迪和呼唤民众投身于民主革命。

(二)备稿演讲技巧

备稿演讲是指根据指定的题目或限定的主题,事先做了充分准备的演讲,主要有专题演讲和赛场演讲两种。要做好备稿演讲,应该从写好演讲稿和有效登台演讲两个方面下功夫。

1. 写好演讲稿

（1）确立主题。同一个演讲题目，可能有不同的角度，不同的主题。主题就是演讲要分析论证的主要问题，就是演讲中要表达的中心思想。演讲的主题应该是演讲者本人最感兴趣的、最能迎合听众胃口的。有了好的主题，演讲就成功了一半。成功确立演讲主题的关注点及具体做法如表 9-1 所示。

表 9-1 成功确立演讲主题的关注点及具体做法

成功确立演讲主题的关注点	具 体 做 法
时代性	演讲的生命力取决于演讲主题的时代性；以当代社会人们所普遍关心的问题作为演讲主题能使你的演讲具有时代气息
听众的兴趣	演讲的主题要针对具体的听众来决定，努力使自己的演讲主题保持在该次演讲所面对的这一类听众的"兴趣圈"内，而不单凭演讲者个人的主观好恶决定
演讲者本身的能力	要讲自己喜欢的、熟悉的、能讲好的问题，讲自己有深刻体验和全面了解的事情
新颖性	"新"不是故弄玄虚，而是来自演讲者对客观事物独到的见解和敏锐的观察能力；要善于捕捉新话题，善于挖掘老问题中的新内涵
鲜明性	鲜明突出的主题即是演讲者演讲的线索，也是听众思考的方向；应该用通俗易懂的语言，旗帜鲜明地交代主题是什么，以引导听众思考，促使听众行动起来
单一性	一次演讲的主题最好是一个，不要多，以免互相干扰

（2）选择材料。材料是演讲中涉及的，用以说明主题的事实根据。可以是引人深思的社会现象、可歌可泣的英雄事迹、令人难以忘怀的历史往事、触目惊心的数字、富有哲理的名言警句，也可以是自己的所思所想、所见所闻，还可以是名人轶事、笑话、故事、风土人情及文学作品等，其内容十分广泛。对这些材料的取舍要根据演讲的需要来定。演讲选材的要求及具体做法如表 9-2 所示。

表 9-2 演讲选材的要求及具体做法

选材的要求	具 体 做 法
有利于演讲主题的展开	材料要能说明观点、深化主题；使道理自然地寓于事例中，让人听后感到顺理成章，而不是牵强附会
真实准确	演讲材料必须来源于客观生活，不能捕风捉影，更不能无中生有
有典型性	选材在精而不在多；要选最有特征、最有代表性，并能有力揭示事物本质、表现演讲主题的材料
生动形象	选新颖具体、情节起伏不平、带有悬念、话语妙趣横生、具有幽默感、寓意深刻的材料；选健康积极的材料；要把材料具体化、细化，让材料充满具体的细节，具有画面感，让听众身临其境

（3）安排结构。要达到演讲的目的，应该先安排好演讲的结果。要计划好导语部分说什么，在主体部分怎样把观点展开加以阐述，在结束语部分怎样总结。这三步看起来虽然是老生常谈，但很有用。值得强调的是，应该从主体部分开始准备，如果你对主体部分和结尾部分很明确，导语就很容易写出来。相反，如果从导语部分开始，而没有认真考虑主体和结尾，就很难写下去。演讲稿结构及安排方法如表 9-3 所示。

表 9-3 演讲稿结构及安排方法

演讲稿的结构	安 排 方 法
导语部分	用来创造适合演讲的气氛和环境；建立与听众的良好互动；提问以吸引听众注意力；可出其不意，引起听众兴趣；要简单明了，不能冗长
主体部分	依材料而定，不拘一格；或丝丝入扣，严密论证；或纵横驰骋，恣意挥洒；或夹叙夹议，寓事以理；只要能够恰当表达中心，就是好的
结尾部分	将全篇归结为一个明确的结论，让听众觉得完整而意犹未尽；结束语要隆重，给人留下深刻的印象，引发其感情共鸣，调动其丰富的想象力

（4）用好语言表达。孔子曰"言之无文，行而不远"。演讲稿中的"文"就是从语言修辞中来的。修辞的灵活运用，不仅能增强语言的表现力，更能将整个演讲气氛带动起来，使之更活跃、更融洽。演讲中常用的修辞方法数不胜数，择要介绍，如表9-4所示。

表 9-4 演讲中常用的修辞方法

修辞方法	含 义	具体做法及作用
比喻	用跟甲事物有相似之点的乙事物来描写或说明甲事物	能使抽象的事物或者道理形象化、具体化，令人更加清楚明白、印象深刻。并使话语形象生动，并能渲染现场氛围
婉曲	有些要表达的意思，不宜直接说出，采取一种迂回的表现手法。使听众透过委曲、含蓄、隐约的语言领会内在含义。也称折绕	将不愿直陈的话，避开正面，用侧面来表达，使情余言外，让读者自行玩味领悟。能体现表达者的善意，常常辅以得体的微笑、谅解的神情，因而较少刺激性，是处理分歧、矛盾、差异的良好表达方式
对比	把两个相反、相对的事物或同一事物相反、相对的两个方面放在一起，用比较的方法加以描述或说明。也叫对照。	运用对比，能把好同坏，善同恶，美同丑这样的对立揭示出来，形成对照，强化抒情话语的表现力。给听众以深刻的印象和启示
排比	排比是把结构相同、相似、意思密切相关、语气一致的词语或句子成串地排列在一起	用排比说理，可条理分明；用排比抒情，则节奏和谐，显得感情洋溢；用排比叙事写景，则层次清楚、描写细腻、形象生动。能使演讲有节奏感，朗朗上口，有极强的说服力，增强表达效果和气势，深化中心
反问	用疑问形式表达确定的意思，用肯定形式反问表否定，用否定形式反问表肯定，只问不答，答案暗含在反问句中。又称反诘、诘问	反问可以加强语气，发人深思，激发听众感情，加深听众印象，增强演讲的气势和说服力，为演讲奠定一种激昂的感情基调
设问	为了引起别人的注意，故意先提出问题，然后自己回答	引起注意，启发听众思考。使情感强烈
引用	引用是指在说话或写作中引用现成的话，如诗句、格言、成语等，以表达自己思想感情的修辞方法。引用可分为明引暗引两种。明引指直接引用原文，并加上引号，或者是只引用原文大意，不加引号，但是都注明原文的出处。暗引指不说明引文出处，而将其编织在自己的话语中，或是引用原句，或是只引大意	演讲中，准确、恰当地引用一些名人的言论或普遍流行的观点、传说及典故、格言、谚语、成语等，会使所谈更加清楚明白、富有文采、增强表现力、令人信服

2. 有效登台演讲

有效登台演讲的注意事项、具体做法及忌讳如表 9-5 所示。

表 9-5 有效登台演讲的注意事项、具体做法及忌讳

注意事项	具体做法	忌讳
充满信心	准备充分；做积极的心理暗示；保持积极的心态	忌不深思熟虑，只一味背讲稿；忌上台之前流露不安和胆怯
注意给听众的形象	根据听众对象和演讲内容修饰自己的仪表，包括服饰容貌、神情等，使之显示你的内在精神风貌、性格气质、文化修养，从内到外塑造一个良好的形象	忌穿以前没穿过的衣服；忌服饰过于华美；忌服饰过于随便
注意眼神	用眼神表达善意与智慧，了解听众的情绪与疑问，营造良好的氛围；眼神及面部表情应自然地随演讲内容的变化而变化	忌长时间地专注于某一个人；忌目光在听众席上扫来扫去
注意手势动作	深刻理解演讲的内容，演讲时放松、自然、投入，手势就能随你的情绪波动做得恰到好处	忌太频繁；忌太单调；忌太花哨
注意态度	对听众有兴趣，听众就会对你感兴趣；你对这场演讲饱含热情，信心十足，听众就会期待听到你的演讲	忌胆怯、慌乱，影响听众对你的信心；忌态度冷淡，影响听众对听讲的热情
注意语气	自然大方，面带微笑；表情、手势、语速、声调等随所讲内容的变化而变化	忌机械地背诵讲稿，语气语调单一，不能和所讲内容合拍
注意不良表达习惯	过好语音关，吐字归音清晰；过好语调关，轻重缓急得当；过好语气关，情感表达真挚；过好语义关，遣词造句准确；过好修养关，情趣情调健康；过好形象关，体态造型自然	忌吐字模糊、干巴枯燥、故弄玄虚、怪声怪气、滥用辞藻、华而不实、侮辱谩骂、带口头禅、颠三倒四、形象欠佳

相关链接

避免演讲中常犯的毛病——20 点忠告

① 急于求成，没有积累知识。
② 死背演讲稿，不留有联想的余地。
③ 准备不足，演讲时嗯嗯啊啊，语意不明。
④ 登场时衣冠不整，无精打采。
⑤ 说泄气的话，如"我第一次演讲，讲不好，请大家原谅……""我事先没准备好"等。
⑥ 突然改变演讲风格。例如，一会儿模仿林肯的演讲风格，一会儿模仿毛泽东的演讲风格。
⑦ 演讲语调、语速平板单调。
⑧ 使用许多专业词语或生僻词语。
⑨ 紧张，演讲语音含混不清，要点散漫，没有条理。
⑩ 演讲冗长、乏味。
⑪ 东施效颦，没有幽默或假幽默。

⑫ 对听众的呼声充耳不闻，对听众的反应视而不见，我行我素，自己讲自己的。
⑬ 用命令指责的口气，如"你们应该……""你们不应该……"。
⑭ 引用的事例陈旧，没有新鲜感、时代感。
⑮ 不考虑演讲对象，学生腔、官腔十足，乱用欧式语言。
⑯ 夸耀自己的荣誉、优点，令人反感。
⑰ 在演讲过程中与听众争辩，从而激怒听众。
⑱ 滥用身体语言，动作夸张。
⑲ 结束语啰唆、没完没了、流于俗套、空喊口号，不能前后呼应，偏离演讲主题。
⑳ 以突然终止的方式结束演讲，令听众惊愕。

（资料来源：李正堂．语言的魅力）

实践训练

（1）训练主题的提炼、材料的选择、篇章结构，练好稿件写作。
方法：教师拟出若干演讲题，学生做主题提炼、材料选择、篇章结构的训练。
（2）训练有声语言、态势语言，练好登台风度。
方法：用写好的演讲稿，练习演讲，注意有声语言、态势语言的使用，做到吐字清晰，声音纯美，态势大方自然。
（3）个人训练：
方法：个人自由练习，针对自己的情况，有重点地自练自评，自我提高。
（4）当众训练：
方法：以小组为单位，当众演讲，小组成员互评，共同提高。

第二单元 即 兴 演 讲

情景案例

被誉为"南非国父"的曼德拉在接受"卡马勋章"时，走到讲台前说："这个讲台是为总统们设立的。我这位退休老人今天上台讲话，抢了总统的镜头。我们的总统姆贝基一定很不高兴。"话音刚落，笑声四起。这时，主持人为他搬来一把椅子，请他坐下演讲。他在谢过主持人后说："我今年82岁，站着讲话不会双手颤抖得无法捧读讲稿；等到我百岁讲话时，你再给我把椅子搬来。"会场里又是一阵笑声。曼德拉在笑声后开始正式发言。讲到一半，他把讲稿的页次弄乱了，不得不来回翻看。他脱口而出："我把讲稿页次弄乱了，你们要原谅一位老人。不过，我知道在座的一位总统，在一次发言时也把讲稿页次弄乱了，而他自己却不知道，照样往下念。"这时，整个会场哄堂大笑。结束讲话前，他说："感谢你们把用一位博茨瓦纳老人的名字（博茨瓦纳开国总统卡马）命名的勋章授予我这位老人。我现在退休在家，如果哪一天没钱花了，我就把这个勋章拿到大街上去卖。我肯定在座的一个人会出高价收购的，他就是我们的总统姆贝基。"这时，姆贝基情不自禁地笑出声来，连连拍手鼓掌，会场里掌声一片。曼德拉即兴的、一连串妙语连珠的幽默话语征服了上千名与会者。

项目任务

1. 你从曼德拉的即兴发言中，受到了什么启发？
2. 即兴发言在生活中随时可见，也随时都有可能发生在我们自己身上。当某个场合需要你即兴说几句话时，你能应对自如吗？你觉得怎样才能做得比较好？

任务分析

曼德拉以 82 岁高龄在演讲台上应对从容、谈笑风生，实在令人钦佩。其即兴的言谈使得会场笑声一片、掌声不断，甚至最后"姆贝基（南非总统）情不自禁地笑出声来，连连拍手鼓掌"，其即兴说话的能力可谓高超。从案例中，我们似乎可以看到一个精神矍铄、心态自信、诙谐幽默的智慧老人。他可以信手拈来话题，左右逢源，妙语连珠。正是他这样轻松自如的即兴发挥，吸引和感染了与会者，赢得了与会者的喜爱。

在工作中，秘书人员经常会遇到需要即兴讲几句话的场合，如何才能轻松应对？可认真学习下面的相关知识。

相关知识

（一）什么是即兴演讲

即兴演讲（或即兴讲话）是演讲主体在事先无准备的情况下，就眼前的场面、情境、事物、人物即兴发表的讲话，是一种不凭借文字材料来表情达意的口语交际活动，是与备稿演讲相对而言的一种演讲。

即兴讲话可分为主动的即兴讲话和被动的即兴讲话两类。主动的即兴讲话是本人主动提出或经旁人稍一点拨所做的讲话，被动的即兴讲话是本人原本不想讲，在旁人一再要求下，不得已而做的讲话。即兴讲话广泛地应用在人们的日常交际中，如聚会、竞选、就职、访问、会谈、参观、婚贺丧吊、宴会祝酒、来宾介绍等，都会用到即兴讲话。而发表即兴讲话的又多是在主席台就座者、各类宴会、招待会的主桌就座者，以及各样座谈讨论会的知名人士。秘书人员经常陪同领导或代表领导出入各种社交场合，如何熟练地掌握即兴讲话的技巧，对于完成领导交办的任务，塑造单位或自身的形象，都有重要的意义。

（二）即兴演讲的技巧

1. 心态技巧

即兴演讲通常是在一定的场合下，演讲者事先未做准备，只是根据需要而做的临时发言。演讲者特别是非自发的、被要求发言的演讲者，心理压力较大。因此，能否成功地排除心理压力，就成了演讲能否充分地发挥出应有水平的关键。

怎样培养即兴演讲的最佳心理状态？

（1）随时做好即兴演讲的心理准备。人们在毫无思想准备的前提下，突然被要求发言，常常都会顿觉紧张，于是思路紊乱，脑子一片空白。就是勉强站起来说一两句，也是词不达意，漏洞百出。

为了避免这种情况出现，我们应该预先对情况有所估计。例如，去参加聚会、宴请、参观、接待或欢送来宾等活动时，就要事先分析、研究这种场合，并想一想，如果在这种场合发言，该说点什么，怎么说。这样在临上场时，就会自如许多。少一份心理压力，也就多一份正常发挥说话水平的保证，往往能够取得较为满意的效果。

（2）使用恰当的技巧调整心理状态。调整心理状态常用的技巧及具体做法如表9-6所示。

表9-6 调整心理状态常用的技巧及具体做法

调整心理状态的技巧	具 体 做 法
积极暗示，微笑开路	站起来准备发言时，做深呼吸，对自己进行积极的心理暗示，如对自己说："镇定，我不紧张。"面带微笑，尽量不显露紧张情绪，可降低紧张的程度甚至消除紧张
喝水压慌，迅速联想	站起来之前先喝口水，放慢动作，用沉稳的动作使慌乱的情绪归于平静，过程中迅速找到发言的话题
袒露自我，以"熟"克慌	可巧妙地用自己的经历、心境、观点等做内容发表讲话，由于材料熟悉，自然就不会紧张了
发挥特长，扬长"制慌"	用自己最擅长的方式讲话，在自己最了解的领域里寻找发言的材料，如讲故事、谈历史、讲新闻、说局势、引用名言警句或文学作品等

2. 选题技巧

即兴演讲是立即进行的发言，仓促之间常常会让人不知该说些什么。其实话题就在你身边，现场中的人、事、物、情、景等，都是我们可以借题发挥的对象。

（1）感时起兴。时间是影响即兴演讲的一个重要因素。如果演讲者当时所处的时间具有特殊意义，就可以因此而触发灵感，成为演讲的话题，如各种传统节庆假日、特殊纪念日等。

（2）感景起兴。景，即地点、景物、场合。所谓"触景生情"，场景往往最能引起人们的回忆，激发人们联想。你可以想想，当时是什么场合？如该集会因为什么而举行？是纪念会还是颁奖会？是年度集会还是政治性集会？然后紧扣实际情况，开始你的即兴发言。

（3）感人起兴。听众是演讲者最好的题材。讲一些与听众有关的事情，他们是什么人，都做些什么事，特别是对社会做出了或将要做出什么贡献等。

（4）感物起兴。在演讲现场，有时会有一样物品一下子吸引了你甚至大家的注意，不要犹豫，马上抓住这条线索，即时展开，它就是你最吸引人的话题。

（5）感言起兴。前面的发言者所谈话题、说话内容、观点等，都可以是你的话题，你可以从中得到启发，从他们的言论说起，引出自己的观点，抒发自己的情感。

话题来源于人们对生活的真实感受，只有热爱生活，关注生活，提高对生活的感悟，才能真正掌握捕捉话题的技巧。

3．构思技巧

一般来说，备稿演讲会追求"响开头——曲主体——蓄结尾"的结构方式，即兴演讲则不追求开头说得多响亮，而应努力使结尾更精，可形成"淡开头——趣主体——响结尾"的风格。开头只要能显示出一条较为清晰的思想脉络，而不是语无伦次、东拉西扯，就会保持听众的兴趣。因此，演讲者可进行逆向构思：先花大部分时间用于构思结尾，然后再准备开头和主体部分。结尾部分的语句应该是全篇演讲词的核心所在，要具有一定的思想深度，能给听众一个豁然开朗的舒畅感，具有发人深省的力量。

具体的结构主要有两种形式：横向结构和纵向结构。

（1）横向结构。具体做法是分析演讲题目，确定中心论点，主体部分以论点为中心，找出多个并列的论据，将论据各自展开成片，再连缀成篇。这种结构形式重点在于正确挖掘演讲题目所含的观点，演讲过程中注意旁征博引，力求构思严密，立论完备。

（2）纵向结构。具体做法是分析演讲题目，确立中心论点，主体部分以某一事例为中心，选出事件发展过程中的几个关键点，然后按事件的发展顺序依次将各点纵向延展成片，各片互相连接，事例讲述完毕，观点也就在叙事中逐渐清晰起来了。

值得强调的是，纵向结构的演讲，在开头或者结尾部分也都可以做一些横向的综述，只是主体部分集中叙述一件事情，不旁生枝叶。

4．即兴演讲模式

上述构思技巧用在即兴演讲中，将加快构思的速度，丰富演讲的内容，并使演讲更具条理性。要把这两种结构方式再具化一些，可以归纳为以下几种模式。

（1）戴尔·卡耐基即兴演讲公式。该公式分为三步：实例——主旨、要点——理由、分析。

戴尔·卡耐基认为，即兴演讲最有效的方式是一开始就进入举例阶段。这样做的理由：

一是不用再为措辞大伤脑筋，因为来自经验的内容，叙说起来比较容易；

二是能马上进入演讲状态，忘掉"第一分钟的焦虑"，因为感觉"容易"，所以自信，也就因此忘掉了焦虑；

三是吸引听众的注意，来自实际生活的例证，可以立刻吸引住听众，这是最重要的一点。沟通是双向的，演讲人对听众的注意力十分敏感，一旦感受到被接受或被期待，就像听众脑部已发出了电波一样，演讲人将会尽其所能地继续讲下去，以回应听众的注意和期待。这样，演讲人和听众之间就建立起了一种融洽的关系，这正是演讲成功的关键。

戴尔·卡耐基强调在例证之后要用明确的语言叙述你的主旨、要点，将你要听众去做的事明白地说出来。最后说明你这样主张的理由，也就是向听众强调，按你所说的去做，会有什么好处。

（2）理查德的"结构精选模式"。该模式又可称为"四步曲"：喂，请注意——为什么要费口舌——举例子——怎么办。

第一步"喂,请注意"提示我们必须首先呼唤起听众的兴趣。理查德说:"不要平铺直叙地开始演讲:'今天,我要讲的内容是保障行人生命安全……'你最好这样开头,'在上星期四,特购的450具晶莹闪亮的棺材已运到了我们的城市……'"理查德设计的这一开头语虽然不符合我们中国人的忌讳心理,但它无疑具有一种先声夺人的气势,它能引发听众的疑惑,使他们很想弄清事情的究竟。

第二步"为什么要费口舌"。理查德强调,接下去应向听众讲明为什么应当听你演讲。依然以谈交通安全问题为例,"不讲交通安全,那订购的450具棺材也许在等待着我,等待着你,等待着我们的亲人"。理查德所讲述的"为什么"既联系着"我"(演讲者),又联系着"你"(听讲者),还联系着场外和你我有关系的千千万万的"亲人",这就使所有的与会者不知不觉地在心理上与演讲者产生了共鸣。

第三步是"举例子"。例如,谈交通安全问题,理查德指出,你若用活生生的事例来说明那些会使人们送命的潜在因素,远比只讲那些干巴巴的条文要好得多。另外,演讲的传播媒介主要是口语,辅之以体态语。与书面语相比,口语和体态语在传达事例方面比传达条文更具有优势。

最后一步是"怎么办"。从根本上说,"怎么办"是演讲者的目的所在,如果演讲者忘记了这一步,或者这一步处理不好,就会给听众留下无的放矢或不知所云的感觉。理查德要求演讲者注意,这一步一定要告诉听众你谈了老半天是想让听众做些什么,怎么做。这一步应该讲得具体、实际。

(3)步步发散模式。先举出一个成语、俗语或警句,然后以此为红线进行层层阐述,这种结构模式在即兴演讲中也用得较多。

例如,作为教师在谈学生厌学时的发言:"孩子厌学现象已经越来越突显,已成为教育界中的一个毒瘤,孩子为什么会厌学?我认为原因有几点:1.……,2.……,3.……。那么作为一名教育工作者,我们能做些什么呢?我想首先应该……;其次……;最后……。"

(4)层层递进模式。抓住话题,提炼论点,然后用递进深入的方法把各论点连缀起来,使之成为层层深入的一个整体,也是很好的结构篇章的方式。如湖南师范大学戴海同志在一次大学生晚会上的即兴演讲《矮子的风采》,就采用了这种方法。

相关链接

《矮子的风采》演讲摘录

……这话题之二嘛,是'矮子问题'。(哄笑)由我当众提出这个问题,岂不是惹火烧身?(鼓掌)这也要点勇气呢!老实说,在我年轻的时候并不觉得'矮'有什么问题,直到二十世纪八十年代,在舆论压力下,才感觉成了问题。(哄笑)其实,白鹤腿长,鸭子腿短,都是生来如此,何必自寻烦恼!现在要问,矮子能有风采吗?答曰:'高个儿不见得都有风采,矮个儿不见得都无风采。'(鼓掌)那么,矮个儿怎样才能具有风采呢?我有几点心得可供参考。

第一,要有自信。论个子,我比他低一头,而论觉悟、学识、才能,可能比他更胜一筹!这也叫'以长补短'吧?(鼓掌)

第二，不要犯忌讳，大凡麻子怕说麻子，秃子甚至怕说电灯泡，其实越犯忌讳越尴尬，不如自己说白了反而没事。我常有机会跟北方汉子们一起开会或聊天，我跟他们开玩笑：我不如你高，你可别怪我，怨只怨我们那山上的猴子就个子小些！（鼓掌、哄笑）

第三，把胸脯挺起来，但也用不着踮脚尖。衣着讲究适当，例如，不穿横条、方格的衣服，但也用不着老穿高跟鞋，我主张矮要矮得有骨气，还是脚踏实地好！

第四，最重要的还是本人的德学才识，有修养，有风度，对社会有贡献，自然受人爱戴。

趁着晚会的高兴劲儿，解开这个'矮子问题'，不知台下的某些同学心里是否踏实一些？（长时间热烈鼓掌）

评析：该演讲阐述了四个方面：自信是关键，只有自信才不犯忌讳，才敢挺起胸膛、不踮脚尖、矮得有骨气，而这一切又必须以自己的德学才识为基础。演讲环环紧扣，层层深入，浑然一体，博得了满堂喝彩。

5. 语言表达技巧

由于没有事先准备，即兴发表的讲话很难构思出长篇大论来，一般主题单一、篇幅短小、演讲时间短暂，所以要求语言生动形象，强调口语化，少用或不用书面语。句式宜短小、灵活，不用难以理解的长句子。

（三）即兴演讲重在积累和练习

1. 建立一个演讲材料库

即兴演讲看起来是临时进行的，没有刻意准备。其实，真正成功的即兴演讲需要花更多时间去准备，只不过其准备不体现在演讲当时，而体现在平时的积累。即兴演讲的成功取决于演讲者平时知识、经验的积累，以及对生活的观察和体验，特别是驾驭语言的能力。即兴演讲只不过是对平时积累信息的提取。因而，拥有一个丰富的材料仓库，是即兴演讲成功的先决条件。大凡口角生风的人，都是博闻强识，不忘丰富和充实自己材料仓库的人。无论什么样的材料仓库都不外乎存储两大类材料，一类是典型事例，一类是理性思辨。这都要求我们平时多做积累。

2. 加强思维能力训练

即兴演讲对一个人思维能力的要求是很高的，努力做到思维敏捷，需要平时加强训练：要快速思维，反应灵敏，随机应变；要联想丰富，联想相关的人和事，使演讲内容更加丰富；善于发散思维，解决问题时能在同一个方向上流畅地想出多种不同类型的方案，能在不同的方向上想出多种不同类型的方案，增强演讲的说服力和震慑力。

3. 多做即兴演讲练习

不管掌握多少技巧、多少资料，最终把它变成讲话的能力的关键还是练习。

即兴演讲练习的方式有很多种，常用的有说"句"成"群"法、想象连缀法、互定主题法等。这些练习都是在毫无准备的情况下开口的说话。经过这样的训练，一旦遇到即兴发言的场合，就能够将这些能力充分发挥出来，达到所期望的效果。

相关链接

提升演讲水平的精神武装 20 条

1. 一言之辩重于九鼎之宝，三寸之舌强于百万之师。
2. 打造演说利器，还你自信人生。
3. 口才是练出来的，只有完美的练习，才有完美的结果。
4. 豁出去了，反正死不了。改变心态，就能改变人生。
5. 今天放下面子，明天才更有面子。
6. 一切的付出，都是为了实现最美好的目标。
7. 因为相信才创造了可能，所谓的可能都是从挑战不可能开始的。
8. 成功的起点是相信，成功的终点是坚持。
9. 没有准备就是准备失败，什么是最好的准备？就是时刻准备着。
10. 把别人关在外面，就等于把自己锁在屋里。
11. 不离开身边的风景，怎么看得到远方的大海。
12. 成功需要付出代价，不成功需要付出更大的代价。
13. 人的进步永远都是思想的突破。
14. 改变你可以改变的事实，接受你不能改变的事实。
15. 困难困难，困在家里就难；出路出路，走出来才有路。
16. 只要决心成功，困难就不会将你击垮。
17. 只要相信就有可能，只要付出就有回报。
18. 不要告诉我为什么做不到，而要告诉我如何才能做到，这才是你存在的价值。
19. 人往往不是被打败了，而是自己放弃了。
20. 你所感谢的东西会越来越多，你所觉得理所当然的东西会越来越少。常抱感恩的心，成功会不期而至。

实践训练

1. 讨论分享

和大家分享一下你曾经成功的或不成功的即兴说话经历。

2. 现场操作

（1）连缀四个不相关的事物。如：草坪、衣服、火星、水。

方法：学生互相出题。出题者随意写出四个事物，练习者站起来说一段话，把这些事物连缀起来。

（2）讲故事接龙练习。

方法：由一个人先开始用自己想象的稀奇古怪的开头来说故事，时间一分钟，时间到了由另一个人接着说下去。

（3）说句成群练习。

方法：每人先构思几个相互关联的句子，再将这几个句子稍做扩展，连缀成篇。

如：校友会，你先想到"集会很高兴""勾起了美好的回忆""重逢的机会很难得""下次聚会更美好"。然后站起来，边想边说，完成发言。

（4）即兴说话练习。

方法：几个人一组，每个人在纸条上写一个词，然后叠起来混在一起，随机抽取，打开后立即站起来，以纸条上的词为主题发言。

3. 情景实训

在模拟的生活场景中进行即兴演讲。

方法：营造一个生活、工作中的场景，由学生在这种场景中进行即兴发言练习。

如：在毕业典礼上，作为毕业生代表发言。在公司年末的客户联谊会上，作为主办方的代表发言等。

第三单元　综 合 训 练

1. 组织备稿演讲比赛

1）步骤

（1）师生共同讨论选定主题。主题的选择要结合时代特点和学生实际，选学生关心的、想发表意见的、有能力说清楚的话题。

（2）学生备稿。

（3）组织演讲：

① 布置好演讲现场，包括装饰演讲台、背景，摆放好听众席的桌椅，准备话筒等设施，营造演讲气氛。

② 学生登台演讲。

③ 由老师和学生代表组成的评委团进行点评。

2）成绩评定

根据学生在演讲中的实际表现，结合测评目标，评出优、良、合格、不合格四个成绩等级。

3）备稿演讲测评目标

演讲内容：主题鲜明、集中，格调积极向上。（40分）

语言表达：脱稿，表达流畅；声音洪亮，口齿清晰；语速适当，激情昂扬。（30分）

形象风度：衣着整洁、端庄；举止自然、得体；上下场大方致意，答谢。（20分）

综合印象：临场表现出色，综合演讲素质好。（10分）

2. 组织一次即兴演讲比赛

1）步骤

（1）教师准备即兴演讲题目，并将演讲题：涉及的大范围通知学生，布置学生做充分准备。

（2）学生当场抽题，准备6分钟左右，登台演讲。
（3）教师及学生代表组成评委团给予评价。
2）成绩评定
根据学生在演讲中的实际表现，结合测评目标，评出优、良、合格、不合格四个成绩等级。
3）即兴演讲测评目标
内容切题，短小、集中、具体。（40分）
感情充沛，态势自然大方。（20分）
简洁生动，清晰流畅有序。（30分）
时间准确，3～5分钟。（10分）

模块十 辩论口才训练

习训目标

知识学习目标	能力培养目标
● 正确认识辩论这一口语表达方式 ● 掌握审题立论的方法和常用攻防技巧	● 能自觉遵守辩论原则，使自己在辩论中显示出较高水平 ● 能够运用辩论技巧进行争辩，促进沟通，解决实际问题

第一单元 辩论概述

情景案例

倔老汉与副县长之辩

一年秋天，某县决定：把县政府办公大院产权转让给一家港商，由港商投资改建成一条商业步行街；在北门村另外征地，新建县政府办公大楼，包括一个占地几十亩的新世纪广场。这个"政府乔迁工程"一经县委拍板，便紧锣密鼓地开始了。第二年开春，工程指挥部在北门村征地拆迁时遇到了强大的阻力。于是，刘副县长带着秘书小王决心扫除"钉子户"。这天，他们来到林大爷家"拔钉子"。这位当过兵、做过村党支书的"倔老头"，同副县长开展了一场精彩的辩论。

刘县长：老支书，今天我们向您请教来了。县政府乔迁工程希望得到北门村乡亲们的理解和支持。这几年县里各项事业发展很快，可县政府办公楼实在太寒酸，连个像样的停车场都没有，外商来了，小车都没地儿停不是？政府的形象太那个……了，对招商引资很不利嘛。

林大爷：咱们是个山区县，全省数一数二的贫困县，咱们不应该讲、也没条件去讲那个排场嘛。山外邻近的几个县我都去过，人家经济比咱们发达，可政府大院并不比咱们阔气呀。我看，外商的小车来了，没几辆开进政府大院的，不都停在宾馆院里吗？

别忽悠我们老百姓了！你们摆阔气、讲排场的做派，恐怕招不来外商，只会把人家吓跑吧！

刘县长：老支书看问题就是尖锐呀。不过，县政府的办公条件也实在太差了，您知道，以前政府大楼在县城里是"第一高度"，现在，中学、医院、电信局、银行……哪一家不超过我们呢？作为全县的行政首脑机关，总该有它的气魄嘛。

林大爷：县衙门必须是全城最高的房子，那是老皇历，早过时了。咱们在电视里都看到，美国白宫，在华盛顿不算高房子吧？咱们中南海的房子，在北京一点也不高嘛！县政府有本事带领群众脱贫致富奔小康，那才是大气魄；拿老百姓的血汗钱盖大楼、摆排场，算哪门子气魄？

刘县长：我们是严格依法办事。您老看，这是关于"政府乔迁工程"的红头文件（王秘书把文件递给林大爷），是县委县政府的决策，我们都得按民主集中制办事。

林大爷：（严肃地）这么大的工程，你们征求过老百姓的意见吗？政协讨论过吗？人大审查批准了吗？征地计划，省里管土地的部门批准了吗？我只晓得法律最大，县政府的红头号文件也得依法办事！

刘县长：（敷衍地）我们正在报批，"先上车再补票"嘛！

林大爷：（坚定地）不行！不经过省里批准，你们一寸土地也别想动！（认真翻阅复印件）刘县长，你们这文件上写的是征用山坡荒地、非农用地，可实际上征用我们北门村土地的三分之二是好田，我家五亩半水田全被征跑了。这不是糊弄上级吗？堂堂县政府，怎能说假话欺骗人呢？好吧，现在我们就把这些文件拿到市里、省里，拿到中央电视台去评评理吧！

刘县长：（惊慌地）老支书，有话咱们慢慢商量嘛……

林大爷：（风趣地）你们是来"拔钉子"的，今天可让你们"碰钉子"了，是不是觉得我这个老头儿太倔、难缠呢？

刘县长：（态度缓和下来）哪里哪里，我们今天就是来听取老同志的意见的。

林大爷：（诚恳地）刘县长啊，我们北门村的人，绝不是胡搅蛮缠的刁民。那年你当交通局长修公路，那路正好从我家屋场穿过，"要致富先修路"，我二话不说，拆房！我好歹也是有40多年党龄的老党员了，哪能不支持党和政府的工作呢？

刘县长：（有所感动）是啊，我记得，那年你们家拆的是盖了还不到一年的新房……

刘大爷：这回我可要说个"不"字了。刘县长，你也是农家子弟，怎么不替咱们农民想一想：没了土地，不种庄稼，都喝西北风去吗？你们修那么个几十亩的大广场，又不搞群众运动开万人大会，更不可能像北京那样搞大阅兵，派啥用场呢？

刘县长：（点点头）老同志说下去，小王做记录，我们听听大伙儿的意见吧。

林大爷：咱们一个穷县，搞这样的工程，"好看不好吃"，后果你们可得掂量掂量。老百姓丢了土地得不到实惠，不满意；外商对你们摆阔气、不实在的作风，也不会满意；纸包不住火，事情捅出去，到那时报上网上电视上饶不了你们，领导对你们欺上瞒下的做派更不满意。这个三不满意工程，你看搞得搞不得呢？

刘县长理屈词穷，无言以对，握着林大爷的手说："我回去一定向书记、县长汇报，认真研究您老和乡亲们的意见。"

后来，县委县政府果然接受了群众的批评，修改了乔迁工程方案，不修大广场，不盖豪华大楼，不占一分农田，只征用了少量的山坡荒地，盖了几栋简朴实用的办公楼，政府大院乔迁了，商业步行街的方案也落实了。

项目任务

1. 在情景案例中，林大爷为什么会取得辩论的胜利？
2. 在现实生活中，你也经常碰到需要辩论说理的情况吗？你经常处于上风还是下风？总结过原因吗？举一两例与大家分享。

任务分析

我们先对案例中林大爷的表现进行评析：

第一回合，林大爷赢在类比辨析，以理服人。当刘县长提出"办公楼太寒酸……对招商引资很不利"时，林大爷以邻县作类比，"人家经济比咱们发达，可政府大院并不比咱们阔气"，反驳非常有力。当对方提出县政府的房子不是"第一高度"，不够"气魄"时，林大爷又以美国白宫、我国中南海的房子都不算高作类比，阐明了政府的气魄不是表现在"盖大楼"上，批驳了对方的错误论调。

第二回合，林大爷赢在实事求是，以法警人。刘县长输了理之后，打出了"有红头文件""工程合法"的幌子，企图以权压服林大爷。林大爷立即抓住事实：工程决策不民主、工程"不合法"、红头号文件竟弄虚作假，将征用的土地有三分之二是基本农田说成是"山坡荒地，非农用地"等，并毫不示弱地要找上级和媒体评理。在事理上又取得了胜利。

第三回合，林大爷赢在得理饶人，以情感人。林大爷摆事实，讲道理，驳倒了对方之后，有礼有节，彰显了辩论中提倡的风度美。请求对方设身处地为农民着想，进而为县委县政府着想："三不满意工程"做不得。终于让县长口服心服。

案例中，林大爷虽然面对的是与自己社会地位悬殊的副县长，但老人家因站在理上而自信十足，这是老人家辩论取胜的因素之一；辩论中，老人家能紧扣副县长提出的观点进行辩驳，摆事实，讲道理，针锋相对，逻辑严密，这是老人家辩论取胜的因素之二；更难得的是在辩论中，老人家能得理饶人，有礼有节，不仅赢在了事实、道理上，也赢在了风度、人性上。由于林大爷的据理力争，终于使县政府取消了"三不满意工程"，另外做出了"三满意工程"。

可见，生活与工作中，辩论无处不在。人们常常通过辩论分清是非曲直，解决现实问题。掌握辩论的原则与技巧，在辩论中既追寻到真理，又展现自己的良好风范，是秘书人员应该追求的目标。

相关知识

（一）辩论的含义、辩论者应具备的素质与辩论类型

1. 辩论的含义

《墨子·经说下》云："辩也者，或谓之是，或谓之非，当者胜也。"辩论就是对立双方

围绕同一话题，对对方观点进行驳斥和否定，并力求证明自己观点正确的一种语言交流形式。"辩"即辩论、辩解的意思。"论"是议论、论证之意。"辩"的目的在于破，即否定对方的观点；"论"的目的在于立，即表明自己的主张。辩论具有针锋相对、反应灵敏、逻辑严密、语言简洁的特点。

2. 辩论者应具备的素质

一个优秀的辩论者，应该具备以下素质。

（1）广博的知识。辩论是一个知识与信息传达的过程，是向对方表达自己对生活的理解与认识。要说服对方，辩论者首先就要有广博的知识，对生活有独到的见解。例如，为了参加国际华语大专辩论赛，复旦大学代表队参赛前进行了集训。集训中有50多位专家教授给队员开设讲座，内容涉及经济、法律、文化、哲学、历史等诸多方面。

（2）真善美的情感表达。辩论中，表达的应该是真情、善意，要表现一种美感。例如，1993年国际大专辩论赛，复旦大学队在"人性本恶"的辩论中，将"恶"定义为"人类不加抑制的欲望"，并且强调后天的教化作用。在整场辩论中宣扬了善，表现了对人类必将通过自我约束、自我教化一步步走向文明的信心。从某种意义上讲，可能正是这样的真情与善意，以及对人类未来良好前景充满信心的展望打动了观众和评委，使他们赢得了这场比赛。

（3）良好的心理机制。辩论是双向的，只有知己知彼才有取胜的希望。这就要求辩论过程中的注意力要高度集中，要听清对方的观点，并做出准确的分析与判断。无论辩论的激烈程度如何，都要保持稳定的情绪，冷静、理智地应对争辩。

除此之外，辩论还要讲究思维的逻辑性、语言的艺术性。

3. 辩论的类型

辩论按其目的，可分为以下三种类型。

（1）日常辩论。日常辩论是指在日常生活中主张、认识等的差异造成矛盾冲突而引发的辩论。如日常琐事、经济纠纷、工作上的谈判、邻里矛盾、交通事故协调等。

日常辩论时，我们应该宽容。以既能说服别人，又不引起不满为佳。无意义的琐事最好一笑了之，不要引起争论；非原则性问题，可退让一步就退让一步；争论过程中不要咄咄逼人，应该采取委婉巧妙的方式，在和风细雨的讨论中，逐渐让对方接受我们的观点。

（2）专题辩论。专题辩论是根据社会生活中某种特定需要而进行的辩论，一般以辨清某种特定问题的是非、曲直、真伪、优劣为目的。如法庭辩论、外交辩论、学术辩论、决策辩论等。

（3）赛场辩论。赛场辩论又叫模拟辩论，是就某一特定辩题，组织参赛双方展开论证，一决胜负的辩论。赛场辩论以培养机辩能力、培养辩才为目的。它起源于英美等国的专家学者发起和组织的"国际雄辩运动"。

赛场辩论一般都选取引起人们普遍关注的社会问题做辩题，有很强的规则性，如参赛队伍的组成、比赛程序、比赛规则、评判团及评判标准等，都有严格的规定。要在赛场辩论中取胜，须讲究辩论团队的整体配合。

相关链接

辩论赛的一般程序

1. 熟练陈词（3分钟）

内容包括审题和立论，建立逻辑框架，以及本方的战略、战术部署。

2. 追击盘问（各4分钟，反方先问）

（1）每个队员的发言应包括回答与提问两个部分。

（2）对方提出问题时，被问一方必须回答，不得回避，也不得反驳。

3. 自由辩论（各4分钟）

4. 总结陈词（各4分钟，反方先陈词）

相关链接

赛场辩论之辩手分工

一辩要抢占地盘，深挖壕沟，所有于己有利的"山头"都要尽可能地占领；二辩要筑起高墙，加固工事，打牢基础；三辩要广积粮草，储运炮弹，并要尽可能地烧掉对方粮草，让对方在即将来临的大战中处于人困马乏之窘境；而自由辩论就是真正的大战开始，步步为营，逐步蚕食对方阵地；或是秋风扫落叶，一举端掉对方营盘；也有可能混战一场，乱中取胜……一支成熟的队伍，往往采取稳扎稳打的战略战术。而经过了"深挖沟""高筑墙""广积粮""缓称王"之后，四辩的任务就是把红旗插上山头，并高唱一曲胜利的凯歌。

（二）辩论的作用

辩论的作用可从两个方面来考查。

1. 对社会而言

辩论是发扬真理、揭穿谬误的重要武器，是保护公民正当权益、捍卫法律尊严的重要手段，是推进学术发展的重要途径，是保证决策科学化的重要条件。通过辩论，开诚布公，明辨是非，去伪存真，求证真理，从而使问题得到解决。

2. 对辩论者个人而言

辩论有三个作用。一是开发智力、锻炼思维。因为辩论要求参与者头脑灵活，反应迅速。论述自己观点时逻辑严密，条理清晰；反驳对方观点时判断准确，分析透辟，制其要害。通过辩论训练，能培养辩论者思维的完整性、准确性、清晰性和敏捷性。二是培养口才。为适应辩论并力求在辩论中取胜，必须事先训练口才，辩论中你来我往、唇枪舌剑，也为磨砺口才提供了极好的锻炼机会。三是激发求知欲，深化对事物本质的认识。通过辩论，人们会发现有许多问题看似明白，追根究底却又说不清楚，这就促使人们进一步去扩大视野，学习并努力掌握更广博的知识，并运用知识探究事物的本质。

（三）辩论的原则

无论是应用辩论还是赛场辩论，都应该遵守一定的原则，以使自己在辩论中发挥出较高水平，同时保证辩论健康顺利地进行。

1. 辩论目的要明确，有价值

在辩论即将发生时，要冷静地思考：与对方辩论的目的是什么？目的有无价值？对方是什么素质和水平？这种分析的目的，在于对某些不值得介入的辩论话题，某些不值得与之争辩的人，采取回避态度。

相关链接

营丘有个读书人，喜欢争论不休，爱把无理说成有理。一天他问艾子："大车上面和骆驼颈项上，总要挂一个铃铛，那是为什么？"

艾子说："车子和骆驼都很大，夜间走路怕狭路相逢，所以系上铃铛，对方一听铃声，就好互相让路了。"

营丘人说："宝塔上也有铃铛，难道也因为夜间走路而互相避让吗？"

艾子说："鸟雀喜欢在高处做窝，撒下粪便会弄脏地面，所以高塔上挂铃铛，风吹铃响，就会把鸟雀赶跑。你为什么要跟车子、骆驼比呢？"

营丘人问："鹰和鹞的尾巴上也挂着铃铛，难道鸟雀会到鹰的尾巴上做窝吗？"

艾子说："鹰、鹞出去抓鸟雀，或飞往林中，缚在脚上的绳子容易被树枝绊住，只要它一拍翅膀，铃就会响起来，人就可以循着铃声去寻觅。怎么可以说是防鸟雀做窝呢？"

营丘人还问："我看过大出丧，前面有人摇着铃子，嘴里唱着歌。从前总不懂这是什么道理，现在才知道这是因为怕给树枝绊住脚跟。但不知缚在那人脚上的绳子是皮绳呢，还是麻绳呢？"

艾子给缠得发火了，就讽刺他说："那是给死人开路的，就因为死人生前专爱诡辩争论，所以摇摇铃让他开心吧！"

（资料来源：苏轼著·艾子杂说）

评析：铃铛有各种不同的种类，有各种不同的用途，营丘士人最初的提问并不难解答，艾子回答得也很明白。但营丘士人偏要节外生枝，胡搅蛮缠。在辩论中你一旦遇到这种"正理歪讲，无理胡讲"的人，还是趁早回避为好。

2. 辩论双方话题要一致

辩论话题是辩论者争论的对象，是整个论辩的中心。辩论双方应围绕同一话题发表看法，进行辩论，才能通过辩论明确是非，寻求真理，解决问题。

违背这一原则的表现有两种：一是辩论开始时双方争论的就不是同一话题。这种情况往往是双方各就一个大话题的不同方面各说各的，观点其实并不对立，就像两条平行轨道上对开的火车，其实并不会相撞。这种争论一般都只有立论，没有辩驳。二是中途以其他论题代替原论题。如在论辩中无意识地转移论题，即人们通常所说的离题、走题，这种现象在日常论辩中最为常见。也有人为达到某种目的而混淆视听，有意识地偷换论题。这些都会导致辩论的低水平。

3. 辩论双方要遵守道德原则

辩论是以语言来进行的，就其内容而言，无论是立论还是驳论，都应当以"摆事实，讲道理"的主体形式来进行。遵守道德原则的主要表现如下所述。

（1）要尊重事实。就是对事实应有正确的态度，不能歪曲或否定事实。用来证明己方观点的材料，不能无中生有，信口胡诌，也不能随意夸大。对对方引用的事实材料，只要持之有据，就必须予以承认，不能因于己方不利便不予承认，随口否定。在这里，尊重事实就是要承认事实。舍此，论辩便无法正常进行。

（2）要服从真理。"千秋胜负在于理"。论辩的最终目的是追求真理、探求真理、维护真理、坚持真理、服从真理、捍卫真理。一时的争强好胜，不应影响论辩的终极目的——追求真理，而服从真理就是在追求真理之路上应采取的态度。服从真理的要求是在论辩中对已有的真理性认识，论辩者应予以服从，不应抗拒，对经过论辩已被证明为正确的观点或理论应予以承认，对错误的观点或理论应自觉放弃。

任何言行，只要违背或干扰了"摆事实，讲道理"的语言进程，都属于辩论过程中的不道德言行。

违反道德原则的言行，通常有以下数种：
- 违背事实，违背法律的言行；
- 强词夺理，歪曲理解对方原意的言行；
- 趋炎附势，以势压人的言行；
- 恶言相击，有辱对方人格的言行；
- 与辩论话题无关的，揭对方之短的言行。

4. 要讲究风度气质美

辩论胜负不仅取决于辩论双方，有时，作为旁观者的舆论评价对辩论者的既定目标能否实现会产生很大的影响。这种影响既可能是正面的，也可能是负面的。辩论者要想获得旁观者的积极影响，就必须注意保持在辩论中的公众形象，也就是说，必须注意保持自己的风度气质美。辩论中要保持风度气质美，主要注意三个方面。

（1）语言表述应亦庄亦谐，潇洒从容。在辩论过程中，为了竭力证明自己的正确和对方的错误，辩论双方往往针锋相对。这种情况下，有的辩论者便会不自觉地提高嗓门，甚至声嘶力竭、面红脖子粗，或者加大手势的幅度，表现得咄咄逼人。这无疑会大大损伤辩论者自身的风度，降低旁观者对辩论者的评价。反之，如能在辩论过程中，不管局势如何变化，都保持语言和体态的平静，表现得潇洒从容，则是有风度、有气质的表现。

（2）辩论过程中应得势不骄，失势不馁。辩论不到最后关头，胜负的变数常常极大。有时是自己一方占上风，有时优势又被对方抢占。如果占优势时就气势骄横，处于弱势则张皇失措，当然难以给人留下好印象。优秀的辩论者往往不会让自己的心理变化露于形色，而会保持镇定稳健，一如平常。

（3）辩论结束时应豁达大度，宠辱不惊。辩论结束时，如果己方已稳操胜券，不要以骄矜的神色对待对方，要控制自己，只是就事论事，不要借题发挥，发出与辩题无关而对对方有损的言行。除重大问题与原则立场外，一般情况下，"得饶人处且饶人"，力求使自己在辩论获胜的基础上，再争取在人格、风度上获胜。如果辩论的结果宣告或等于宣告自己失败时，自己在摆事实、讲道理方面已经没有更有力的材料来改变局面，那就应当坦然面对现实。有的辩论对自己的切身利益影响至大，失败实在难以接受，也要勉励自己心胸坦荡，视胜败为兵家常事，而不要耿耿于怀。更不必为自己在辩论中的某种失误而时时揪心，要尽快地使这种失败成为过去，并使自己早日走出因辩论失败而导致的心情低谷。

5. 辩论理由要充足

在辩论中应当自觉遵守充足理由律，在论辩中为自己的观点提供充足的理由。因为在思维过程和论述过程中，一个思想被确定为真，总是有充足理由的。具体要求有两点：第一，理由必须真实，即理由应是事实或经实践检验为正确的理论；第二，理由应该充足，即由与论点有逻辑联系的理由能够符合逻辑要求地推出所要证明的观点。只有同时具备这两个条件，方可称之为充足理由。

在论辩中违反充足理由原则的常见错误有如下几种。

一是虚假理由，即用虚假的论据去论证自己的观点。如印度电影《流浪者》中，法官判定扎卡是贼，其理由既不是事实，也不是法律的规定，而是"凡贼的儿子一定是贼"。显然，这个理由是虚假的，因而据此做出的判定、论证是不能成立的。

二是预期理由，即以真实性尚待验证的判断作理由进行论证。如昆曲《十五贯》中，无锡知县听说尤葫芦被杀后丢了十五贯钱，其继女苏戌娟与熊友兰偶遇同行，而熊身上恰好带了十五贯钱，于是就认为这是一起通奸谋杀案，他的理由是"看她（苏戌娟）艳如桃李，岂能无人勾引？年正青春，岂会冷若冰霜？她与奸夫情投意合，自然要生出比翼双飞之意。父亲阻拦，因之杀其父而盗其财，此乃人之常情，这案情就是不问，也已明白十之八九了。"非常明显，这位知县大老爷的理由都是凭主观想象出来的，并没有得到证明，其结论自然也就不具有必然的真理性。

三是以偏概全，即用个别事实推出一个带普遍性的结论；亦即理由太少。在美国的一次大选中，有位共和党议员发表了攻击民主党的演说。他说："在威尔逊领导下，我们走进了第一次世界大战；在罗斯福执政时期，我们卷入了第二次世界大战的漩涡；而杜鲁门呢？朝鲜之战；约翰逊呢？越南之战！"这位议员所举的事实是有目共睹的，威尔逊、罗斯福、杜鲁门及约翰逊都是民主党人，在他们当政期间确实使美国经历了战争之苦。但这一切并不能证明论题"民主党人执政会导致我们走向战争"，因为这些事实是部分的，另外也还有民主党人执政时未发生战争的例子及共和党人执政而发生战争的事实。这位议员的立论以偏概全，是站不住脚的。

四是"推不出"，即理由与论点之间没有因果联系，理由的真不能必然推出论点的真。如有人这样论证"火星上有生物"：因为火星上有许多条件和地球是相同的，如它们都围绕太阳自转，温度都不过高过低，都有大气层包围，都有水。地球上有生物，火星上应该也有生物。这个推理中的理由尽管都是真的，但只能推出"火星上可能有生物"的结论，而不能推出"火星上必然有生物"的结论，论证者在此就犯了"推不出"的错误。

违反充足理由原则的必然结果是在论辩中只能提出论点，但是不能有力地证明自己的观点正确，使其无懈可击，相反倒是给对方留下许多可钻的空子，把自己置于一种腹背受敌的境地。

实践训练

（1）人们一般都认同辩论要反应敏捷，应对准确，但对辩论中要遵守道德原则可能关注不多。你赞同这种要求吗？试发表自己的看法，无论赞成还是不赞成，都要注意论点鲜明、论据充足、论证完整。

（2）你怎样看待辩论的输赢？你认为怎样才算较高的辩论水平？请结合生活中的实例分别进行阐述。

第二单元 辩 论 技 巧

情景案例

1993年国际大专辩论赛大决赛，辩题：人性本善还是本恶。正方观点：人性本善，反方观点：人性本恶。正方是台湾大学代表队，反方是复旦大学代表队。

反方三辩严嘉发言（节选）：谢谢主席，各位好！对方一辩说，有的人是"放下屠刀立地成佛"的，这不错。但我请问，如果人都是本善的话，谁会拿起屠刀呢？（掌声）第二，对方二辩说，人一教、一学就能够会善，那我们看到好多人他们做恶事的时候，是不要教、不要学，就会去做的。（笑声、掌声）我们再看到，对方辩友认为恶都是外因，但我请问，如果鸡蛋没有缝的话，苍蝇会去叮它吗？所以，还是它有内因在起作用的……

项目任务

反方三辩严嘉在辩论中使用了什么辩论技巧，有何效果？试分析之。

任务分析

反方三辩严嘉的这一段发言借题发挥，借力打力，起到了四两拨千斤的效果。

正方一辩陈词中强调"因为人性本善，所以人随时随地都可以放下屠刀立地成佛……"并说"我方不否认在人类社会中存在恶行，但是恶行的产生则是由外在环境所造成的……"对于这种说法，作为正方三辩，严嘉在陈词之前先针对性给予了辩驳，"放下屠刀立地成佛"是善，但是如果本性就是善的，怎么会拿起屠刀呢？这一针对性反诘轻松证明了己方观点：人性本恶。并进一步指出："对方辩友认为恶都是外因，但我请问，如果鸡蛋没有缝的话，苍蝇会去叮它吗？所以，还是它有内因在起作用的……"再次通过反问的方式、严密的逻辑，证明了人性本恶。并在接下来的陈词中表明："正是由于人性本恶的存在，所以，在人类社会沧海桑田的演进过程中，教化才显得尤其重要，而且也相当艰巨……我方从来不否认，通过后天的教化和修养，人是可以对他的人性加以改变，甚至形成伟大的人格的……

只有真正认识到人性本恶这一基础，才能做到抑恶扬善。"至此，既有力驳斥了正方观点，又同时巩固了己方观点，确实是辩论中高水平的攻防。

过程中还针对对方二辩的说辞：人有善性，所以一教就会善，给予了同样有力的辩驳。他说：人行善一教就会，但是人作恶却是不要教就会的。言语不多，但是对比之下，有力证明了人性本恶，使对方观点土崩瓦解。

相关知识

辩论技巧的训练主要以辩论赛的形式进行。

辩论赛与应用性辩论不同：一是应用性辩论中，辩论双方均认为自己正确，对方错误，而辩论赛中则不然。辩论双方的观点由抽签决定，辩论主体本身并不一定赞同己方观点、否定对方观点。二是应用性辩论的辩题常常彼对此错、彼真此假；而辩论赛的题目虽以针锋相对的形式出现，而实际上双方都有一定的道理，也都有不足之处，如"治愚比治贫/治贫比治愚重要""秘书职业中女性/男性占优势""秘书应该/不应该追求时尚"等。任何一方想在理论上彻底击倒对方都是不可能的，辩手只能通过实际辩论时进攻和防守的技巧运用，显现自己的理论深度和技巧水平，以略胜一筹取胜。三是应用性辩论常是突发的、不能事先准备的，而辩论赛则事先知道辩题，可以预先准备。

（一）审题立论的技巧

1. 全方位审题法

立论是辩手在赛场上进行辩论的立足点。要想获得赛场辩论的主动权，就要在接到辩题后进行尽可能最严密的审题立论。

所谓"全方位审题"，是指充分利用辩论思维的多层次、多角度性原理，对论题进行多重的、周密的考察，力求发现全部的、有利于本方立论的角度，或用于本方的论证发言，或有备无患，作为本方应急救险和向对方突袭的秘密武器。

全方位审题的重要做法是将论题按照可以独立的单位（词或词组）分为若干个小节，然后逐节进行分析。这种从最小的意义单位入手进行的审题，可以使立论周密严谨。

例如，1988年亚洲大专辩论会大决赛赛题是《儒家思想可以/不可以抵御西方歪风》。当时的辩论双方分别是台湾大学代表队和复旦大学代表队。该辩题可分四个小节：儒家思想、西方歪风、可不可以抵御、抵御，逐节分析如下。

（1）儒家思想。儒家思想是一个"思想体系"，有精华，也有糟粕。审题时忽略任何一面都有以偏概全、偷换概念之嫌，容易受到对方的攻击。在该次辩论中，正方须论证"不仅精华部分可以抵御，糟粕部分也可抵御"，反方须论证"不仅糟粕不能抵御，精华部分也不能抵御"。弄清这一点对辩论中的攻防意义重大。

（2）西方歪风。正反双方都可以选取对自己有利的解释意义。反方可以解释为"从西方刮过来的风就是西方歪风"，即西方的价值观念体系，这样就加大了"抵御"的难度，有助于立论"不可以抵御"；而正方则可解释为"在西方也受到抵制的不正之风"，即西方价值观念体系中的糟粕部分，这样就减轻了"抵御"的难度，有助于立论"可以抵御"。

（3）可不可以抵御。可以抵御，即有抵御的功能。只要从理论上看，不分大小、多少，都可以立论"可以抵御"。反方如果明白了这一点，就要尽量规避就事论事，转而另辟蹊径。当年复旦大学代表就立论："任何一种思想都不能直接对社会行为产生作用，需要具体的落实，空头大道理抵不上一个具体的实际行动"，"抵御西方歪风要靠综合治理，多管齐下"。

（4）抵御，即有实际效果。"已经产生了实际效果"是抵御，而在抵御过程中，必将产生效果，也是抵御。弄清楚这个小节的涵义，对正反双方都意义重大。正方要坚守，反方要突破。

如此细致审题的作用一是可以使本方立论周密严谨，二是可以更准确地抓住对方弱点，进攻对方。

2. 辩证立论法

辩论赛中的辩题常常是一个命题的两个对立面。如果在论证中，只按所接到的辩题的表面展开立论与驳论，双方往往利弊各半，难以显出较强的优势。

辩证立论法则是对辩题进行辩证处理，使本方观点由规定的"一个"变成"两个"（一主一附）。而附加的观点一方面能强化本方观点，一方面又给对方制造一个陷阱，对方一旦掉进去，则可能全军覆没。

如：辩题"生态危机可能/不可能毁灭人类"。如果辩论双方仅从表面出发，正方谈论生态危机怎样广泛、怎样严重，确有可能毁灭人类；反方谈论人类具有主观能动性，会采取有效的控制措施缓解生态危机等，双方就都没有什么优势，将难分高下。

如果正方换一个立论的角度：区分"可能性"和"现实性"。谈生态危机具有毁灭人类的性质，有可能毁灭人类（主观点）；但由于人类具有主观能动性，生态危机毁灭人类的这种可能性也可能不会变成现实，即也"可能不"毁灭人类（附加观点）。

也就是说，人类怎样发挥主观能动性，都只能阻止生态危机毁灭人类的可能性转化为现实，而不能消除生态危机能毁灭人类的本质属性。这样的立论使正方的观点变得更加稳固，而反方又会因所有谈人类主观能动性的论据都成了帮衬正方观点的材料而陷入被动。

由此可见辩证立论的威力。

（二）攻防技巧

1. 追加前提法

辩论比赛的论题，往往文字比较简洁，规定得不十分详细，这就使得辩论双方对同一问题都难以做出简单的肯定或否定。这时，辩论时就可以巧妙地追加前提，让辩题变得更明确。如：在1986年亚洲大专辩论会上，香港辩手与内地辩手争夺冠军，香港队辩题为"发展旅游业利大于弊"。香港辩手问内地辩手是否赞同。若答赞同则是认输，若硬性反对又会因为理由不充分而难以取胜。内地辩手回答："如果不分时间、环境，盲目地发展旅游业就是弊大于利。"巧妙地化解了危机。这就是追加前提法。

追加前提一定要紧扣辩论命题，不能使追加变成"误加"，出现偏题现象。如：探讨一个母亲通过私自查看女儿的日记以了解女儿的思想动态是否应该。如果这样说："如果这位母亲是单位的领导,她要了解下属的思想,也要去翻看下属的私人日记吗?"这就是不当的追加前提,使讨论的话题不在原论题的范围中了。

2. 坚守阵地法

辩论比赛中,辩论双方为了更有利于己方立论,往往会将辩题进行引申,追加一些前提,进行一些界定,以此构筑起自己的辩论阵地。如辩题"发展旅游业利大于弊/弊大于利",辩论中,正方观点"在一定条件下,发展旅游事业利大于弊",反方观点"盲目发展旅游事业弊大于利"。辩题"进口高档消费品利大于弊/弊大于利",正方观点"在社会主义国家的计划指导控制下,进口一定量的高档消费品利大于弊"等。这些例子都巧妙地构筑了一个利于己方发挥的阵地。

要强调的是,阵地即成,就要有信心,坚定地守住它,决不可犹豫动摇。在辩论中,坚守阵地要针锋相对,并不断充实更多、更新、更典型的论据,或从侧面论证自己的观点,反驳对方的错误,以维护自己观点的正确性。不能受到对方的诱惑,放弃自己的阵地,被对方牵着鼻子走。

3. 归谬反驳法

这是一种进攻技巧,即在辩论过程中,姑且假设对方的论点正确,然后从中推出非常明显的荒谬结果,从而达到让人信服的目的。例如,在第三届中国名校大学生辩论邀请赛半决赛第一场中,反方二辩这样反驳对方:"对方辩友的意思无非是因为家庭现在有些缺陷,所以导致种种后果,从而推出家庭养成就是主要的。那我就不知道了,如果我今天生了病,我必须吃药才能恢复健康,那么是不是可以讲,在我的生命中,吃药就是维持生命健康的最主要的因素呢?"这里就用了归谬反驳法。

4. 提问攻击法

辩论中的提问常常不是为了解决疑惑,而是为了攻击对手。辩论中问的技巧如表10-1所示。

表10-1 辩论中问的技巧

技巧类型	具 体 做 法	示　　例
直问技巧	开门见山,直接抓住对手要害一针见血地设问,以形成咄咄逼人的气势和力量	"知"容易的话,那么请问对方辩友,世界上有没有外星人呢?我们怎样去和外星人做交流、做朋友呢(辩题:知难行易)
反问制敌	用否定的问句形式表达肯定的语意或用肯定的问句形式表达否定的语意	在科威特,百分之九十的商品靠进口,如果你们一味提倡购买国货,难道要科威特的小朋友喝石油长大吗(辩题:提倡购买国货利于经济发展)
控制局势式提问	提一个问题,可控制对方能不能答,答什么,怎么答。这样能控制辩论的方向,使辩论的主动权掌握在自己手中	反方:我想让对方辩友回答我一个简单的问题,今年世界艾滋病日的口号是什么? 正方:今年的口号是"更要加强预防",怎么预防呢?要用医学的方法预防啊。 反方:错了!今年的口号是"时不我待",对方辩友连这个基本的问题都不知道,怪不得谈起艾滋病问题来还是不紧不慢的。 (辩题:艾滋病是医学/社会问题)

续表

技巧类型	具体做法	示 例
设置圈套式提问	通过提问，把对方引入自己设置的圈套，让对方陷入左右为难的境地	我请问对方同学，如果有人持刀抢劫你的钱包，你是对他念一段《论语》呢？还是让警察把他抓起来？（辩题：儒家思想可以/不可以抵御西方歪风）

5. 巧妙答辩法

辩论中的答不仅是对问的反馈，更应该是对问的针锋相对的反击。辩论中答的技巧如表 10-2 所示。

表 10-2　辩论中答的技巧

技巧类型	具体做法	示 例
蝉联答辩	表面上顺着对方的话来作答，最终却否定了对方的话语。彰显活泼机智	正方：我想请问对方同学，如果有一个 1～2 岁的婴儿被感染，你对他进行性安全教育是必要的吗？ 反方：至于小婴儿，没法进行性安全教育，但对孩子的母亲当然要教育，这样才能防止艾滋病的母婴传染啊！（辩题：艾滋病是医学/社会问题）
模糊答辩	对于一些难以精确作答而又不能不答的问题，运用模糊性的语言，反而可以使自己在咄咄逼人的发问者面前进退自如，化解被动局面	反方：请对方辩友正面回答，你们为城市的发展选择何种模式？ 正方：健康的发展模式。而这个健康的模式就离不开流动人口的增加。我请问对方辩友，你们既不让流动人口增加，又不让流动人口减少，你们到底要流动人口怎么样？（辩题：流动人口增加有利于城市的发展）
闪避答辩	某些问题，一时难以回答，可利用一些含义宽泛或精确度不高的话语来作答，故意把话说得不明白、不具体，起到回避对手提问的目的	正方：我倒想问问对方辩友，如果人性本恶，是谁第一个教导人性要善？这第一个到底为什么会自我觉醒？ 反方：我方三辩早就解释过了，我想第四次请问对方辩友，善花是怎样结出恶果的？（辩题：人性本善）

6. 对抗法

对抗性是辩论的重要特征，辩论中对抗的程度强弱是评价一场辩论成功与否的重要因素。对抗技巧如表 10-3 所示。

表 10-3　对抗技巧

技巧类型	具体做法	示 例
例证对抗	对方选取生活中的某些具体事例论证他们的观点时，我们也可从生活中选取与之相反的事例来进行反驳，构成对抗	正方：请你们不要回避问题，台湾的正严法师救济安徽的大水，按你们的推论不就是泯灭人性吗？ 反方：但是对方要注意到，8 月 28 号《联合早报》也告诉我们这两天新加坡游客要当心，因为台湾出现了千面迷魂这种大盗。（辩题：人性本善）
史实对抗	对方从历史典籍中挑选能证明其观点的史实进行辩论时，我们也可从历史典籍中找到与之相反的史料与之构成对抗	反方：人类的历史是不断追求利的历史。……不同阶级之间的搏杀……人与自然的斗争……难道是追求义吗？不！正是对利益的不断追求，人类才从蛮荒走向文明。 正方：重义轻利推动着人类社会的进步。从北海牧羊 15 年的苏武，到不远万里而来的白求恩，……重义轻利，如同星星点灯，照亮我们的前程。（辩题：人类社会应重义轻利）

续表

技巧类型	具体做法	示例
数据对抗	数据代表着无可辩驳的事实。当对方引用数据进行论证时，我们也可以引用与之不同的数据进行反驳	正方：对方同学对缺乏资金视而不见，那让我来告诉你们一个数据：中华人民共和国《环球时报》指出中国老一代工业企业污染的治理费用至少要两千亿啊！难道这是空谈一时就能解决的吗？ 反方：你们忽略了一个最基本的问题，根据可靠的数据，去年仅大吃大喝所用的公款就达一千多亿，我国每年流失的国有固定资产就达五百亿。请问你又如何解决这个问题？难道资金是我们面临的主要问题吗？（辩题：当期我国环境保护的主要问题是缺乏资金）
对立引申	由同一事物对象作为前提而引申出互为尖锐对立的结论	正方：我倒想请问对方辩友，在人性本恶之下，我们为什么要法律，为什么要惩治的制度呢？ 反方：对呀，这不正好论证了我方观点吗？如果人性都是善的，还要法律和规范干什么？（辩题：人性本善）
虚无引申	当发现对手从"虚无"中进行推论时，我们应及时地从这一虚无中引申出与之针锋相对的结论	反方：我请问对方辩友，在我们北京世妇会上提出了四十四条战略目标和二百四十三条行动纲领。请问对方辩友，哪一条、哪一款指出我们要以提高离婚率为终极目标呢？ 正方（可这样反驳，辩论当时没有采用）：那在北京世妇会上提出的四十四条战略目标和二百四十三条行动纲领中，有哪一条、哪一款规定了应该抑制离婚呢？（辩题：离婚率上升是社会文明的表现）

辩论过程中常用的攻防技巧还有很多，我们应该在辩论实践中细心体会，不断总结。

相关链接

辩论中的攻防技巧选析

1. 移花接木

辩题：治贫比治愚更重要

反方：对方辩友以迫切性来衡量重要性，那我要告诉您，我现在肚子饿得很，十万火急地需要食物来充饥，但我还是要辩下去，因为我意识到辩论比充饥更重要。

正方：对方辩友，我认为"有饭不吃"和"无饭可吃"是两码事……

【评析】反方以"有饭不吃"来论证贫困不足以畏惧和治愚的相对重要性，正方立即从己方观点中归纳出"无饭可吃"的观点，鲜明地比较出了两者本质上的差别，有效地遏制了对方偷换概念的倾向。剔除对方论据中有缺陷的部分，换上我方有利的观点或材料，往往可以收到"四两拨千金"的奇效，这就是"移花接木"。

2. 顺水推舟

辩题：愚公应该移山还是应该搬家

反方：我们要请教对方辩友，愚公搬家解决了困难，保护了资源，节省了人力、财力，这究竟有什么不应该？

正方：愚公搬家不失为一种解决问题的好办法，可愚公所住的地方连门都难出去，家又怎么搬？可见，搬家姑且可以考虑，但也得在移完山之后再搬呀！

【评析】从上面的辩词来看，反方就事论事，似乎理据充分。正方先顺势肯定"搬家不失为一种解决问题的好办法"，继而提出"愚公所住的地方连门都难出去"这一条件，自然而然地导出"家又怎么搬"的诘问，最后水到渠成，得出"先移山，后搬家"的结论。

表面上认同对方观点，顺应对方的逻辑进行推导，并在推导中根据我方需要，设置某些符合情理的障碍，使对方观点在所增设的条件下不能成立，或得出与对方观点截然相反的结论。这就是"顺水推舟"。

3. 釜底抽薪

辩题：思想道德应该适应（超越）市场经济

反方：请问雷锋精神到底是无私奉献精神还是等价交换精神？

正方：对方辩友您错误理解了等价交换，等价交换是说所有的交换都要等价，但并不是说所有的事情都是在交换，雷锋还没有想到交换，当然雷锋精神谈不上等价了。

【评析】这一回合中，反方有"请君入瓮"之意，有备而来。正方选择前者，则证明了反方"思想道德应该超越市场经济"的观点；选择后者，则有悖事实。正方辩手跳出了反方"非此即彼"的框框设定，反过来单刀直入，从两个预设选项抽出"等价交换"，以倒树寻根之势推翻了它作为预设选项的正确性。

刁钻的选择性提问，是许多辩手惯用的进攻招式之一。通常，这种提问是有预谋的，它能置人于两难境地，无论对方作何选择都对己不利。对付这种提问的技法，就是从对方的选择性提问中，抽出一个预设选项进行强有力的反诘，从根本上挫败对方的锐气，这就是"釜底抽薪"。

4. 借题发挥

辩题：知难行易

反方：许多贪官不是不知法，而是知法犯法。

正方：对呀！那些人正是因为上了刑场死到临头才知道法律的威力、法律的尊严，可谓"知难"呀，对方辩友！

当反方以"知法容易守法难"的实例论证于"知易行难"时，正方马上转而化之，从"知法不易"的角度强化己方观点，给对方以有力的回击，扭转了被动局势。

【评析】武侠小说中有一个招数叫"借力打力"，是说内力深厚的人，可以借对方之力反击对方。这种方法运用到辩论中，就叫"借题发挥"。

5. 正本清源

辩题：跳槽是否有利于人才发挥作用

正方：张勇，全国乒乓球锦标赛的冠军，就是从江苏跳槽到陕西，对方辩友还说他没有为陕西人民做贡献，真叫人心寒呀！

反方：请问到体工队一定是跳槽去的吗？这恰恰是我们这里提倡的合理流动呀！对方辩友带着跳槽眼光看问题，当然天下乌鸦一般黑，所有的流动都是跳槽了。

正方举张勇为例，他从江苏到陕西后，获得了更好的发展空间，这是事实。反方马上指出对方具体例证引用失误：张勇到体工队，不可能是通过跳槽这种不规范的人才流动方式去的，而恰恰是在"公平、竞争、择优"的原则下合理流动去的。

【评析】指出对方论据与论题关联不紧或者背道而驰，从根本上矫正对方论据的立足点，把它拉入我方"势力范围"，使其恰好为我方服务，这就是"正本清源"。

实践训练

1. 讨论分享

全班观看一期国际大专辩论赛视频，然后分组讨论赛中的辩论技巧。

2. 情景实训

（1）药剂师走进邻居一个书商的铺子里，从书架上拿下一本书，问："这本书有趣吗？"
"不知道，没读过。"
"你怎么能卖你自己没读过的书呢？"
请替书商对药剂师的论断给予反驳。

（2）一个世袭的财主带着一个聪明的仆人去给父亲上坟。他自从接过家业开始，一面刻意盘剥，一面恣意享受。但他为病魔所扰，很怕死。
上完坟，财主望着父亲的墓碑问仆人："人能长生不老吗？一个人的家产一直让他掌管下去，那该多好啊！"
请替仆人对财主的荒谬想法予以反驳。

（3）德国诗人海涅是犹太人，常常遭到无礼攻击，在一次晚会上，一个旅行家对他说："我发现了一个岛，这个岛上原先没有犹太人和驴子。"
如果你处此境，将如何反击？

3. 现场操作

（1）审题立论训练：对下面的辩题进行审题立论。
① 网上交友利大于弊还是弊大于利？
② 机遇与奋斗，哪个更重要？
③ 气质是刻意追求得到的吗？
④ 嫁给有钱人幸福吗？
⑤ 相见不如怀念？

（2）一位母亲听说读高中的女儿与外校的男同学有书信来往，有一次，拆了这位男同学的来信。你怎么看待这件事？
请全班同学按自己的观点分成两个队，进行辩论。注意尽量有意使用一些辩论技巧。

第三单元　综 合 训 练

组织班级辩论赛，全面训练辩论技巧。

1. 方法与步骤

（1）教师提供足够多的辩论备选题，与学生共同确定辩论赛的最终辩题。

（2）学生分成若干个小组，辩论在小组之间进行，抽签决定对抗的双方。

（3）抽签决定对抗双方的辩题和各自的辩论观点。

（4）指定学生担任辩论主席。

（5）教师和每小组选派的学生组成评判团，负责评出辩论的优胜方和最佳辩手，并对辩论赛进行点评。

2. 成绩评定

根据学生在辩论中的实际表现，结合测评目标，评出优、良、合格、不合格 4 个成绩等级。

3. 辩论赛测评目标

（1）审题立论严谨周密。（30 分）

（2）辩论技巧运用得当。（30 分）

（3）辩论中落落大方，风度良好。（20 分）

（4）辩手配合默契，整体效果好。（20 分）

附录

实训项目单

实训项目单 1

编制部门：　　　　　编制人：　　　　　审核人：　　　　　编制日期：

项目编号 Item No.	01	项目名称 Item	公共场合说话心理训练	训练对象 Class	高职二年级（三年制）	学时 Time	2
目　的 Objective	通过当众说话训练，让学生懂得公共场合说话时自我心理调节的重要性，并在活动中小结出心理调节的方式方法，能正确调适当众说话时的心态，做到不怯场						

一、实训内容
1. 当众自我介绍
2. 介绍一则新闻并做评价
3. 讲一个能引起人们兴趣的故事

（以上训练内容任选）

二、实训方法与步骤
1. 小组内说话，互相点评
2. 在讲台上当众说话，接受同学的点评
3. 教师总结点拨
4. 录制实训视频，供实训者课后反复观看，自我纠正提高

三、实训要求
1. 按指导教师的安排进行实训
2. 学生需积极参与，真正体验当众说话的心理反应及训练后的变化
3. 认真总结适合自己的心理调节方式
4. 课外注意保持训练中的良好状态，真正内化实训效果

四、评分标准（满分 100 分）
1. 实训过程中听从安排，积极发言（20 分）
2. 说话过程中情绪放松，态势语言大方自然（30 分）
3. 说话内容中心明确、层次清晰（30 分）
4. 说话现场效果好（20 分）

实训项目单 2

编制部门：		编制人：		审核人：		编制日期：	
项目编号 Item No.	02	项目名称 Item	语音语调技巧实训	训练对象 Class	高职二年级（三年制）	学时 Time	6
目 的 Objective	\multicolumn{7}{l}{1. 能使用吐字归音技巧，使吐字归音正确，语音清晰； 2. 能使用口语表达的语音语调技巧，使口语表达生动有吸引力}

一、实训内容

1. 吐字归音训练：用典型绕口令训练学生吐字归音技巧，锻炼学生唇、齿、舌、喉的发音技巧
2. 语气语调训练：用典型语言材料训练学生语音语调技巧

二、实训方法与步骤

1. 小组内训练，互相点评
2. 在讲台上当众训练，接受同学的点评
3. 教师总结点拨
4. 录制实训视频，供实训者课后反复观看，自我纠正提高

三、实训要求

1. 按指导教师的安排进行实训；
2. 学生需积极参与，放声朗读所给材料，体会语音语调技巧
3. 课外注意保持训练中的良好状态，真正内化实训效果

四、评分标准（满分 100 分）

1. 实训过程中听从安排，积极实训（20 分）
2. 朗读训练材料语音圆润响亮（20 分）
3. 朗读材料吐字清晰、归音准确（20 分）
4. 停顿重音语气、语调处理得当（20 分）
5. 说话过程中整体效果良好。（20 分）

实训项目单 3

编制部门：		编制人：		审核人：		编制日期：	
项目编号 Item No.	03	项目名称 Item	态势语言训练	训练对象 Class	高职二年级（三年制）	学时 Time	3
目　的 Objective	说话过程中能正确使用态势语言，表现大方自如、优雅得体							

一、实训内容

学生自定主题，当众发言，训练大方得体地运用以下态势语言：

1. 表情语
2. 手势语
3. 姿态语
4. 服饰语

二、实训方法与步骤

1. 小组内训练，互相点评
2. 在讲台上当众训练，接受同学的点评
3. 教师总结点拨
4. 录制实训视频，供实训者课后反复观看，自我纠正提高

三、实训要求

1. 按指导教师的安排进行实训
2. 学生需积极参与，努力做到说话过程中势态语言得体优雅
3. 课外注意保持训练中的良好状态，真正内化实训效果

四、评分标准（满分100分）

1. 积极参与实训（20分）
2. 目光不躲避，目光语大方自如（20分）
3. 面带微笑，表情语得体大方（20分）
4. 走姿及站姿落落大方（20分）
5. 说话过程中手势语适度大方（20分）

实训项目单4

编制部门：		编制人：		审核人：		编制日期：	
项目编号 Item No.	04	项目名称 Item	叙事说理技巧训练	训练对象 Class	高职二年级（三年制）	学时 Time	4
目　的 Objective	\multicolumn{7}{l}{1. 掌握叙事技巧，能围绕中心，详略得当地叙事 2. 掌握说理技巧，能观点鲜明，条理清晰地说理 3. 训练说话的心理素质和优雅的态势语言}

一、实训内容

设定情景，要求学生当众发言，训练如下内容：

1. 叙事详略及层次安排训练
2. 紧扣主题说话训练
3. 生动性、感染力训练
4. 说服力训练

二、实训方法与步骤

1. 小组内训练，互相点评
2. 在讲台上当众训练，接受同学的点评
3. 教师总结点拨
4. 录制实训视频，供实训者课后反复观看，自我纠正提高

三、实训要求

1. 按指导教师的安排进行实训
2. 学生需积极参与，努力做到围绕中心详略得当地叙事，观点鲜明，条理清楚地说理
3. 课外注意保持训练中的良好状态，真正内化实训效果

四、评分标准（满分100分）

1. 实训过程中听从安排（20分）
2. 叙事详略得当，有意识安排层次（20分）
3. 围绕中心说话，不游离主题（20分）
4. 叙事生动，有吸引力（20分）
5. 将抽象的道理具体化，增强说服力（20分）

实训项目单 5

编制部门：		编制人：		审核人：		编制日期：	
项目编号 Item No.	05	项目名称 Item	汇报工作口才训练	训练对象 Class	高职二年级（三年制）	学时 Time	2
目 的 Objective	\multicolumn{7}{l}{1. 训练汇报语言的简洁性、平实性和条理性； 2. 要求学生在汇报中使用所介绍的技巧，使学生掌握汇报工作口才的语言技能； 3. 训练说话的心理素质、语音语调和优雅的态势语言}

一、实训内容

布置学生根据自己的情况，选取"干部同学的工作汇报""顶岗见习的情况汇报""一学期来自己在校的综合情况汇报"等话题，做相应准备，参加课堂实训。

二、实训方法与步骤

1. 学生就自己某方面的情况准备汇报提纲
2. 学生按学号顺序逐一向全班做汇报
3. 汇报时只允许拿说话提纲，不允许拿完整稿件
4. 一个学生汇报，另一个学生点评；点评需从说话心理素质、有声语言、态势语言、汇报内容等方面进行，点评也是一次口语表达训练
5. 过程中老师做必要指导；2课时结束，老师做综合点评
6. 录制实训视频，供实训者课后反复观看，自我纠正提高

三、实训要求

1. 按指导教师的安排进行实训
2. 学生需积极参与，努力做到汇报工作主旨突出，条理清晰层次分明
3. 带上心理素质训练、有声语言训练、态势语言训练
4. 课外注意保持训练中的良好状态，真正内化实训效果

四、评分标准（满分100分）

1. 实训过程中听从安排（20分）
2. 汇报主题清晰（20分）
3. 有意识地使用结构化思路，条理清晰，层次分明（30分）
4. 态势语言得体大方（20分）
5. 吐字清晰，语言流畅，语音语调把握得当（10分）

实训项目单6

项目编号 Item No.	06	项目名称 Item	听话传话技巧训练	训练对象 Class	高职二年级（三年制）	学时 Time	4
目　的 Objective	\multicolumn{7}{l}{1. 善于倾听，正确理解对方的话语 2. 能准确表达自己的观点 3. 能准确传达他人的话语 4. 训练说话的心理素质、语音语调和优雅的态势语言}

编制部门：　　　　编制人：　　　　审核人：　　　　编制日期：

一、实训内容
1. "拷贝不走样"游戏：训练精确、简捷的上传下达的能力
2. 小组话题讨论：训练听话理解能力，准确传达他人话语和准确表达自己观点的能力

二、实训方法与步骤
1. "拷贝不走样"游戏开场：
老师提供材料，让学生以耳语的方式往后传递，最后一位同学大声表述他所听到的内容，第一位同学照材料读出内容，大家对照检查内容的完整性和准确性。
2. 小组话题讨论
（1）教师提供多个话题，每个小组抽签决定小组话题；
（2）小组围绕话题进行讨论发言，可略做记录；
（3）小组内轮流做总结发言，最后每小组选派1位同学上台做本小组总结发言；
（4）小组成员对本组上台发言的同学给予点评，实训结束，老师做综合点评；
（5）录制实训视频，供实训者课后反复观看，自我纠正提高。

三、实训要求
1. 按指导教师的安排进行实训
2. 学生需积极参与，努力做到准确倾听和理解他人的话语，并准确表达自己的观点
3. 带上心理素质训练、有声语言训练、态势语言训练、说话中心突出层次分明的训练
4. 课外注意保持训练中的良好状态，真正内化实训效果

四、评分标准（满分100分）
1. 实训过程中听从安排（10分）
2. 拷贝不走样（20分）
3. 小组话题讨论小结完整，没有曲解成员观点（30分）
4. 上台发言有意识地使用结构化思路，条理清晰，层次分明（20分）
5. 态势语言得体大方（10分）
6. 吐字清晰，语言流畅，语音语调把握得当（10分）

实训项目单 7

编制部门：		编制人：		审核人：		编制日期：	
项目编号 Item No.	07	项目名称 Item	办公室沟通技巧训练	训练对象 Class	高职二年级（三年制）	学时 Time	4
目 的 Objective	1. 能有效进行各种沟通 2. 能营造和谐的办公室软环境 3. 训练说话的心理素质、语音语调和优雅的态势语言						

一、实训内容
1. 提供多组工作情景，训练学生与同事有效沟通的技巧；
2. 提供多组工作情景，训练学生与领导有效沟通的技巧。

二、实训方法与步骤
1. 小组内训练，互相点评
2. 小组台前训练，接受其他小组同学点评
3. 教师总结点拨
4. 录制实训视频，供实训者课后反复观看，自我纠正提高

三、实训要求
1. 按指导教师的安排进行实训
2. 学生需积极参与，交流双方能有效沟通，彼此能相互理解与支持
3. 带上心理素质训练、有声语言训练、态势语言训练、说话中心突出层次分明的训练
4. 课外注意保持训练中的良好状态，真正内化实训效果

四、评分标准（满分 100 分）
1. 实训过程中听从安排（10 分）
2. 沟通交流时易得到对方理解和支持（30 分）
3. 发言有意识使用结构化思路，条理清晰，层次分明（30 分）
4. 态势语言得体大方（20 分）
5. 吐字清晰，语言流畅，语音语调把握得当（10 分）

实训项目单 8

编制部门：		编制人：		审核人：		编制日期：	
项目编号 Item No.	08	项目名称 Item	沟通技巧之避免陷入争论	训练对象 Class	高职二年级（三年制）	学时 Time	2
目 的 Objective		1. 掌握避免陷入争论的语法——"认同语法"，并能灵活自如地将其运用到生活与工作中，使沟通更顺畅； 2. 训练说话的心理素质、语音语调和优雅的态势语言					

一、实训内容
1. 与别人无争辩的语法
2. 专业沟通中的认同语法

二、实训方法与步骤
1. 游戏法："拉手比手劲"游戏引入
（1）游戏规则：两人并列站立单手相拉，努力把对方的手拉至碰到自己的腰间视为赢；
（2）游戏要求：争取更多赢的机会；
（3）学生之间比赛；
（4）教师与学生比赛。教师示范如何才能轻松双赢，让学生明白，不争执、先让一步时双方都会得到更多赢的机会。
2. 设置情景，让学生进行角色扮演，完成情景中的沟通工作任务

三、实训要求
1. 按指导教师的安排进行实训
2. 学生需融入工作情景，真正进入角色，努力完成情景中的沟通工作任务
3. 带上心理素质训练、有声语言训练、态势语言训练、说话主旨明确层次分明的训练
4. 课外注意保持训练中的良好状态，真正内化实训效果。

四、评分标准（满分100分）
1. 实训态度积极（10分）
2. 能有意识地使用"无争辩语法"（30分）
3. 能有意识地使用"认同语法"（30分）
4. 态势语言得体大方（20分）
5. 吐字清晰，语言流畅，语音语调把握得当（10分）

实训项目单 9

编制部门：		编制人：		审核人：		编制日期：	
项目编号 Item No.	09	项目名称 Item	社交应酬口才	训练对象 Class	高职二年级（三年制）	学时 Time	4
目　的 Objective	\multicolumn{7}{l}{1. 话题取舍规范 2. 交谈过程中有声语言和态势语言得体 3. 能通过有效交谈，达到社交目的}

一、实训内容
1. 社交应酬中话题取舍
2. 社交应酬中有声语言使用
3. 社交应酬中态势语言使用
4. 达成社交目的的口才技巧

二、实训方法与步骤
1. 游戏法："扑克牌"游戏引入
（1）游戏规则：扑克牌去除大小王。随机选取 1 名学生由其随机抽取 1 张牌，此牌只允许该同学和老师知晓。另随机选取 1 名同学，老师开始与其对话，确保其最后提到的恰好是前面被抽出的牌。
（2）游戏启发：用提问的方式引导对方主动说出你想得到的结论。
2. 提供多组情景，训练学生社交口才的各种单项技巧
3. 依托学生生产性见习，设置社交目的，让学生与陌生人进行交谈，努力达到社交目的，训练学生社交应酬口才的综合技能

三、实训要求
1. 按指导教师的安排进行实训
2. 学生需融入工作情景，真正进入角色，努力达到社交目的
3. 带上心理素质训练、有声语言训练、态势语言训练、说话主旨明确层次分明的训练
4. 课外注意保持训练中的良好状态，真正内化实训效果

四、评分标准（满分 100 分）
1. 实训态度积极（20 分）
2. 能有意识地使用提问引导法（20 分）
3. 话题选择得当（20 分）
4. 态势语言得当（20 分）
5. 语音语调得当（20 分）

实训项目单 10

编制部门：		编制人：		审核人：		编制日期：	
项目编号 Item No.	10	项目名称 Item	即兴说话训练	训练对象 Class	高职二年级（三年制）	学时 Time	4
目　的 Objective	1. 掌握即兴说话时快速构思技巧 2. 熟练使用即兴说话的几种结构模式 3. 训练即兴说话随机应变能力						

一、实训内容
1. 思维训练
2. 快速构思训练
3. 应变训练

二、实训方法与步骤
1. 思维训练
用连点法、连接法、联想法进行语段训练。
2. 快速构思训练
（1）教师提供被选即兴说话题若干；
（2）学生按学号顺序抽题，3分钟准备，3分钟演讲；
（3）某学号的同学发言时，其后两个学号的同学抽题开始准备；
（4）发言过程中学生互评，教师适时点拨。

三、实训要求
1. 按指导教师的安排进行实训
2. 学生积极参与实训，认真体会即兴说话技巧
3. 带上心理素质训练、有声语言训练、态势语言训练、说话中心突出层次分明的训练
4. 课外注意保持训练中的良好状态，真正内化实训效果

四、评分标准
1. 实训过程中听从安排（10分）
2. 中心观点明确（30分）
3. 发言能有意识地使用结构化思路，条理清晰，层次分明（30分）
4. 态势语言得体大方；吐字清晰，语言流畅，语音语调把握得当（20分）
5. 反应敏捷，巧于应变；现场效果好，能感染听众（10分）

参考文献

1. 戴尔·卡耐基. 商务人员口才训练（全书）. 北京：中国档案出版社，2001.
2. 王一多. 口才——赢得听众对艺术. 北京：商务印书馆，2005.
3. 高雅杰. 实用口才训练教程. 北京：清华大学出版社，2008.
4. 欧阳友权. 口才学. 长沙：中南大学出版社，2005.
5. 孙海燕. 口才训练十五讲. 北京：北京大学出版社，2004.
6. 王箕裘. 口才训练教程. 北京：中国财政经济出版社，1996.
7. 博阳. 领导情景口才全书. 北京：中央编译出版社，2006.
8. 夏晓. 思维训练教程. 北京：机械工业出版社，2004.
9. 贺壮. 走向思维新大陆：立体思维训练. 北京：中央编译出版社，2005.
10. 曹希波. 好思维决定好口才. 北京：中国致公出版社，2006.
11. 郑凯之. 心理素质训练：假日训练营. 西安：陕西旅游出版社，2006.
12. 李正堂. 语言的魅力. 北京：海潮出版社，2002.
13. 周彬彬. 实用口才艺术. 大连：东北财经大学出版社，2006.
14. 钱冠连. 汉语文化语用学. 北京：清华大学出版社，2002.
15. 杨忠惠. 实用口才. 合肥：合肥工业大学出版社，2005.
16. 徐平华. 你的职场口才价值百万. 北京：石油工业出版社，2006.